더 빠른 독해법

# 독한독해 Season2 2.0

" 이 시대 최고의 독해 솔루션 "

초판 2쇄   2018년 7월 11일

저 자    전경식

발행인    문 덕

인 쇄    (주)금강인쇄

발행처    도서출판 지수

주 소    서울시 용산구 효창원로 62길 16, 별관 2층

전 화    02-717-6010(대표)

팩 스    02-717-6012

http://www.moonduk.com

18, Hyochangwon-ro 62-gil, Yongsan-gu, Seoul , Korea  04317

Phone 82-2-717-6010,6011 Fax 82-2-717-6012

가격  20,000원

더 빠른 독해법

# 독한독해 Season2
2.0

" 이 시대 최고의 독해 솔루션 "

# 독한독해 2.0을 드리며

**'깨물어서 안 아픈 손가락은 하나도 없지만, 그럼에도 길고 짧은 손가락은 있다'**

예전 좋아했던 작가의 작품 후기에서 읽었던 구절인데, 이번 독한독해2.0이 나에게 그런 책이 아닐까라는 생각이 든다. 나의 첫 번째 책인 'VANK ENGLISH' (비유와 상징)를 시작으로, 루마니아에서 귀국 후에 집필하게 된 '독한독해' 시리즈, 징검다리 역할을 했던 '더독해' 시리즈, 그리고 새롭게 돌아온 '독한독해 시즌2'의 두 번째 책이 이번 '독한독해2.0'이다. 매번 모든 책들이 저자에게는 특별하지만, 특히 이번 독한독해2.0은 나의 집필 활동에 작지 않은 전환점이 될 수 있는 이정표가 될 수 있다고 믿기 때문이다.

독한독해1.0이 개별 문장들에 대한 '정확한 해석'을 목표로 했다면, 독한독해2.0은 복수의 문장들로 구성된 '**한 편의 글의 빠르고 정확한 이해(속독법)**'를 목표로 집필했다.

독한독해1.0으로 대표되는 구문 교재들은 특징과 정도의 차이가 있겠지만, 기존에도 지속적으로 출판되던 내용들이라 할 수 있다. 하지만, 이번 독한독해2.0의 속독법 관련 내용은 조금은 생소하고 그래서 참신할 수도 있지만, 저자에게는 이런 내용을 어떻게 효과적으로 전달, 집필하는지가 상당히 어려운 작업이었다.

어떤 이들은 자신들이 하고 싶은 이야기를 직설적으로, 본론부터 바로 전달하기도 하지만, 어떤 이들은 돌려서 간접적으로 표현하기도 한다. 마찬가지로 한 편의 글 또한 글쓴이의 의도가 바로 등장하는 경우도 있지만, 에둘러 표현하는 경우도 존재한다. 이런 다양한 구성의 글들을 독해할 때, 모든 글에 적용할 수 있는 압축적인 독해 전략을 정립해서 독자들에게 전달하는 것이 쉽지만은 않았다. 원고를 최종 정리하고 머리말을 쓰는 이 시점에도 교재 곳곳에 아쉬움이 묻어나는 것을 보면서 새삼스레 나의 능력 부족을 절감하게 된다.

그럼에도 불구하고, 이번 독한독해 2.0은 나름 뿌듯하게 자랑하고픈 몇 가지 사항들이 있다.

**첫째, 나무가 아닌 숲을 볼 수 있는 독해의 시야를 전달하려고 최선의 노력을 다했다.**
독한독해1.0에서 학습한 정독법은 궁극적으로 독한독해2.0에서 강조하는 '속독법'으로 가기 위한 과정일 수 있다. 아무리 하나의 문장을 정확하게 이해한다 해도, 다른 문장들과 맺는 '문맥'을 이해하지 못하면 글쓴이가 전달하고자 하는 주제에 도달하지 못할 수 있기 때문이다. 속독법을 활용할 수 있다는 것은 주제 또는 핵심적인 정보들과 이것에 대한 보충설명에 해당하는 재진술을 구분할 수 있다는 의미이다. 이런 다양한 재진술 구조에 대한 이해를 통해 나무가 아닌 전체적인 숲의 모습을 볼 수 있을 것이다.

**둘째, Restatement, Advance & Conversion 등의 글쓰기 기법을 독해에 접목시켰다.**
어법(Usage) 중심의 기존 영어 학습은 '주어 동사'를 중심으로 문형 학습에만 함몰되어 있기 때문에, StS (Sentence to Sentence – 전후 문장들의 관계)에 대한 개념 자체가 빠져 있다.

어법에서 문장 주성분을 중심으로 5가지 형식으로 구분하는 것처럼, 독해에 등장하는 문장들의 전후 관계를 직진과 전환, 특히 직진에서 '재진술'을 최대한 자세히 전달하려 노력했다.

StS에 대한 개념을 정립하면, 자연스레 문맥(Context)를 파악할 수 있고, 이것은 자연스런 독해에 리듬감이 형성되어 '강중약' 독해법으로 이어지게 된다.

**셋째, 문맥을 통한 어휘 추론까지도 최대한 담으려고 노력했다.**

수험생들이 독해에서 접하는 어휘는 언제나 전후 표현들과의 관계를 통해서 그 의미가 정해진다. 하지만 '단어-의미' 방식의 단순 암기 방식은 단기간에 많은 어휘를 암기 할 수 있는 장점도 있지만, 단어에 대한 의미가 하나로 고착되기 때문에 전후 문맥을 통한 의미를 파악하지 못하는 가장 큰 문제점이 야기된다. 이것은 문맥에 따른 자연스런 '의역'을 차단하기 때문에, 해당 문장의 어휘들을 다 알고 있는 경우에도, 영문의 의미가 애매해 지는 경우가 빈번하게 발생하는 이유이기도 하다. 하지만 전후 문맥을 이용할 수 있다면, 알고 있는 어휘를 자연스럽게 문맥에 녹여낼 수도 있을 뿐만 아니라, 생소한 어휘 또한 논리적으로 추론할 수 있는 능력이 생긴다. 전후 문맥을 통해서 어휘를 유추할 수 있도록, 문맥들을 체계적으로 분류하고, 다양한 예시들을 담았다.

"내가 생각하는 생활의 격이란 별 것 아니다. 때 맞춰 뜨거운 물에 목욕할 수 있고 갓구운 빵을 커피와 함께 먹는 것이며 아침에 가끔씩 모차르트를 듣고 매일 아침 배달된 신문을 읽는 것이다. 버스를 타도 좋으나 어쩌다 한 번씩은 차를 혼자 모는 것이다. 구겨진 옷이 아니라 깨끗이 다린 옷을 입고 돈은 반듯하게 펴서 지갑에 가지런히 넣는 것이다. 아무것도 하기 싫은 날은 음식을 시켜 먹을 수 있어야 하며 가끔씩은 집 안이 환해지도록 꽃을 사는 것이다. 나는 정말 별 것 아닌 그리워한다."

- 별 것 아닌 것을 그리워 함 중에서 - 손영란

결국 우리가 원하는 생활이란 이런 사소하고 일상적인 즐거움 아닐까...

독한독해2.0 또한 이런 일상의 즐거움을 향한 여러분들의 작은 즐거움, 디딤돌이 되기를 간절히 바래본다.

전경식 드림

# Contents

# Contents

# Chapter 2. THE PARAGRAPH STRUCTURE

# Contents

# Chapter 1

# MSG & ADVANCE

한 편은 글은 언제나 목적을 지니고 있다. 그것이 특정한 사실에 대한 전달이든, 사건에 대한 감상이든, 어떤 사안에 대한 주장이든 목적과 의미를 지니고 있다. 이런 글의 핵심적인 주장이나 정보를 보다 빠르고 정확하게 파악하면 실전에서 주제 관련한 문제들뿐만 아니라 내용일치, 나아가 다양한 유형의 추론 문제들까지 해결할 수 있는 능력이 생긴다.

chapter1에서 우리가 학습하게 되는 내용들은 바로 이런 글쓴이의 목적, 의도 등을 빠르게 파악하기 위한 방법들이다.

1. MSG 전략을 통해서 문장들을 구분하고 독해하는 요령을 학습할 것이다. 하나의 문장에 어떤 개념어들이 등장하느냐에 따라서 그 문장이 포괄하거나 의미하는 범위는 달라질 수 있다. MSG 개념을 학습하면, 좀 더 주제문에 가까운 문장들을 보는 시야가 형성된다.

2. 직진&전환 구조를 통해 연속된 문장들 사이의 관계에 대해서 학습할 것이다. 하나의 문장이 전후 문장들과 어떤 관계를 갖는지를 파악하면 어디서 빨리 읽고, 어디서 멈추고 좀 더 자세히 읽어야 하는지를 파악할 수 있게 된다. 속독과 정독의 지점들이 바로 직진&전환 구조의 파악에 달려 있다.

문법에서는 영문을 기본 5형식으로 분류한다. 동사를 기준으로 분류해서 다양한 보어와 목적어에 대한 학습으로 확장되지만, 이것은 개별 문장에 대한 미시적인 분석과 구조에 대한 학습에 한정될 뿐, 독해로 확장되지 못한다.

독해에서 중요한 문장 구분은 다름 아닌 MSG를 통한 문장의 논리적 범주 구분과 직진&전환을 통한 전후 문장 사이의 관련성 파악이다.

MSG 파악을 통해서 자연스럽게 개별 문장의 중요성을 구분할 수 있게 되고, 직진&전환 구조를 통해서 글의 흐름을 파악하면서 속독과 정독을 적절하게 병행할 수 있는 독해의 리듬이 생길 것이다.

# UNIT 01

## MSG

많은 수험생들은 모든 지문의 내용을 같은 집중력과 속도로 읽으려 한다. 이런 독해 방식은 언제나 '시간이 부족하다.', '다 읽어도 머리에 남는 내용이 없다.'.. 등등의 한계를 지니고 있다. 하지만, 어떤 문장을 아주 꼼꼼하게, 어떤 문장을 대충 눈으로 훑거나 또는 생략할지를 구분하는 기준이 있다면, 우리는 시간을 아주 효율적으로 투자할 수 있을 것이다.

지문에 등장하는 모든 정보나 내용들은 동일한 중요성을 차지하지 않는다. 핵심적인 정보, 저자의 주장, 감상... 즉, 주제 또는 main idea에 해당하는 내용들을 '강'하게, 이것에 연결되는 내용들을 '중', 또는 '약'으로 독해 할 수 있어야 한다.

**독독2.0 Guts**

01 MSG 개념을 이해하고 적용해 보자.

## 1 MSG 개념

| | |
|---|---|
| 중약M<br>(medium) | 일반 또는 구체적 진술인지 애매하거나 S와 G의 중간에 해당하는 문장.<br><br>서론에 M이 등장한 경우에 후속 문장에 따라서 G&S가 결정될 수 있다. M진술의 핵심은 본문 중간에 등장하는 재진술 경우인데, 구체적인 예시를 동반하는 진술이 S인데 반해, 재진술이지만 구체성이 떨어지는 진술들은 대부분 M에 속한다. |
| 약S<br>(specific) | 구체적 진술로 예시가 가장 대표적인 문장.<br><br>'인물, 숫자, 사건, 국가, 단체, 실험 내용....'등의 구체적인 정보를 전달하는 문장으로 주로 G 뒤에 등장하는 경우가 많다. |
| 강G<br>(general) | 포괄&추상적인 진술로 글의 전반적인 내용이 함축적으로 표현된 문장.<br><br>많은 경우 서론에 주제문으로 등장한다. G 뒤에는 M 또는 S 진술이 이어지는 구조가 가장 일반적이다. |

\* MSG 구분을 통해서 문장 독해 시에 '강중약'이 자연스럽게 형성된다. MSG 구분과 상관없이 언제나 강하게 읽어야 할 단 하나의 문장은 모든 영문의 '첫 문장'이다.

### 1) MSG statement 정의

#### M 진술 (Medium statement)

일반&구체 진술이 각각의 특징을 갖는데 비해, M진술은 상대적인 개념이다. 즉, 특정 진술이 S인지 G인지 애매한 경우에는 M으로 치환하고 후속되는 진술을 통해서 전후 문장 사이의 관계를 파악하는 것이 중요하다.

#### S 진술 (Specific statement)

일반적 진술을 **부연, 보충, 예시하는 문장**들도 구체 개념에 해당하는 구체적인 '인물, 숫자, 사건, 국가, 단체....'등의 정보를 전달하는 문장.

1) 구체적인 예시들이 등장하는 문장
2) 주장이나 의견에 대한 논거를 제시하는 문장
3) 주로 글의 본문에 등장하는 재진술 문장

#### G 진술 (General statement)

일반 개념에 해당하는 **추상적 표현, 글의 전반적인 중심 내용을 압축적**으로 **표현하는 문장.**

1) 저자의 주장이나 의견이 함축적으로 등장하는 문장
2) 주로 글의 처음이나 마지막에 등장하는 문장
3) 일반개념에 해당하는 어휘들이 등장하는 문장

### 2) G&S 예시

#### * 일반개념 (general concept) vs 구체개념 (specific concept)

일반개념은 상위 개념에 해당하는 표현으로 포괄적인 용어이다. 구체개념은 일반개념을 구체적으로 설명, 예시를 하는 용어이다. **일반과 구체는 절대적인 기준에 의해서 구분되는 것이 아니라, 상대적인 개념이며, 지문과 문맥에 따라서 상대적으로 결정**된다.

| 일반개념(General concept) | 구체개념(Specific concept) |
|---|---|
| 음식 | 분식, 한식, 양식 |
| 분식 | 김밥, 튀김, 떡볶이, 쫄면 |
| 숲 | 나무, 흙, 바위, 동물 |
| 동물 | 포유류, 파충류, 어류, 조류 |
| 과학 | 물리학, 화학, 생물, 지구과학 |
| 생물학 | 곤충학, 유전학, 생태학, 분자생물학 |
| 산업 | 중공업, 경공업, 농업, 서비스 산업 |
| 농업 | 원예, 축산, 임업, 잠업 |

#### EX)

1) 나는 먹는 것을 좋아한다. – G
   분식, 한식, 그리고 양식 모두를 즐겨 먹는다. – S

2) 나는 먹는 것을 좋아한다. – M

뿐만 아니라 새로운 곳을 여행하는 것을 좋아한다. – M

또한 다양한 사람들과의 교류를 즐기기도 한다. – M

이처럼 MSG의 구분은 절대적인 기준이 있는 것이 아니라, 후속 문장에 어떤 내용이나 범주가 등장하느냐에 따라서 달라진다. 따라서 언제나 전후 문장들의 관계를 살피면서 독해하는 것이 가장 중요한 속독 및 핵심 정보를 획득하는 전략이다.

## 2 문장 예시

단편적인 문장만을 가지고 MSG를 구분하는 것은 정확하지 않다. MSG가 결정되는 것은 전후 문장과의 관계를 통해서이기 때문이다. 하지만, 포괄적이거나 압축적인 진술이면 G, 구체적인 예시가 등장하면 S가 될 가능성이 높기에, 개별 문장을 통한 구분 연습도 매우 유익할 수 있다. 아래 예시들은 모두 기출에서 발췌한 문장들이다.

1) Our faces play an important role in making a first impression.

Rudy's tip 첫 인상에 중요하다는 단정적 진술이기에 G일 가능성이 높다.

강G 우리의 얼굴은 첫인상을 만드는 데 중요한 역할을 한다.

2) Some researchers have found that people with baby faces are frequently perceived, at first sight, to be innocent, naive, and helpless.

Rudy's tip 언제나 'Some이 주어'로 등장하는 문장은 S일 가능성이 90% 이상이다.

약S 몇몇 과학자들에 따르면, 아기얼굴을 가진 사람은 흔히 첫 눈에 볼 때 순진하고, 천진난만하고, 무력한 것으로 지각된다고 한다.

3) Extensive research shows the dangers of distracted driving.

Rudy's tip 산만한 운전의 위험이라는 포괄적 표현이기에 G일 가능성이 높다.

강G 포괄적인 연구들이 주의가 산만한 운전의 위험을 보여주고 있다.

4) Studies say that drivers using phones are four times as likely to cause a crash as other drivers.

Rudy's tip four times 구체적인 숫자를 통해서 S임을 알 수 있다.

약S 연구들에 따르면 전화를 사용하는 운전자들은 다른 운전자들에 비해 4배는 더 사고를 일으킬 가능성이 있으며,

5) The bark of cinnamon trees is often used to prevent tooth decay.

Rudy's tip 치통 예방을 포괄적인 것으로 보면 G, 계피 나무의 효용 중 하나로 등장했다면 S가 될 수도 있다.

중M 계피나무의 껍질은 흔히 치통을 예방하는 데 사용된다.


6) Brushing your teeth with warm water and a half spoon of cinnamon solution will not only kill the bacteria in your teeth, but also help your breath.

Rudy's tip 구체적인 진술이기에 S로 파악하는 것이 적절하다.

약S 따뜻한 물에 반 스푼 계피를 넣은 용액으로 이를 닦으면 이에 있는 박테리아를 죽일 뿐 아니라, 입 냄새에도 도움이 된다.


7) Now that we know the importance of breakfast for children, the next step is to find out what exactly should be eaten for breakfast.

Rudy's tip 무엇을 먹어야 하는지에 대한 도입부의 진술로 G로 파악하는 것이 적절하다.

강G 이제 우리는 아이들에게 아침이 얼마나 중요한지 알았으므로, 다음 단계는 정확히 무엇을 아침으로 먹어야 하는지를 알아내는 것이다.


8) A complete breakfast should include all the necessary nutrients, including proteins, calcium, vitamin B6, vitamin A, zinc and iron.

Rudy's tip 구체적인 식단을 열거하기에 S이다.

약S 완전한 아침은 단백질, 칼슘, 비타민 B6, 비타민 A, 아연, 철분 등의 필수 영양분 전부를 포함해야 한다.


9) In modern developed societies, there is one variety of language that ranks above the others.

Rudy's tip 상위 언어가 있다는 추상적 진술이기에 전형적인 G이다.

강G 현대 선진 사회에서는 다른 언어보다 상위에 위치하는 한 언어의 종류가 있다.


10) This superposed variety is employed by the government and communications media, used and taught in educational institutions, and is the main or only written language.

Rudy's tip 상위 언어의 활용에 대한 내용으로 S 또는 M 으로 이해하는 것이 적절하다.

중MS 이 상위에 위치한 종은 정부와 언론 매체들에 의해 선택되고, 교육 기관에서 사용되고 가르쳐지며, 주된, 혹은 유일한 문자언어이다.

Chapter 1

Chapter 2

Chapter 3

11) One bright October morning, Fabiano Calleia, a researcher with the Federal University of Amazonas, was out in the lowland rainforest of Manaus, Brazil, tracking his usual group of eight pied tamarins as the small, dark monkeys grazed on the fruits of a fig tree.

Rudy's tip 구체적인 시간과 인물이 등장하고 있기에 S로 파악하는 것이 적절하다.

약S 어느 화창한 10월 아침, 아마존 대학의 과학자 파비아누 칼리아는 브라질 마나우 지역의 열대우림 저지대에서, 작고 어두운 색상의 원숭이들이 무화과 열매를 먹고 있을 때 자신이 관찰해 온 8마리의 타마린 원숭이들을 관찰하고 있었다.

12) For years he had been hiding this knowledge, just as he had always pretended that he enjoyed nothing so much as his family life.

Rudy's tip this knowledge의 중요성을 알 수 없기에 M으로 이해하고 후속 문장을 살피는 것이 적절하다.

중M 수년 동안 그는 자신이 이를 알고 있다는 것을 숨겨 왔다. 마치 항상 가정생활을 가장 좋아하는 척했던 것처럼 말이다.

13) In virtually all its manifestations, the American wilderness represents a flight from history.

Rudy's tip 다분히 추상적인 진술이기에 G로 파악하는 것이 적절하다.

강G 미국의 황무지를 표현한 모든 작품에서 황무지는 실질적으로 역사로부터의 도피를 상징한다.

14) Seen as the frontier, the wilderness is a savage world at the dawn of civilization, whose transformation represents the very beginning of the national historical epic.

Rudy's tip 추상적 진술이기에 G로 파악하는 것이 적절하다.

강G 미개척지로 표상되는 황무지는 문명의 여명기에 있는 야생의 세계이며 이 세계의 변모는 민족의 역사적 서사시가 시작되었음을 나타낸다.

15) Television hosts and radio personalities have asked whether it would be possible to stock an entire basketball team with clones of Michael Jordan.

Rudy's tip 구체적인 인명과 사물이 등장하기에 S이다.

약S 텔레비전 사회자들과 라디오에 나오는 명사들은 마이클 조던을 복제한 유전자를 가진 구성원으로만 이루어진 농구팀을 만드는 게 가능한지 묻는다.

16) The first time it appeared it did not seem possible : a poster promising new school equipment for those children who collected labels from the cans of a certain brand of baked beans.

Rudy's tip 포스터에 대한 내용이 서술되어 있기에 S 또는 M으로 보는 것이 적절하다.

중MS 처음에 그것은 불가능한 것처럼 보였다. 즉 특정 브랜드의 콩 요리 통조림에서 상표를 모아온 아이들을 위해 새 학교 용품을 제공하겠다고 약속하는 포스터.

17) Recently two presidents, Nicholas Sarkozy and Barack Obama, have taken up the issue of Muslim women's clothes in rather different ways.

> **Rudy's tip** 구체적인 인명이 등장했지만 여성의 복장이라는 포괄적 진술이 있기에 M으로 보는 것이 적절하다.

> **중M** 니콜라스 사르코지와 버락 오바마 두 대통령은 최근 이슬람 여성의 복장이라는 쟁점에 대해 다소 상이한 방식의 태도를 취했다.

18) New York state is calling on schools to get tough against bullying and, judging from local school districts, the call is being heeded.

> **Rudy's tip** bullying에 대해서 포괄적으로 언급되었기에 G 또는 M으로 볼 수 있다.

> **강MG** 뉴욕 주는 학교들에게 학교폭력에 대해 엄격한 조치를 취하라고 요구하고 있고, 지역의 학군들을 볼 때, 이러한 요구가 제대로 지켜지고 있다.

19) To begin with, although hormones may circulate widely in the animal, they elicit responses only in specific target cells.

> **Rudy's tip** 호르몬과 반응에 대한 내용이 포괄적으로 표현되었기에 M으로 보는 것이 적절하다.

> **중M** 우선 호르몬은 동물의 몸속에서 광범위하게 순환하지만 특정 표적 세포에서만 반응을 이끌어낸다.

20) Perhaps the most significant problem with the media hyperbole concerning cloning is the easy assumption that humans simply are a product of their genes – a view usually called "genetic essentialism."

> **Rudy's tip** 유전자 결정론이라는 함축적인 표현이 등장했기에 G로 보는 것이 적절하다.

> **강G** 복제에 관한 미디어가 과장하는 가장 중요한 문제는 인간이 단지 유전자의 산물이라는 쉬운 가정, 즉 대개 '유전자 본질론'이라 불리는 관점이다.

# 3 문단 예시

1) In the twentieth century, there have been many advances in technology. Television, cars, and computers have changed our lives profoundly. Scientists have sent people out into space and even to the moon.

> **강G** In the twentieth century, there have been many advances in technology.

> **약S** Television, cars, and computers have changed our lives profoundly. Scientists have sent people out into space and even to the moon.

20세기, 첨단과학에 있어서 많은 발전이 일어났다. TV, 자동차들, 컴퓨터들은 우리의 일상을 크게 변화시키고 있다. 과학자들은 사람들을 우주로, 심지어 달로 보내기도 한다.

2) We have all grown up, knowing that people are different. A couple may spend their vacation traveling in Europe; their friends are content with two weeks in a cottage by the sea.

> 강G We have all grown up, knowing that people are different.

> 약S A couple may spend their vacation traveling in Europe; their friends are content with two weeks in a cottage by the sea.

---

우리 모두는 성장하면서 사람들은 다르다는 것을 알게 된다. 한 커플은 유럽에서 휴가를 보낼 수도 있다. 반면에 그들의 친구들은 바닷가 작은 별장에서 2주 동안의 휴가를 보내는 것에 만족할 수도 있다.

3) The objective of some taxes on foreign imports is to protect an industry that produces goods vital to a nation's defense. The domestic oil, natural gas, or steel industry, for example, may require protection because of its importance to national defense.

> 강G The objective of some taxes on foreign imports is to protect an industry that produces goods vital to a nation's defense.

> 약S The domestic oil, natural gas, or steel industry, for example, may require protection because of its importance to national defense.

---

수입품에 대한 어떤 세금들의 목적은 산업을 보호하는 것이다. 국가 방위에 필수적인 제품들을 생산하는. 예를 들어, 국내 원유, 천연 가스, 철강 산업은 국가 방위에 대한 중요성 때문에 보호를 필요로 한다.

4) It is important to ease yourself into whatever you're doing. In sports and other physical activities, your muscles should get warmed up before you start working them to prevent injury.

> 강G It is important to ease yourself into whatever you're doing.

> 약S In sports and other physical activities, your muscles should get warmed up before you start working them to prevent injury.

---

무엇을 하든 몸을 이완시키는 것이 중요하다. 스포츠나 다른 신체 활동에 있어서, 근육은 이완되어야만 한다. 부상을 예방하기 위해서 근육을 사용하기 전에.

5) People have to eat and culture teaches us what and when. In many cultures people have their main meal at noon, but Americans prefer a large dinner. English people eat fish for breakfast, but Americans prefer hot cakes and cold cereals.

> 강G People have to eat and culture teaches us what and when.

> 약S In many cultures people have their main meal at noon, but Americans prefer a large dinner. English people eat fish for breakfast, but Americans prefer hot cakes and cold cereals.

---

사람은 먹어야만 하고 문화는 우리가 무엇을, 언제 해야 하는지를 알려준다. 많은 문화에서 사람들은 점심때 주된 식사를 하지만, 미국인들은 풍족한 저녁을 선호한다. 영국인들은 아침에 생선을 먹지만, 미국인들은 아침에 케이크와 차가운 시리얼을 먹는다.

6) One way to relax our nerves and make us feel happy is to have hobbies. A good hobby such as swimming, playing tennis or taking a walk is not only good for our health, but is also a good way to make friends.

> **강G** One way to relax our nerves and make us feel happy is to have hobbies.
>
> **약S** A good hobby such as swimming, playing tennis or taking a walk is not only good for our health, but is also a good way to make friends.

우리의 신경을 안정시키고 행복하게 하는 한 가지 방법은 취미를 갖는 것이다. 수영, 테니스, 산책 같은 좋은 취미는 건강에 유익할 뿐 아니라, 친구를 사귀는데 좋은 방법이다.

7) Feedback, particularly the negative kind, should be descriptive rather than judgmental or evaluative. No matter how upset you are, keep the feedback job-related and never criticize someone personally because of an inappropriate action. Telling people they're stupid, incompetent, or the like is almost always counterproductive. It provokes such an emotional reaction that the performance deviation itself is apt to be overlooked.

> **중M ☞ G** Feedback, particularly the negative kind, should be descriptive rather than judgmental or evaluative.
>
> ※ 첫 문장만을 보았을 때, G 또는 S인지 애매하다. 따라서 M으로 파악한 뒤에, 후속 내용을 통해서 첫 문장을 G로 파악하는 것이 실전적이다.
>
> **약S** No matter how upset you are, keep the feedback job-related and never criticize someone personally because of an inappropriate action. Telling people they're stupid, incompetent, or the like is almost always counterproductive.
>
> **약M** It provokes such an emotional reaction that the performance deviation itself is apt to be overlooked.

피드백, 특히 부정적인 유형의 것은 판단 또는 평가보다는 설명적이 되어야 한다. 아무리 화가 나도 피드백을 업무와 관련된 것에만 집중하고, 적절하지 못한 행동 때문에 사람을 직접 비난하지는 마라. 사람들에게 멍청하고 무능하다거나 또는 그와 비슷하다고 말하는 것은 거의 항상 역효과가 난다. 이런 역효과는 감정적 반응을 너무 자극하기에 업무 일탈 행위 자체가 간과될 수 있다.

8) A team of researchers has found that immunizing patients with bee venom instead of with the bee's crushed bodies can better prevent serious and sometimes fatal sting reactions in the more than one million Americans who are hypersensitive to bee stings. The crushed-body treatment has been standard for fifty years, but a report released recently said that it was ineffective. The serum made from the crushed bodies of bees produced more adverse reactions than the injections of the venom did. The research compared results of the crushed-body treatment with results of immunotherapy that used insect venom and also with results of a placebo. After six to ten weeks of immunization, allergic reactions to stings occurred in seven of twelve patients treated with the placebo, seven of twelve treated with crushed-body extract, and one of eighteen treated with the venom.

> **중M ☞ G** A team of researchers has found that immunizing patients with bee venom instead of with the bee's crushed bodies can better prevent serious and sometimes fatal sting reactions in the more than one million Americans who are hypersensitive to bee stings.

The crushed-body treatment has been standard for fifty years, but a report released recently said that it was ineffective.

The serum made from the crushed bodies of bees produced more adverse reactions than the injections of the venom did. ..... (중략)......seven of twelve treated with crushed-body extract, and one of eighteen treated with the venom.

---

과학자들은 벌을 짓이겨 만든 가루 대신 벌의 독으로 환자에게 면역 치료를 하는 것이 벌침에 과민 반응을 보이는 백만 명이 넘는 미국인들에게 심각하고 때로는 치명적인 독 반응을 예방할 수 있다는 사실을 밝혀냈다. 벌 가루 치료가 50년간 표준이었지만 최근에 발표된 한 보고서에 따르면 이는 비효율적이라는 것이다. 벌의 가루로 만들어진 혈청은 벌의 독을 주사하는 것 보다 더 부작용을 일으켰다. 과학자들은 벌 가루 치료 결과와 곤충의 독을 이용한 면역 요법 결과와 그리고 플라시보의 결과와 비교해 보았다. 6~10주간의 면역 치료 후에 벌침의 알레르기 반응이 플라시보로 치료를 받은 12명의 환자 중 7명에서, 벌 가루 추출물로 치료를 받은 사람 12명 중 7명이, 그리고 독으로 치료를 받은 18명 중의 1 명에서 나타났다.

9) Children usually feel sick in the stomach when traveling in a car, airplane, or train. This is motion sickness. While traveling, different body parts send different signals to the brain. Eyes see things around and they send signals about the direction of movement. The joint sensory receptors and muscles send signals about the movement of the muscles and the position in which the body is. The skin receptors send signals about the parts of the body which are in contact with the ground. The inner ears have a fluid in the semicircular canals. This fluid senses motion and the direction of motion like forward, backward, up or down. When the brain gets timely reports from the various body parts, it finds a relation between the signals and sketches a picture about the body's movement and position at a particular instant. But when the brain isn't able to find a link and isn't able to draw a picture out of the signals, it makes you feel sick.

Children usually feel sick in the stomach when traveling in a car, airplane, or train. This is motion sickness.

While traveling, different body parts send .......(중략) ......... But when the brain isn't able to find a link and isn't able to draw a picture out of the signals, it makes you feel sick.

---

아이들은 대개 자동차, 비행기 혹은 기차를 타고 여행할 때 메스꺼워한다. 이것이 멀미이다. 여행하는 동안, 신체의 다른 기관들은 두뇌로 다른 신호들을 보낸다. 눈은 주변의 사물들을 보고 움직임의 방향에 대한 신호들을 보낸다. 관절 감각기관들과 근육들은 근육의 움직임과 신체가 취하고 있는 자세에 대한 신호들을 보낸다. 피부 수용기는 땅과 접촉하고 있는 신체의 부분에 대한 신호들을 보낸다. 내이(內耳)는 반고리관 안에 액체를 가지고 있다. 이 액체는 움직임과 앞뒤 혹은 위아래와 같은 방향을 감지한다. 뇌가 다양한 신체의 기관으로부터 적절한 신호들을 받을 때, 뇌는 신호들 사이의 관계를 찾아서 신체의 움직임과 어떤 특정한 순간에 신체의 자세에 대한 그림을 그린다. 그러나 뇌가 신호들로부터 연결점을 찾지 못하고 그림을 그릴 수 없을 때, 그것은 당신을 메스껍게 만든다.

\* 서론부터 S 진술이 열거된 지문이다. 이처럼 명확한 G가 등장하지 않는 영문은 대부분 귀납적 구성 또는 주제문 추론인 경우가 대부분이다. (Ch2. unit1)

10) Late one night, Catherine Ryan Hyde was driving in Los Angeles. In a dangerous neighborhood, her car caught on fire. She got out. Three men ran toward her. She immediately felt afraid of them. They didn't hurt her, though. They put out the fire and called the fire department. When she turned to thank them, they were gone. Years later, that event

became the subject of her novel called Pay It Forward. She never forgot that event. In the book, a teacher asks his students to "think of an idea for world change and put it into action." A boy named Trevor suggested doing kind acts for others. They used his ideas. Trevor's idea works like this. Someone chooses three people and does something nice for each one. In return, the recipients of that favor must do favors for three more people. In 2000, the novel inspired a movie.

**약S** Late one night, Catherine Ryan Hyde was driving in Los Angeles. In a dangerous neighborhood, her car caught on fire. She got out.

**중약S** Three men ran toward her. She immediately felt afraid of them. They didn't hurt her, though. .....(중략)......... In return, the recipients of that favor must do favors for three more people. In 2000, the novel inspired a movie.

---

어느 날 밤늦게 Catherine Ryan Hyde는 로스앤젤레스에서 차를 몰고 가고 있었다. 위험한 지역에서 그녀 차에 불이 붙었다. 그녀는 차 밖으로 나왔다. 세 명이 그녀에게 달려왔다. 그녀는 즉각적으로 이들에게서 두려움을 느꼈다. 그러나 그들은 그녀를 해치지 않았다. 그들은 불을 끄고 소방서에 전화를 걸어 주었다. 그녀가 돌아서서 감사를 표하려 했을 때 이들은 이미 가고 없었다. 수 년 뒤 이 사건이 그녀의 소설 'Pay It Forward'(자신이 받은 은혜를 타인에게 베풀다)의 주제가 되었다. 그녀는 그 사건을 잊지 않았다. 그 책 속에서 한 교사가 학생들에게 세계 변화를 위한 아이디어를 생각해서 그것을 행동에 옮겨 줄 것을 요구한다. Trevor라는 한 아이가 남들을 위한 선행을 할 것을 제안했다. 이들은 그의 아이디어를 받아들였다. Trevor의 아이디어는 다음과 같았다. 어떤 사람이 세 명을 골라 이들 각자에게 선행을 하게 된다. 이에 대한 보답으로 그 선행을 받은 사람은 다른 세 사람에게 선행을 해야 한다. 2000년에 이 소설이 한 영화의 모티브가 되었다.

* 서론부터 S 진술이 열거되어 있기에 주제문 추론의 글이다. (Ch2. unit1)

11) One of the most powerful indictments of capitalism is that it compels us to invest most of our creative energies in matters which are in fact purely utilitarian. The means of life becomes the end. Life consists in laying the material infrastructure for living. It is astonishing that in the twenty-first century, the material organization of life should bulk as large as it did in the Stone Age. The capital which might be devoted to releasing men and women, at least to some moderate degree, from the exigencies of labor is dedicated instead to the task of amassing more capital.

**강G** One of the most powerful indictments of capitalism is that it compels us to invest most of our creative energies in matters which are in fact purely utilitarian. The means of life becomes the end.

**중약MS** Life consists in laying the material infrastructure for living. .......(중략)...... from the exigencies of labor is dedicated instead to the task of amassing more capital.

---

가장 강력한 자본주의 비판에 의하면, 우리는 자본주의의 강요로 순전히 실리적이기만 한 문제에 창의적 에너지를 대부분 할애한다. (자본주의에서는) 삶의 수단이 곧 목적이 된다. 산다는 것은 곧 살기 위한 물적 토대를 놓는 것과 동일시된다. 21세기가 되었는데도 삶의 물적 토대를 조직하는 일이 석기 시대만큼 커다란 자리를 차지하다니 놀라울 뿐이다. 급박한 노동에서 인간을 약간이나마 해방시키는데 할애될 수 있는 자본이 오히려 더 많은 자본을 축적하는 데에 할애되고 있다.

12) Raising multilingual children offers unique challenges as well as opportunities. Parents may ask a range of questions: Should they speak to their child in their native language? How will that affect their child's ability to learn English? If they speak to their child in English, will he lose his native language? And what happens when parents speak to their child in two languages?

**강G** Raising multilingual children offers unique challenges as well as opportunities.

**약S** Parents may ask a range of questions: ......(중략).....And what happens when parents speak to their child in two languages?

여러 나라 말을 하는 아이를 키우는 일은 기회와 동시에 특이한 어려움을 준다. 부모들은 다양한 질문들을 할 수 있다. 부모들은 모국어로 아이들에게 말을 해야 하는가? 이는 아이들의 영어를 배우는 능력에 어떤 영향을 줄까? 만일 영어로 아이들에게 말을 하면, 아이들은 모국어를 잊게 될까? 그리고 부모들이 두 개의 언어로 아이들에게 말을 하면 어떤 일이 일어날까?

# MEMO

# UNIT 02

## 직진과 전환(Advance and Conversion)

주어 뒤에는 언제나 동사가 등장하는 것이 영어의 어순인 것처럼, 복수의 문장들이 등장할 때, 전후 문장들은 언제나 직진&전환 관계로 분류해 볼 수 있다. 직진은 앞 문장에 대한 내용을 전개시키거나, 보충 설명 또는 새로운 정보를 첨가하는 것을 의미한다. 이에 반해, 전환은 선행 내용의 흐름을 다른 방향으로 전환시키는 것이다. MSG가 개별적인 문장들의 성격을 의미한다면, 직진&전환은 문장들의 관계를 뜻하는 것으로, MSG와 함께 문단 속독법의 핵심 범주이다.

### 독독2.0 Guts

## 1 직진은 재진술이다.

직진은 선행문장에 대해서 다른 표현으로 설명하거나, 추가적인 정보, 구체적인 예시들을 제시하는 것을 의미하며, 이런 모든 것을 통칭해서 '재진술(Restatement)'이라 한다. 재진술은 크게 다음 4가지(대전열예)로 나누어 볼 수 있다.

### 1) 대명사 (Pronoun) – 인칭, 지시, 관계사

대명사 또는 관계사(관계대명사 & 관계부사)로 시작하는 문장은 선행 문장의 선행사를 의미하기 때문에, 당연히 선행 문장에 대한 내용을 설명하는 역할을 한다.

### 2) 전개 (Developing) – 문장부호, Paraphrasing, New Information

선행 문장에 대해서 동일한 내용을 다른 표현으로 반복적으로 설명하거나, 새로운 정보를 제공해서 논의를 확장, 지속시키는 것을 의미한다. 재진술의 유형 중 가장 대표적인 유형이며 출제빈도 또한 가장 높다. 전개는 다른 재진술 유형에 비해서 뚜렷한 연결어들이 등장하지 않기에 수험생 입장에서 직관적으로 인지하기가 쉽지 않은 유형이지만, 재진술 유형 중 핵심 영역이라 할 수 있다.

⇨ Paraphrasing – '바꾸어 말하기'를 의미하는 paraphrasing은 동의어를 활용하거나, 문장의 구조를 변형해서, 선행진술을 반복적으로 표현하는 것을 의미한다.

## 3) 열거 (Enumeration) - in addition, moreover, besides

선행 문장에 대한 다양한 예시 또는 논거들을 분류해서 나열해 놓은 구조로 '첫째, 둘째...'처럼 직선적인 열거 외에도, 다양한 연결어들이 등장하는 경우 또한 열거의 구조이다.

## 4) 예시 (Exemplification) - for example, such as

선행 문장에 대한 구체적인 예를 들어 설명하는 것을 의미한다. 앞서 학습한 'S'진술이 예시의 대표적이며, '숫자, 실험, 인명, 국가명, 단체명, 사건의 서술...' 구체적인 정보를 포함한 진술로 대표적인 재진술에 해당한다.

재진술의 4가지 영역은 완전히 분리, 별도로 존재하지 않는다. 한편의 글에서 모든 문장들은 전후 문장들과 밀접한 유기적 관계를 맺기 때문에, 대명사로 시작하면서 선행 문장에 대한 전개의 역할을 할 수도, 다양한 예시들이 나열되어 열거가 될 수도 있다. 따라서 언제나 전후 문장들을 독해하면서 상호간의 관계를 파악하는 것이 독해의 핵심전략이다.

# 2 대전열예 적용

## 1) 대명사

(1) Doctors are excited about a new way they have found to help broken bones heal. This new technique uses sound waves. Sound waves seem to make broken bones heal faster.

의사들은 부러진 뼈를 치료하는데 도움이 될 수 있는 자신들이 발견한 방법에 기뻐하고 있다. 즉, 이 새로운 방법은 음파를 활용한다. 음파는 더 빨리 부러진 뼈들이 치료되도록 만들어 주는 것 같다.

(2) One example of war's destructive effects on art can be found in the history of Leonardo da Vinci's masterpiece 'The Last Supper.' This wall painting, done in the 1490s, still exists in a monastery in Milan, Italy.

예술에 대한 전쟁의 파괴에 대한 하나의 예는 레오나르도 다빈치의 '최후의 만찬'의 역사에서 엿볼 수 있다. 즉, 이 벽화는, 1490년에 완성되어, 아직도 이태리 밀라노의 수도원에 있다.

(3) Good health and the ability to overcome or control illness and disease don't just depend on medicines or strength of mind, as some people say, but also on wise eating habits. Avoiding eating things like meat, animal fats and sugar and keeping off alcohol are a passport to good health and a long life.

건강과 질병을 이기고 극복하는 능력은 몇몇 사람들이 말하는 것처럼 약이나 건강한 정신 상태에만 달려 있는 것이 아니라 현명한 식사 습관에도 달려 있다. 고기나, 동물 지방, 설탕을 먹는 것을 피하고, 술을 멀리하는 것이 건강과 장수를 보장하는 수단이다.

**Rudy's tip** eating things은 선행문장의 eating habits을 의미하기에 대명사 역할을 한다.

(4) Creative writing can serve as a safety valve for dormant tensions. This implies that a period of time has evolved in which the child gave an idea some deep thought and that the message on paper is revealing of this deep inner thought.

창작은 잠재된 긴장을 안전하게 방출하는 밸브 역할을 할 수 있다. 이것은 일정 시간이 흘러가면서 아이가 어떤 생각에 깊이 있게 생각을 하고, 종이 위에 메시지가 이런 깊은 생각을 보여준다는 것을 의미한다.

(5) The purpose of this special jargon is not to mystify non-psychologists; rather, it allows psychologists to accurately describe the phenomena they are discussing and to communicate with each other effectively.

이 전문용어의 목적은 정신과 의사가 아닌 사람들을 혼란케 하는 것이 아니다. 오히려 이 전문용어는 정신과 의사들이 논의하는 현상을 정확하게 표현하게 해주고 상호간에 효율적인 소통을 가능하게 한다.

(6) Scientists are now able to alter people's moral judgments with magnetic fields. This was achieved by applying a magnetic field to a specific brain region known as the right temporo-parietal junction.

과학자들은 이제 자기장으로 사람들의 도덕적 판단을 바꿀 수 있다. 이는 우측 두정 접합이라고 알려진 뇌의 특정 영역에 자기장을 가함으로써 이루어졌다.

(7) Friendship among teenagers can be a great source of emotional strength not only at the time but also later in life. Through such early experiments in intimacy, teenagers develop self-awareness, self-confidence, and self-esteem.

십대 사이의 우정은 당시 뿐 아니라 향후에도 정서적 발달의 중요한 원천이 된다. 친밀감에 대한 어린 시절의 경험을 통해서, 십대들은 정체성, 자신감 그리고 자긍심을 발달시킨다.
**Rudy's tip** such early experiments in intimacy = friendship

(8) Unemployment does not have the same dire consequences today as it did in the 1930s when most of the unemployed were primary bread-winners, when income and earnings were usually much closer to the margin of subsistence, and when there were no countervailing social programs for those failing in the labor market.

오늘날의 실직은 1930년대 때만큼 심각한 영향력을 미치지 않는데, 당시는 대부분의 실직자들이 가정의 주된 생계 책임자들이었고, 수입과 소득은 일반적으로 최저 생활을 위한 한계 수준에 근접했고, 노동 시장에서 실패한 이들을 위한 보상 차원의 사회적 프로그램이 없던 시절이었다.
**Rudy's tip** 3개의 when은 모두 관계부사로 선행사인 1930s를 지칭하는 대명사 역할을 하고 있다.

(9) Some eminent biologists do not agree with the doctrine that war is biologically inevitable. They have spent many years studying the social behavior of lower animals and human beings and are convinced that the seven cardinal sins of pride, covetousness, lust, anger, gluttony, envy, and sloth may have deep-seated biological roots but that human wickedness is also an expression of what people have learned. They argue that the newer biology presents evidence of a biological basis of human virtue, such as faith and love, and that people can, through learning, cultivate virtuous tendencies.

일부 저명한 생물학자들은 전쟁이 생물학적으로 불가피한 것이라는 원칙에 동의하지 않는다. 그들은 하등동물들과 인간의 사회적 행동을 수년간 연구한 후 다음과 같은 사실을 확신하게 되었다. 즉, 7대 원죄인 교만, 탐욕, 욕정, 분노, 대식, 시기, 나태 등은 깊은 생물학적 뿌리가 있을지 모르나, 인간의 사악함은 또한 인간이 배운 것의 표현이라는 것이다. 그들의 주장에 따르면, 새로운 생물학은 인간이 신뢰와 사랑 같은 미덕들의 생물학적 증거를 제시하고, 인간은 배움을 통하여 미덕을 기를 수 있다고 한다.

**Rudy's tip** they는 선행명사인 some eminent biologists를 의미한다.

## 2) 전개

(1) Man is known as a social animal ; we cannot live all alone.

인간은 사회적 동물이라 알려져 있다. 즉 다시 말해서 우리는 혼자서 살 수 없다.

**Rudy's tip** 세미콜론 이하가 social animal을 설명하고 있다.

(2) One of the greatest tragedies of war, apart from the loss of human life, is the loss of people's creations, their artworks. Many of the world's priceless artworks have been damaged or destroyed by warfare.

전쟁의 가장 비극적인 부분 중 하나는, 인명 피해는 제외하더라도, 인류의 창작물, 즉 예술작품들의 손상이다. 즉, 세상의 매우 귀중한 많은 예술 작품들이 전쟁으로 손상되거나 파괴되었다.

**Rudy's tip** 첫 문장의 loss를 후속 문장에서 damaged or destroyed로 설명하고 있다.

(3) The first semester of my junior year at Princeton University is a disaster, and my grades show it. D's and F's predominate, and a note from the dean puts me on academic probation. Flunk one more course, and I'm out.

프린스턴 대학에서 3학년 첫 학기는 비참했다. 내 학점을 보면 그렇다. D와 F가 아주 많아 학장으로부터 온 편지에는 나를 학점 유예 기간에 처한다는 것이다. 한 과목만 더 낙제하면 나는 퇴학당한다.

**Rudy's tip** disaster를 academic probation & I'm out으로 설명하고 있다.

(4) Of all the characteristics of ordinary human nature envy is the most unfortunate ; not only does the envious person wish to inflict misfortune and do so whenever he can with impunity, but he is also himself rendered unhappy by envy.

---

평범한 인간의 본성 가운데서, 시기심이 가장 불행한 것이다. 시기심이 많은 사람은 (누군가에게) 해악을 끼치길 원하며 그렇게 행동한다. 처벌 받지 않는다면, 그러나 본인 자신도 시기심에 의해 불행해 진다.

**Rudy's tip** 세미콜론 이하에서 envy가 왜 가장 불행한지에 대해서 설명하고 있다.


(5) She hadn't done any thing whatever about her face. She didn't realize what every man knows : namely, that the expression a woman wears on her face is far more important than the clothes she wears on her back.

---

그녀는 얼굴에 그 어떤 표정도 짓지 않았다. 그녀는 모든 사람이 다 알고 있는 것을 알지 못했는데, 즉 여성이 자신의 얼굴에 짓는 표정이 자신의 몸에 걸치는 의상보다 더욱 중요하다는 것을.

**Rudy's tip** 모든 사람이 알고 있는 내용이 무엇인지를 콜론 이하에서 구체적으로 설명하고 있다.


(6) Wealth is not merely bank note or even gold and silver and precious stones. Ultimately it is things : the food in the stores, the minerals from the ground, the ships on the ocean, etc. It is also having clever artists, musicians, writers, technicians and so on. Thus, It is right to look for a country's wealth in the richness of its soil and in the skills of its people.

---

부(富)란 그저 은행 지폐나 혹은 금과 은, 보석만은 아니다. 궁극적으로 부(富)란 사물이다. 즉 가게에 있는 식품, 땅속에서 나는 광물, 바다에 있는 배 등을 말한다. 부는 또한 유능한 예술가, 음악가, 작가, 기술자 등을 소유하는 것이기도 하다. 따라서 국토의 풍요함과 국민들의 기량에서 국가의 부를 찾는 것이 바람직하다.

**Rudy's tip** 첫 문장이 의미하는 것을 두 번째 문장부터 구체적으로 설명하고 있다.


(7) Seeds of Peace carries out a task that governments are neither equipped for nor very interested in : transforming the hopes for peace into a new reality on the ground among populations that have been taught for decades to distrust and hate one another.

---

평화의 씨앗은 정부들이 준비되어 있지도 않고 별다른 관심도 없는 임무를 수행한다. (즉 그 임무는) 평화를 향한 희망들을 사람들을 토대를 새로운 현실로 전환하는 것인데, 수십 년간 서로 불신하고 미워하라고 학습 받아온 사람들에게.

**Rudy's tip** 콜론 이하에서 a task를 설명하고 있다.

(8) A study observed 24 healthy men who typically slept between 7 and 7½ hours a night and did not complain of daytime drowsiness. For six days, the subjects went to bed early and slept approximately nine hours. During the period the men were given tests of attention and vigilance designed to mimic skills used in driving or in monitoring equipment. All of the subjects recorded measurable improvement.

---

한 연구가 일반적으로 하루 밤에 7시간 내지 7시간 반을 자고 대낮에 졸음을 불평하지 않는 건강한 24명의 남자들을 관찰했다. 6일 동안 실험대상자들은 일찍 잠자리에 들어 대략 9시간을 잤다. 그 기간 동안 남자들은, 장비들을 운전하거나 감시하는 데에 쓰이는 기술들을 모방하기 위해 의도된 주의력과 조심성에 관한 검사를 받았다. 모든 피실험자들은 측정할 수 있는 정도의 향상을 기록했다.

**Rudy's tip** 실험 과정과 결과를 서술하는 영문으로 전형적인 전개의 구조이다.

(9) In the philosophy of John Dewey, a sharp distinction is made between intelligence and reasoning. According to Dewey, intelligence is the only absolute way to achieve a balance between realism and idealism, between practicality and wisdom of life. Intelligence involves interacting with other things and knowing them, while reasoning is merely the act of an observer.

---

John Dewey의 철학에서는 지성과 이성의 명확한 구분이 이루어진다. Dewey에 따르면 지성은 현실주의와 이상주의 사이의, 그리고 실용성과 삶의 지혜 사이의 균형을 이룩할 수 있는 유일하고도 절대적인 방법이다. 지성은 다른 것들과 상호 작용하고 또 그것들을 아는 것을 포함하는 반면에 이성은 단지 관찰자로서의 행위이다.

**Rudy's tip** a sharp distinction에 대한 내용을 후속 진술에서 설명하고 있다.

(10) China is launching a national online **marriage database** to fight bigamy, a move that has raised **concerns** among millions of Chinese about protection of privacy. The Chinese government's announcement that it plans to make **the database** available next year comes amid reports that **hackers gained** access to the personal information of 6 million users of the China Software Developer Network. The hacking triggered widespread panic in China, and some Chinese citizens raised questions about the safety of the anticipated **marriage database**. The Ministry of Civil Affairs dismissed concerns, saying more than 20 provinces have already digitized local marriage registrations. The ministry says a centralized database will make it harder for people to commit bigamy.

---

중국은 중혼과 싸우기 위해 전국적인 온라인 데이터베이스 사업을 시작하고 있는데, 이 조치는 수백만 명의 중국인들에게 사생활 보호에 대한 걱정을 불러일으키고 있다. 중국 정부의 내년까지 데이터베이스를 구축하겠다는 계획 발표는, 중국 소프트웨어 개발업자 네트워크(China Software Developer Network)의 6백만 이용자들에 대한 개인적인 정보에 해커들이 접근했다는 지난 주 발표들이 있었던 도중에 나왔다. 이 해킹은 중국에서 광범위한 패닉을 불러 일으켰고, 몇몇 중국 시민들은 예정된 결혼 데이터베이스의 안전에 대한 문제를 제기하였다. 민정담당부서는 이러한 우려를 불신하며, 20개 이상의 성(省)들이 이미 지역의 결혼 등록을 디지털화 했다고 말했다. 민정담당부서는 중앙화된 데이터베이스가 사람들로 하여금 중혼을 저지르는 일을 더욱 어렵게 만들 것이라고 말했다.

**Rudy's tip** 혼인 정보와 그에 따른 사람들의 우려를 후속 문장에서 반복적으로 재진술하고 있는 구성이다. 또한 China = The Chinese government = The Ministry of Civil Affairs 는 모두 동의어로 선행문장에 대한 재진술임을 파악할 수 있다.

## 3) 열거

(1) Many people prefer to travel with organized tours for many reasons. They are often cheaper than traveling alone; they can provide their members with a lot of discounts on airfares and hotel accommodations. And experienced people have planned the trip and all arrangements are taken care of in advance. There is no problem with making connections or finding a hotel. Professional tour escorts look after the needs of every member of the group. And local guides are provided to show them the sights and explain the customs of the different countries.

───────

많은 사람들이 많은 이유로 패키지여행을 더 좋아한다. 그것이 보통 혼자서 여행하는 것보다 더 저렴하기 때문이다. (예를 들면) 회사들이 회원들에게 비행기 요금과 호텔 숙박비용에 대해 많은 할인을 해 줄 수 있다. 그리고 경험이 많은 사람들이 여행을 계획하고 모든 준비가 미리 이루어진다. (교통편을) 갈아타거나 호텔을 찾는 데도 문제가 없다. 전문적인 여행 안내원이 그룹의 모든 회원들의 필요 사항을 돌보아 준다. 그리고 그들에게 다른 나라의 명승지를 보여 주고 관습을 설명해 줄 그 지역의 안내원들이 제공된다.

(2) If you're a young woman, there are ways to make it easier for a man to approach you. For one thing, don't huddle with your friends. Sit or stand alone. This makes you seem more available. And try to be responsive, no matter how nervous you are. When a man smiles at you, smile back. In general, do exactly the opposite of what you would do if you were trying to brush him off. When he speaks to you, give clipped, one-word answers.

───────

당신이 만약 젊은 여인이라면, 좀 더 쉽게 남성들이 당신에게 접근하도록 하는 방법들이 있다. 그 하나로, 당신의 친구들과 몰려다니지 말라는 것이다. 홀로 앉아 있거나 서 있어라. 그러면 당신은 더욱 접근이 용이해 보이게 된다. 그리고는 당신이 아무리 예민한 성격일지라도 응대를 잘 할 수 있도록 노력하라. 남성이 당신에게 미소를 짓는다면 당신 역시 미소를 답하라. 일반적으로, 당신이 만약 그를 퇴짜 놓으려면, 했을 만한 일의 반대로 행동하라. 그가 당신에게 말을 건넬 때 짧은 한마디로 끊어 가며 대답해라.

(3) The crowd is the largest and least personal of adolescent groups. Members of the crowd meet because they have a common interest in an activity, not because they are mutually interested in each other. Another adolescent group, cliques, are smaller and involve greater intimacy among members. The most intimate and often the most fulfilling relationships are those of individual friendships. In general, peer group relationships in adolescence fall into one of the above three categories.

───────

동아리는 청소년 집단 중에서도 가장 크면서 가장 비 개인적인 집단이다. 동아리 구성원들은 서로에게 관심이 있어서라기보다 어떤 활동에 대해 공통의 관심사가 있기 때문에 모인다. 또 하나의 청소년 집단인 패거리는 더욱 작은 동시에 성원들 간에 친밀감은 더욱 크다. 가장 밀접하고 또 흔히 가장 만족스러운 관계는 개인적 우정 관계이다. 일반적으로 청소년의 동류 집단 관계들은 위 세 범주 중 하나로 분류된다.

## 4) 예시

(1) Some people, it was said, were born naturally good and some were born bad. Also inborn, it was believed, were such traits as trustfulness, honesty, conscientiousness, and industry, as well as such traits as bad temper, laziness, and untidiness.

---

어떤 사람들은 천성적으로 선하게 또 어떤 사람들은 악하게 태어난다고 사람들은 말했다. 또한 나쁜 성질, 게으름, 그리고 불결함 등과 같은 특성들뿐만 아니라 성실성, 정직성, 그리고 근면함과 같은 특징들도 타고나는 것으로 사람들은 믿었다.

(2) Mothers today score better than their moms did. Women in 1950s spent 5.3 hours a day with their kids and today it's 5.5 hours. It's only 12 minutes, but we're talking quality time. More women work now, but they spend about 40 hours a week for the children by sacrificing leisure time and doing less housework. Working women also sleep less, by five to six hours a week. And those extra 12 minutes may be extra precious : Today's moms are better educated than ever, and studies show that the more learning they have, the better relationship they have with their children.

---

오늘날의 어머니들은 그들의 어머니보다 높은 점수를 받는다. 1950년대의 여성들은 하루에 5.3시간 동안을 자녀들과 함께 했지만, 오늘날은 그것이 5.5시간이다. 비록 12분간이지만, 우리는 질적인 시간에 대해 말하고 있는 것이다. 오늘날은 일하는 여성들이 더 많지만, 그들은 여가 시간을 희생하고 집안일을 덜 함으로써, 일주일에 약 40시간을 자기의 아이들을 위해서 보낸다. 일하는 여성들은 또한 일주일에 5시간 내지 6시간 정도를 덜 잔다. 그리고 이 여분의 시간 들은 특별히 소중하다. 즉, 오늘날의 엄마들은 과거보다 교육을 더 받았다. 그리고 연구에 의하면, 공부를 많이 했을수록 그만큼 더 그들의 자녀와 좋은 관계를 유지한다.

(3) The Broken Windows theory was the brainchild of the criminologists James Wilson and George Kelling. They argued that crime is the inevitable result of disorder. If a window is broken and left unrepaired, people walking by will conclude that no one cares and no one is in charge. Soon, more windows will be broken, and the sense of anarchy will spread from the building to the street on which it faces, sending a signal that anything goes here.

---

'깨진 창문' 이론은 범죄학자인 제임스 윌슨과 조지 켈링의 창작물이었다. 그들은 범죄는 혼란의 불가피한 결과라고 말했다. 창문이 깨져서 수리되지 않은 채로 방치되면 지나가는 사람들은 어느 누구도 관심을 가지고 있지 않고 책임자가 없다고 결론을 내릴 것이다. 곧 더 많은 창문이 깨질 것이고 무질서 의식이 건물로부터 그 건물이 면해 있는 거리로까지 퍼져서 여기서는 무슨 짓이든 해도 된다는 신호를 보내게 될 것이다.

# 3
## 전환 (Conversion)

직진이 선행 내용에 대한 재진술이라면, '전환'이란 앞 내용을 뒤집거나 이견을 제시하는 논리구조를 의미한다. '전개'로 대표되는 재진술은 많은 경우에 명확한 연결어 없이 등장하기에 문맥을 통해 파악해야 하지만, 전환은 특정 연결어를 앞세워 등장하는 경우가 빈번하기에 상대적으로 쉽게 파악할 수 있는 이점이 있다.

### 1) 대표적인 전환 구조

#### (1) 역접 – but, however, yet

역접은 선행 내용을 부정하거나 반박, 또는 긍정에서 부정으로, 부정에서 긍정으로 논지의 흐름이 바뀌는 것을 의미한다. 주로 주제문을 부각시키기 위한 논리전환(LC구조) 구성에 많이 등장하는 논리 구조로 글의 서론에 일반론을 제시하고, 이것을 뒤집는 구조가 가장 대표적이다.

As every child knows, lop the tail off a lizard and, astonishingly, it grows back. Unfortunately, the ability to regenerate missing or damaged organs and body parts is largely lost in human beings.

---

모든 어린이들이 알고 있듯이 도마뱀의 꼬리를 잘라 내면 놀랍게도 다시 자란다. 불행하게도 인간은 없어지거나 손상된 기관과 신체 부분을 재생할 능력을 대부분 상실하였다.

**Rudy's tip** unfortunately 이하의 인간에 대한 내용을 부각하는 역접구조이다.

It's plain common sense – the more happiness you feel, the less unhappiness you experience. It's plain common sense, but it's not true. Recent research reveals that happiness and unhappiness are not really flip sides of the same emotion. They are two distinct feelings that, coexisting, rise and fall independently.

---

행복을 느끼면 느낄수록 불행을 덜 겪게 된다는 것은 명백한 상식이다. 그러나 이는 명백한 상식이긴 하지만 사실이 아니다. 최근의 연구에 따르면 행복과 불행은 사실 똑같은 감정의 이면이 아니라는 사실이 밝혀졌다. 행복과 불행은 공존하기는 하되, 서로 독자적으로 생겨났다 사라지는 별개의 두 감정이다.

#### (2) 대조 – while, in contrast, ;(semicolon)

양자 사이의 차이점을 부각시키는 것이 대조이다. 대조의 특성은 양자(A와 B)의 차이점을 부각시킨 후, 다음의 논리 구조가 등장하는 것이 일반적이다.

① A 또는 B, 둘 중 하나에 집중해서 직진의 진술들이 이어지는 구조 – 단일대조
② A와 B, 둘 사이의 차이점을 계속해서 부각시키는 구조 – 양자대조

## [단일 대조 예시]

Perhaps in an evolutionary throwback to a time when women nested while their hunter-gatherer men braved the outdoors, women's skin is less prepared to brace the elements, being thinner than men's and less oily. Since thinner, drier skin is more prone to damage from the sun or the smoke of cigarettes, women so exposed are more apt to wrinkle.

---

아마도 여자가 보금자리에 머물고 반면에 남자가 밖에 나가 수렵과 채집 생활을 하던 과거로 진화의 시계를 되돌리면, 여자의 피부는 남자보다 더 얇고 기름기도 적어서 비바람을 견디기에 준비가 덜 되어 있다. 더 얇고 건조한 피부는 태양과 담배연기로부터 손상되기 쉬우므로, 그것들에 노출된 여성들은 주름살이 생기기가 더욱 쉽다.

**Rudy's tip** 남녀 간의 차이점을 제시하고, 이어서 여성들의 피부에 초점을 맞추어 서술하고 있다.

## [양자 대조 예시]

We know that too much animal fat is bad for our health. For example, Americans eat a lot of meat and only a small amount of grains, fruit, and vegetables. Because of their diet, they have high rates of cancer and heart disease. In Japan, in contrast, most people eat large amounts of grains and very little meat. The Japanese have very low rates of cancer and heart disease.

---

우리는 지나치게 많은 동물성 지방은 우리 건강에 나쁘다고 알고 있다. 예를 들어 미국인들은 많은 고기를 먹지만 곡식, 과일, 야채는 거의 먹지 않는다. 그들의 식사법 때문에 미국인들은 암과 심장 질환 발생이 높다. 반면에 일본에서 사람들은 많은 양의 곡식과 아주 적은 양의 고기를 먹는다. 일본인들은 암과 심장 질환 발생률이 매우 낮다.

**Rudy's tip** 동물성 지방이 유해하다는 내용에 이어서 미국과 일본의 차이점을 나란히 제시하고 있다.

## (3) 양보(concessive clause) - although, however, nevertheless, in spite of, despite

양보란 말은 '상대를 먼저 배려한다'는 의미로, 양보절의 의미인 '비록 ~일지라도'와는 사뭇 다르게 느껴진다. 영어의 'concede' (용인하다 - 어렵지만 참고 수용하다)에서 유래한 양보절은 일본영문법이 여과 없이 국내 영문법으로 도입되면서 이런 어색한 표현으로 고착화 되었다. 양보 구조는 '종속절의 (상반되는) 상황이나 내용을 용인하지만, 그럼에도 불구하고 주절을 수행한다는 의미'이다. 양보절은 주로 종속절의 내용과 상반되는 주절의 내용을 부각시키는 강조 용법으로, 양보 문장 이후에 주절의 내용에 대한 직진 구조가 이어진다.

**Although** the last days of the Roman Empire may at first appear very **different** from those of the United States today, there are ominous likenesses. Ancient Rome possessed tremendous military strength, not only of the magnitude of our air power, but enough to maintain its control over almost all of the known world.

---

로마 제국의 말년은 언뜻 보기에는 오늘날 미국의 상황과 매우 다르게 보이지만, 불길한 유사성이 있다. 고대 로마는 굉장한 군사력을 소유하고 있었다. 우리 공군력 규모와 유사할 뿐 아니라, 당시 알려진 거의 전 세계에 대한 통제력을 충분히 유지할 정도의.

**Rudy's tip** 차이점도 있지만 불길한 유사점이 있다는 것이 첫 문장의 핵심이다. 이어서 유사점에 대한 내용이 이어지고 있다.

## 2) 논리&문장 전환을 구분하자.

전환 문장 뒤에 어떤 진술이 이어지느냐를 기준으로 논리 전환 & 문장 전환으로 구분된다.
문장 전환은 한 문장에서 상반되는 내용이 등장하기에 역접의 연결어가 등장하지만, 전체적인 논리의 흐름에는 영향을 주지 않는다. 따라서 언제나 우리가 주목해야 할 전환은 논리전환의 구조이다.

### (1) 논리전환 (LC-logic conversion)

선행 내용을 전환한 문장이 등장하고, 전환 문장을 재진술하는 내용이 이어지는 구조로 우리가 흔히 생각하는 역접 구성이 대표적이다.

Of all the targets of government wrath in American industry, none have been scorched more severely or more often than the U.S. tobacco companies. But despite being hit with everything from health-warning labels to smoking bans in buildings to Vice President Al Gore's tale last year of his sister's fatal lung cancer, cigarette makers have survived and prospered. The industry's profits have been healthy for a decade, and in spite of countless lawsuits, no tobacco company has ever paid out a single penny to compensate anyone for damaged health.

---

미국업계에서 정부의 비난 대상 가운데 미국의 담배 회사보다 더 심하게 혹은 더 자주 비난받은 것은 없었다. 그러나 건강을 해친다는 경고문에서부터 공공건물 내에서 금연, 그리고 자신의 누이가 치명적인 폐암에 걸렸다는 앨 고어 부통령의 작년에 있었던 이야기에 이르기까지 모든 것으로 타격을 받았음에도 담배 제조업자들은 살아남았고 번성했다. 담배업계의 이윤은 지난 십년 동안 상당했다. 수 없는 소송에도 불구하고 어느 담배회사도 건강을 해친 것에 대해 어느 누구에게 보상하기 위해 돈을 단 한 푼도 지불하지 않았다.

**Rudy's tip** 담배회사들은 번영하고 있다는 전환 뒤에, 담배 회사들의 수익률이 높다는 재진술이 이어지고 있다. 이처럼 전환 문장 뒤에 전환을 뒷받침해 주는 재진술이 등장하는 구조가 논리전환이다.

### (2) 문장전환 (SC-sentence conversion)

선행 내용의 흐름을 전환시키는 것이 아니라, 한 문장 내에서 상반되는 표현이나 단어들을 연결하는 역접의 경우이다.

She's single and gorgeous, but emotionally short-sighted and self-centered.

---

그녀는 미혼이며 매력적이지만 감정적으로 근시안적이고, 자기중심적이다.

**Rudy's tip** 이처럼 but이 전후 단어-단어를 연결하는 경우는 전후 단어들의 의미가 상반되는 것을 강조하는 것으로 논리전환에 속하지 않는다.

Courtesy can be likened to air cushioning in car seats; there may not be much substance in it, but it greatly eases the rough terrain of social exchange.

---

호의는 자동차 시트의 공기 방석과도 같다. 그 속에 들어 있는 것은 별로 없으나 그것은 사회생활을 하는데 있어 딱딱해지기 쉬운 부분을 크게 완화시켜 준다.

**Rudy's tip** but은 'A절+B절'을 연결하는 구조이다. 이 때 A절은 선행 문장에 대해서 부정적 의미로 역접의 의미이지만, B절은 다시 선행절에 대한 재진술 역할을 하고 있다. 이처럼 BUT 뒤에 진술이 선행 진술과 부합되는 진술로 복귀되는 경우는 문장전환에 속한다.

# MEMO

# UNIT

## 03

## Context 어휘 추론

단순 어휘만을 묻는 어휘 문제와 독해의 가장 큰 차이점은 무엇일까?
단문을 통해 어휘의 의미만을 묻는 어휘 문제에 비해, 독해는 언제나 전후 문맥이 존재한다는 점이다. 이것은 수많은 어휘를 암기해야 하는 수험생들에게 커다란 위안과 희망이 될 수 있다. 문맥을 통해서 우리는 생소한 어휘들도 충분히 의미를 유추해 볼 수 있기 때문이다.

 독독2.0 Guts

01 재진술에서는 동의어가 온다.
02 전환에서는 상반되는 의미가 등장한다.

EX) For one thing, don't huddle with your friends. Sit or stand alone.
'무엇보다, 친구들과 huddle? 말아라. 혼자 앉아 있거나 서 있어라.'

문장들의 전후 관계는 '직진&전환'이라는 것을 학습했다. 두 문장은 직진, 즉 재진술 관계이다. 따라서 두 번째 문장을 통해서 문맥상 huddle은 '혼자 있는 것'의 반대 의미라는 것을 어렵지 않게 유추해 볼 수 있다.

not huddle = sit or stand alone.
☞ huddle = not sit or stand alone.
☞ huddle = 혼자 앉아 있거나 서 있지 않는 것.
☞ huddle = 어울리다, 모이다

이처럼 독해에서는 언제나 문맥이라는 것이 존재하기 때문에, 전후 문맥을 파악하는 요령이 생기면 생소한 어휘가 등장한다 해도 문맥을 통해 그 의미를 유추할 수 있는 경우가 너무나 많다. 꼭 강조하고 싶은 점 하나는, 문맥을 통해 내가 유추한 어휘의 의미가 사전적 의미와 차이가 있다 해도, 문맥을 통해 해당 문장을 읽고 이해하는데 큰 지장이 없다면 실전에서는 그것으로 충분하다는 것이다.

# 1

## 재진술 (Restatement)

'대전열예'로 대표되는 재진술은 어휘를 추론하는데 가장 대표적인 문맥이다.

언제나 영어는 압축적, 추상적 또는 전문용어들이 등장했을 때, 이를 다시 한 번 보충 설명하는 재진술 구조가 등장하기에 재진술 구조를 체득하면 문맥을 통한 어휘를 유추하는데 매우 유용하다.

1) Sir Issac Newton discovered **the law of gravity**. This rule tells us **why things fall to the ground**.

___

뉴턴은 중력의 법칙을 발견했다. 이 법칙은 물체가 지면으로 떨어지는 이유를 설명해 준다.

[Rudy's tip] the law of gravity = why things fall to the ground

※두 번째 문장의 This rule을 통해 선행문장을 보충 설명하는 것을 알 수 있다.

2) If done regularly and over a long period of time, exercise can help prevent **osteoporosis, a gradual process of bone loss** that occurs naturally as people age.

___

꾸준히, 오랜 시간에 걸쳐 수행된다면, 운동은 osteoporosis를 예방할 수 있다. 사람들이 나이가 들면서 자연스럽게 발생하는 뼈 손실의 점진적인 과정인.

[Rudy's tip] osteoporosis = a gradual process of bone loss.

※콤마를 중심으로 전형적인 동격구조이다.

3) In emotion or in action, there is an ideal middle course lying between two **extremes** ; the wise man always avoids **excess**.

___

감정과 행동에 있어서, 양 극단 사이에 있는 이상적인 중도가 있다. 즉, 현명한 사람은 항상 무절제한 것을 회피한다.

[Rudy's tip] extremes = excess. 세미콜론 이하가 선행 진술을 재진술하고 있다.

4) Avoid excessive amounts of caffeine-filled beverages. They may be bad for your blood pressure and may also make you **feel nervous** : many people **get the jitters** when eating more.

___

과도하게 카페인이 가득 찬 음료들은 피해라. 그것들은 사람들의 혈압에 유해하고, 불안하게 만들 수 있다. 즉, 카페인을 많이 섭취할 때, 사람들은 초조해진다.

[Rudy's tip] feel nervous = get the jitters. 콜론 이하가 feel nervous를 재진술하고 있다.

5) Very shy children tend to remain **introverted**, indicating they were born with a biological tendency to be **inhibited**.

―――――――――

매우 부끄러움이 많은 아이들은 내성적인 경향이 있는데, 그들은 생물학적으로 내성적으로 태어났다는 것을 의미한다.

Rudy's tip introverted = inhibited. 분사구 indicating이 주절을 재진술하고 있다.

# 2
## 지시어

두 문장 또는 하나의 문장에서 지시어(대명사, 지시부사, the 명사)가 등장하면 선행사를 보충 설명하는 구조이기에 문맥을 통한 추론이 용이하다.

1) I'd **conceived** several times, but **the pregnancies** had ended in miscarriage.

―――――――――

나는 몇 차례 임신을 했지만, 모두 유산으로 끝났다.

Rudy's tip conceived = the pregnancy. 정관사 the는 앞 문장에 이미 등장했다는 것을 의미하기에, 문맥상 the pregnancies 가 앞 선행문장의 conceived라는 것을 유추할 수 있다.

2) She and her sister are not as **alike** as twins, yet **the resemblance** is striking.

―――――――――

그녀와 그녀의 동생은 쌍둥이처럼 비슷하지는 않다. 하지만 닮은 점은 매우 눈에 띈다.

Rudy's tip alike = the resemblance. 마찬가지로 정관사 the가 등장했기에, 문맥상 the resemblance가 선행 문장의 alike와 동의어임을 유추할 수 있다.

3) All orderly system **breaks down** over time, but our bodies resist **this decay** well.

―――――――――

모든 질서 있는 조직들은 시간이 지나면서 붕괴되지만, 우리의 신체는 이러한 쇠퇴에 잘 저항한다.

Rudy's tip breaks down = this decay. 지시형용사 this는 선행 문장에 등장한 것을 의미하기에, 문맥상 this decay가 breaks down 임을 알 수 있다.

# 3
## 비교&대조

양자 사이의 공통점 또는 차이점을 부각시키는 비교&대조의 구조 또한 문맥을 통한 어휘를 추론하는데 있어 매우 유익한 구조이다. 언제나 비교&대조의 구조가 등장하기 위해서는 비교&대조의 대상이 동일해야 한다.

ex) 서울의 인구는 부산 보다 많다. (X) ☞ 서울의 인구는 **부산의 인구** 보다 많다. (O)

즉, 서울의 인구와 부산이 아니라, 부산의 인구를 비교를 비교하는 것이 적절한 것처럼, 비교나 대조의 구조에서는 언제나 동의어가 등장하는 것이 일반적이다.

ex) 지구 온난화에 대한 김박사의 견해는 다른 과학자들의 학설과는 다르다. ☞ 견해 = 학설

1) A theological **view** of human development sometimes differs from an anthropological **perspective**.

인간 발전에 대한 신학적 관점은 인류학적 관점과는 다르다.

Rudy's tip view = perspective. differ를 통해 양자 사이의 차이점을 비교하는 구조임을 알 수 있다.

2) **The wounds** delivered in words can create far more permanent effects than physical **trauma**.

말을 통한 상처는 신체적 상처보다 훨씬 더 지속적인 효과를 야기한다.

Rudy's tip the wounds = trauma. more ~ than을 통해 양자 사이의 비교임을 알 수 있다.

3) The loss of his family left him with mental and emotional **scars** as horrendous as his physical **injuries**.

가족을 잃은 것은 그에게 끔찍한 정신적, 정서적 상처를 남겼다. 신체적 부상이 끔찍했던 것처럼.

Rudy's tip scars = injuries

※ horrendous는 scars와 injuries를 설명하는 형용사이기에 부정적인 의미임을 또한 추론할 수 있다. as ~ as 동등비교 문형이다.

# 4
## 전환

상반되는 내용이 등장하는 구조로 문맥을 통해 동의어, 반의어를 추론할 수 있다.

1) For a while he was not able to feel his **extremities**. But now feeling began to return to his **hands and feet**.

잠시 동안 그는 손발의 감각을 느낄 수 없었다. 그러나 이제 감각이 손과 발에 돌아오기 시작했다.

Rudy's tip extremities = hands and feet

2) He meant not to **blame** Mary at first, but he had to **upbraid** her as a teacher.

그는 처음에는 메리를 질책할 의도가 없었지만, 선생으로서 그녀를 꾸짖을 수밖에 없었다.

Rudy's tip blame = upbraid

3) Most people assume that their pets are incapable of **attacking a child**. Not true. The most docile pets have been known to **turn on a child**, while unprovoked.

많은 사람들은 자신들의 반려 동물들이 아이들을 공격하지 않는다 생각한다. 사실이 아니다. 대부분의 순한 반려 동물들은 아이들을 공격하는 것으로 알려져 있다. 자극받지 않았을 때에도.

Rudy's tip attacking = turn on

# MEMO

# 5

전후 문맥을 파악해서 동의어&반의어를 찾아보자.

1. In 1941 the tribes accounted for 64% of the population. In 1981 they made up just 28%.

정답 예시) accounted for = made up

2. There is luxury in self-reproach. When we blame ourselves we feel that no one else has the right to blame us.

3. Like all ecological systems, a forest is made up of a living environment and a non-living environment, the latter being composed of air, rocks, soil and water.

4. Muscles don't atrophy from use, nor do eyes wear out from too much seeing.

1. In 1941 the tribes accounted for 64% of the population. In 1981 they made up just 28%.

해석 1941년에 그 부족들은 인구의 64%를 차지했다. 1981년에는 28%에 그쳤다.

Rudy's tip accounted for = made up. 과거와 현재의 상황을 비교하는 구조이다.


2. There is luxury in self-reproach. When we blame ourselves we feel that no one else has the right to blame us.

해석 자책에는 사치스러움이 있다. 우리가 자신을 자책할 때, 어느 누구도 우리를 비난할 권리를 가지고 있지 않다고 느끼는 것이다.

Rudy's tip self-reproach = blame ourselves. 전후 문장의 관계는 전형적인 재진술이다.


3. Like all ecological systems, a forest is made up of a living environment and a non-living environment, the latter being composed of air, rocks, soil and water.

해석 모든 생태계와 마찬가지로, 숲은 살아 있는 환경과 그렇지 않은 환경으로 이루어져 있는데, 후자는 공기, 암석, 토양 그리고 물로 이루어져 있다.

Rudy's tip is made up of = being composed of. 독립분사구 the latter가 주절을 재진술하는 구조이다.


4. Muscles don't atrophy from use, nor do eyes wear out from too much seeing.

해석 근육은 사용한다고 약해지지도 않고, 많은 것을 본다고 시력이 약해지지도 않는다.

Rudy's tip atrophy = wear out. nor를 기준으로 근육과 시력을 비교하고 있다.

5. To explain the nature of laughter and tears is to account for the conditions of human life.

6. As parts of the world become uninhabitable, millions of people will try to migrate to more hospitable ares.

7. Not all promises are delivered in such epic proportions, but the smallest ones have to deserve fulfillment.

8. Science may in principle describe the structure and actions of man as a part of physical nature, but man is not thus completely accounted for.

5. To explain the nature of laughter and tears is to account for the conditions of human life.

해석 웃음과 눈물의 본질을 설명하는 것은 삶의 조건들을 설명하는 것이다.

Rudy's tip explain = account for. be동사를 중심으로 전형적인 2형식 문형으로 주어=보어 동격 구조를 파악하자.


6. As parts of the world become uninhabitable, millions of people will try to migrate to more hospitable ares.

해석 세계의 여러 지역들이 거주할 수 없게 됨에 따라서, 많은 사람들은 쾌적한 지역으로 이주하려고 할 것이다.

Rudy's tip uninhabitable ⇔ hospitable. '원인-결과'구조로 반의어 관계임을 알 수 있다.


7. Not all promises are delivered in such epic proportions, but the smallest ones have to deserve fulfillment.

해석 모든 공약들이 그렇게 서사적(대규모로)으로 지켜지는 것은 아니지만, 작은 공약들은 준수되어야만 한다.

Rudy's tip are delivered = deserve fulfillment / epic ⇔ smallest. but을 중심으로 전환관계이다.


8. Science may in principle describe the structure and actions of man as a part of physical nature, but man is not thus completely accounted for.

해석 과학은 원론적으로 물리적 측면의 일환으로 인간의 행동과 구조를 설명하지만, 인간은 그런 식으로 완벽하게 설명되지는 않는다.

Rudy's tip describe = is accounted for. 전환구조로 동의적 관계임을 추론할 수 있다.

9. Seventy percent of the cost of the program is paid by the government, with the remainder picked up by individuals and employers.

10. Warm hues like red, yellow and orange make food look better and people hungrier. Cool colors like blue and gray have the opposite effect.

11. Although apparently rigid, bones exhibit a degree of elasticity that enables the skeleton to withstand considerable impact.

12. We went to the Midget Restaurant, a nearby sandwich joint which, despite its name, is not restricted to people of small stature.

9. Seventy percent of the cost of the program is paid by the government, with the remainder being picked up by individuals and employers.

해석 그 프로그램 비용의 70%는 정부에서 지원하며, 나머지는 개인들과 고용주들이 담당한다.

Rudy's tip is paid = being picked up. 독립분사구 with 이하가 비용 부담에 대한 보충 설명을 하고 있다.

10. Warm hues like red, yellow and orange make food look better and people hungrier. Cool colors like blue and gray have the opposite effect.

해석 빨강, 노랑, 오렌지 같은 따스한 색상들은 음식을 더 좋게 보이게, 사람들을 더 배고프게 만든다. 청색, 회색 같은 차가운 색상들은 반대 효과를 갖는다.

Rudy's tip hues = colors. 두 문장은 대조의 구조이다.

11. Although apparently rigid, bones exhibit a degree of elasticity that enables the skeleton to withstand considerable impact.

해석 탄력성이 없어 보임에도 불구하고, 뼈는 일정한 탄력성이 있어서 골격이 상당한 충격을 버티도록 해 준다.

Rudy's tip rigid ⇔ elasticity. 양보(전환) 구조로 반의적 표현임을 추론할 수 있다.

12. We went to the Midget Restaurant, a nearby sandwich joint which, despite its name, is not restricted to people of small stature.

해석 우리는 근처에 가까운 난쟁이 식당에 갔는데, 그 이름에도 불구하고 이 식당은 키 작은 사람들만 가는 곳은 아니다.

Rudy's tip midget = small stature. 양보(전환) 구조를 통해 동의적 표현임을 추론할 수 있다.

13. Some of us may be quite adept at handling our own anxiety but relatively inept at soothing someone else's upsets.

14. The candidate denounced as unworkable his rival's solution to the problem of unemployment, but offered no viable alternative.

15. Having never worn nylons, she did not think it a good idea to don them for the first time at the funeral.

16. Refusing to give her ex-boyfriend the pleasure of knowing how upset she was, Jane disguised the rage that swelled inside her.

13. Some of us may be quite adept at handling our own anxiety but relatively inept at soothing someone else's upsets.

**해석** 우리들 중 일부는 자신의 불안은 능숙하게 진정시키지만 다른 사람의 불안은 비교적 잘 진정시키지 못한다.

**Rudy's tip** adept ⇔ inept / handling = soothing.
but를 중심으로 전환 구조이기에 동의어와 반의어를 추론할 수 있다.

14. The candidate denounced as unworkable his rival's solution to the problem of unemployment, but offered no viable alternative.

**해석** 그 후보는 경쟁자의 실업대책이 현실성이 없다고 비판했지만, 실행 가능한 대안을 제시하시는 못했다.

**Rudy's tip** unworkable ⇔ viable or unworkable = no viable.
but를 중심으로 전환구조이기에 반의적 관계임을 알 수 있다.

15. Having never worn nylons, she did not think it a good idea to don them for the first time at the funeral.

**해석** 한 번도 나일론을 입은 적이 없어서, 그녀는 장례식장에서 나일론 옷을 처음으로 입는 것은 좋은 생각이 아니라고 생각했다.

**Rudy's tip** worn = don. 분사구 having이 원인, 주절이 결과인 인과구조로 동의어적 관계임을 추론할 수 있다.

16. Refusing to give her ex-boyfriend the pleasure of knowing how upset she was, Jane disguised the rage that swelled inside her.

**해석** 전 남친에게 자기가 얼마나 화났는지를 아는 즐거움을 주지 않으려고, 제인은 내면의 솟아오르는 분노를 감추었다.

**Rudy's tip** upset = rage.
분사구 refusing이 원인, 주절이 결과에 해당하는 구조로 동의어적 관계임을 추론할 수 있다.

17. A timid child is more likely to overcome this natural inhibition if he has a higher level of social competence.

18. Once people start smoking, they are likely to get hooked. The addiction to smoking is partly physiological.

19. In American high schools, unlawful use of alcohol and tobacco far exceeds all other illicit substances.

20. He wasn't blind, but he was just passing out. He held desperately to consciousness. If he fainted, he might never wake.

17. A timid child is more likely to overcome this natural inhibition if he has a higher level of social competence.

**해석** 소심한 아이는 이 천성적인 억압(소심함)을 극복할 가능성이 높다. 만약 그가 높은 수준의 사회적 경쟁력을 가지고 있다면.

**Rudy's tip** timid = this natural inhibition. 지시어 this를 통해 timid와 동의어임을 알 수 있다.

18. Once people start smoking, they are likely to get hooked. The addiction to smoking is partly physiological.

**해석** 일단 흡연을 시작하면 중독될 가능성이 높다. 흡연에 대한 중독은 부분적으로는 심리적이다.

**Rudy's tip** get hooked = addiction. 전후 문장은 재진술 구조로 동의어임을 알 수 있다.

19. In American high schools, unlawful use of alcohol and tobacco far exceeds all other illicit substances.

**해석** 미국 고등학교에서는, 불법적 음주와 흡연은 다른 불법적 물질들을 이용하는 것보다 훨씬 더 많다.

**Rudy's tip** unlawful = illicit. far를 흡연, 음주와 다른 불법적 행위들을 비교하는 것을 알 수 있다.

20. He wasn't blind, but he was just passing out. He held desperately to consciousness. If he fainted, he might never wake.

**해석** 그는 시력을 상실하지는 않았지만 의식을 잃어가고 있었다. 그는 필사적으로 의식을 찾으려 했다. 만약 기절한다면, 다시는 깨지 못할 것이었다.

**Rudy's tip** passing out = fainted ⇔ held to consciousness
재진술 구조의 영문들이다. 전후 문맥을 통해 동의어와 반의어적 관계를 추론할 수 있다.

21. Journalists do not like to report on uncertainties. They would rather be wrong than ambiguous.

22. The girl slipped into a trance with only a little assistance from Carol. Most patients were more susceptible to hypnosis the second time than they had been the first time, and Jane was no exception.

23. Those answers just don't feel right. Intellectually, I can accept them, but on a gut level they seem wrong.

24. I always believed in trusting my gut. Often a hunch can be a lot better than hours of pondering and analyzing.

21. Journalists do not like to report on uncertainties. They would rather be wrong than ambiguous.

해석 기자들은 불확실한 것을 보도하는 것을 좋아하지 않는다. 애매한 것보다 차라리 그들은 틀린 것을 선호한다.

Rudy's tip uncertainties = ambiguous. 전후 문장은 재진술 구조이기에 동의어적 표현을 쉽게 찾을 수 있다.


22. The girl slipped into a trance with only a little assistance from Carol. Most patients were more susceptible to hypnosis the second time than they had been the first time, and Jane was no exception.

해석 그 소녀는 캐롤이 약간 도와주자 쉽게 최면 상태에 빠졌다. 대부분의 환자들은 첫 번째 보다 두 번째 쉽게 최면에 걸린다. 제인 역시도 예외는 아니었다.

Rudy's tip trance = hypnosis. 재진술 구조로 두 번째 문장은 선행 문장을 구체적으로 설명하는 역할을 한다.


23. Those answers just don't feel right. Intellectually, I can accept them, but on a gut level they seem wrong.

해석 해답들은 옳다는 느낌이 들지 않는다. 머리로는 수용할 수 있지만, 느낌으로는 틀렸다.

Rudy's tip feel = on a gut level ⟺ intellectually
두 번째 문장은 선행 문장에 대한 재진술이고, but을 중심으로 반의어적 관계를 알 수 있다.


24. I always believed in trusting my gut. Often a hunch can be a lot better than hours of pondering and analyzing.

해석 난 언제나 직감을 신뢰한다. 흔히 긴 시간의 고찰과 분석보다 육감이 더 나을 수 있다.

Rudy's tip gut = hunch ⟺ pondering and analyzing.
재진술 구조를 통해서 동의어와 반의어를 추론할 수 있다.

Chapter 1

Chapter 2

Chapter 3

25. He began to see how tired she was. The more aware he became of her exhaustion, the more profoundly weary he felt himself.

26. Her expression was more somber than her words. "Hey, Suzan, for someone who's having a good time, you look awfully depressed," Van observed.

27. Culture is essentially a product of leisure. Therefore the man who is wisely idle is the most cultured man.

28. While some scientists believe there must be a meaning behind existence, others regard the universe as utterly pointless.

25. He began to see how tired she was. The more aware he became of her exhaustion, the more profoundly weary he felt himself.

해석 그는 그녀가 얼마나 피곤한지 느끼기 시작했다. 그가 그녀의 피곤함을 인식할수록, 그 역시도 더 피곤함을 느끼게 되었다.

Rudy's tip tired = exhaustion = weary. 동의어 반복의 재진술 구조이다.

26. Her expression was more somber than her words. "Hey, Suzan, for someone who's having a good time, you look awfully depressed," Van observed.

해석 그녀의 표정은 말보다 더 우울해 보였다. "수잔, 즐거운 시간을 보낸 사람치고는, 넌 너무 우울해 보인다" 밴은 말했다.

Rudy's tip somber = depressed. 재진술 구조로 후속 문장이 첫 문장의 somber을 반복 설명하는 구조이다.

27. Culture is essentially a product of leisure. Therefore the man who is wisely idle is the most cultured man.

해석 교양은 본질적으로 여가의 산물이다. 따라서 현명하게 한가한 사람은 교양 있는 사람이다.

Rudy's tip culture = product of leisure = wisely idle.
재진술 구조로 여가를 한가한 것으로 다시 표현하고 있다.

28. While some scientists believe there must be a meaning behind existence, others regard the universe as utterly pointless.

해석 어떤 과학자들은 존재 뒤에 의미가 있다고 믿는 반면에, 다른 과학자들은 우주는 완전히 무의미하다고 생각한다.

Rudy's tip meaning ⇔ pointless. while을 기준으로 전환의 구조이기에 반의어적 관계이다.

29. Nobel was by all accounts rigidly honest in spite of having to contend repeatedly with unscrupulous business adversaries.

30. A man's first care should be to avoid the reproaches of his own heart, his next to escape the censures of the world.

31. Countries around the world adorn their coins with the effigies of some great leader past or present. Who decides which leader will have his or her likeness immortalized on the currency?

32. Friday never fails to exhilarate the students. They're so ebullient as they anticipate the weekend that I'm disinclined to attenuate their high spirits by assigning homework.

29. Nobel was by all accounts rigidly honest in spite of having to contend repeatedly with unscrupulous business adversaries.

해석 노벨은 모든 이야기에 따르면 매우 정직했다. 비양심적인 사업가들과 경쟁해야 했음에도 불구하고.

Rudy's tip honest ↔ unscrupulous. 양보 구조를 통해 반의어적 관계임을 알 수 있다.

30. A man's first care should be to avoid the reproach of his own heart, his next to escape the censure of the world.

해석 사람의 첫 번째 관심사는 스스로의 책망을 피하는 것이고, 다음으로는 세상의 비난을 피하는 것이어야만 한다.

Rudy's tip avoid = escape / reproach = censure
재진술 중 전개구조로 앞의 내용을 확장, 발전시키고 있기에 동의어적 표현이 반복되고 있다.

31. Countries around the world adorn their coins with the effigies of some great leader past or present. Who decides which leader will have his or her likeness immortalized on the currency?

해석 전 세계 국가들은 과거나 현재의 위대한 지도자들의 초상으로 동전을 장식한다. 누가 어느 지도자의 모습을 화폐에 영구적으로 새길 것인지를 결정할까?

Rudy's tip adorn = immortalized / effigies = likeness.
전후 문장에 동일하게 leader가 있기에 재진술 관계임을 유추할 수 있다.

32. Friday never fails to exhilarate the students. They're so ebullient as they anticipate the weekend that I'm disinclined to attenuate their high spirits by assigning homework.

해석 금요일은 언제나 학생들을 들뜨게 한다. 주말을 기대하며 학생들은 너무나 열광하기에 나는 숙제를 통해 그들의 좋은 기분을 줄이고 싶지는 않다.

Rudy's tip exhilarate = ebullient = high spirits.
두 번째 문장의 대명사를 통해 선행 문장의 재진술임을 알 수 있다.

33. Before the ground offensive the UN forces used bombers to soften up the enemy forces. The air attacks day in and day out sapped the strength of their ground forces, leaving them enervated when the UN forces advanced.

34. How much should we apportion as Van's remuneration this year? Do you think he'd be happy with the same salary as last year or do you think we'd better offer him a higher emolument?

35. The tanks encountered impassable marshlands just south of Seoul. They could not move through the area without engineering support. Unable to cross, they became immobile targets for the enemy aircraft circling overhead like eagles ready for the kill.

36. Jin was standing next to me and then all of a sudden she was lying fainted on the ground. It was no more than a second. She just instantaneously collapsed when she saw the movie star.

33. Before the ground offensive the UN forces used bombers to soften up the enemy forces. The air attacks day in and day out sapped the strength of their ground forces, leaving them enervated when the UN forces advanced.

해석 지상 공격 이전에 유엔군은 적군을 약화시키기 위해 폭격기를 활용했다. 매일같이 반복되는 폭격은 적의 지상군을 약화시켰고, 유엔군이 전진할 때 그들은 무기력해져 있었다.

Rudy's tip soften up = sapped the strength = enervated.
적군을 약화시켰다는 내용에 이어 반복적인 재진술이 등장하고 있다.

34. How much should we apportion as Van's remuneration this year? Do you think he'd be happy with the same salary as last year or do you think we'd better offer him a higher emolument?

해석 올해 밴의 연봉으로 얼마를 할당해야 할까요? 작년과 동일한 연봉에 그가 만족할까요? 아니면 보다 높은 연봉을 제 안해야 할까요?

Rudy's tip remuneration = salary = emolument. 밴의 연봉을 기준으로 반복적인 재진술 문형들이다.

35. The tanks encountered impassable marshlands just south of Seoul. They could not move through the area without engineering support. Unable to cross, they became immobile targets for the enemy aircraft circling overhead like eagles ready for the kill.

해석 탱크들은 서울의 남쪽에서 통과할 수 없는 늪지대에 마주쳤다. 공병대의 지원 없이 탱크들은 통과할 수 없었다. 늪지 대를 건널 수 없었기 때문에, 탱크들은 공격할 준비가 되어 있는 머리 위를 맴도는 적기의 움직일 수 없는 목표물이 되었다.

Rudy's tip impassable = could not move = unable to cross = immobile
탱크들이 움직일 수 없다는 내용에 대한 반복적인 재진술이 이어지고 있다.

36. Jin was standing next to me and then all of a sudden she was lying fainted on the ground. It was no more than a second. She just instantaneously collapsed when she saw the movie star.

해석 진은 내 옆에 서 있었는데 갑자기 쓰러져 기절했다. 1초도 걸리지 않았다. 진은 영화 스타를 보자마자 바로 쓰러졌 던 것이다.

Rudy's tip all of a sudden = no more than a second = instantaneously
첫 문장에 대해서 반복적인 표현으로 재진술하고 있다.

37. A company's public image is perhaps its greatest intangible asset. Unlike its facilities and products, its reputation is something you can't see or touch, and is really incalculable. But it's just as real and valuable.

38. Store all combustibles outside at least fifty meters from the house. Anything inflammable that must remain in the house should be kept tightly sealed and away from heat.

39. Education is a slow process of instilling the knowledge of a lifetime into a young mind. To successfully implant all the things students need to know to survive, we must be careful not to force in too much at once.

40. Television soap operas are full of intrigue. Each day without fail, somebody schemes against another, takes part in some kind of conspiracy or becomes involved in a secret love affair.

37. A company's public image is perhaps its greatest intangible asset. Unlike its facilities and products, its reputation is something you can't see or touch, and is really incalculable. But it's just as real and valuable.

해석 회사의 공적인 이미지는 가장 무형의 자산이다. 시설이나 제품과 달리, 회사의 명성은 보거나 만질 수도, 그래서 계산할 수도 없는 것이다. 그러나 그것은 실제적이고 매우 귀중하다.

Rudy's tip intangible = can't see or touch = incalculable ⇔ real.
intangible에 대한 내용을 뒤에서 자세히 풀어서 설명하는 재진술 구조이다.


38. Store all combustibles outside at least fifty meters from the house. Anything inflammable that must remain in the house should be kept tightly sealed and away from heat.

해석 모든 가연성 물체는 집으로부터 최소 50미터 떨어진 곳에 놓아야 한다. 집 안에 있는 타기 쉬운 것들은 반드시 단단히 밀봉해서 열에서 떨어진 곳에 두어야 한다.

Rudy's tip combustibles = inflammable. 가연성 물체 보관에 대해서 재진술하는 구조이다.


39. Education is a slow process of instilling the knowledge of a lifetime into a young mind. To successfully implant all the things students need to know to survive, we must be careful not to force in too much at once.

해석 교육은 젊은이들에게 평생의 지식을 주입하는 점진적인 과정이다. 학생들이 살아가는데 필요한 모든 것을 성공적으로 주입시키기 위해서, 우리는 한 번에 너무 많은 것을 강요해서는 안 된다.

Rudy's tip instilling = implant. 전후 재진술 구조로 학생들에게 지식을 주입시킨다는 동일한 내용이다.


40. Television soap operas are full of intrigue. Each day without fail, somebody schemes against another, takes part in some kind of conspiracy or becomes involved in a secret love affair.

해석 TV 드라마는 음모로 가득하다. 반드시 누군가는 다른 사람에 대해서 음모를 꾸미고, 공모에 가담하고 은밀한 정사에 말려든다.

Rudy's tip intrigue = schemes = conspiracy = secret love affair.
전후 재진술 구조로 intrigue에 대한 보충 설명들이 연결되어 있다.

# UNIT

## KEYWORD

**04**

**독독2.0 Guts**

01 함축적 표현을 찾아라.
02 논리전환은 키워드로 파악하자.

KEYWORD란 글의 핵심적인 정보가 압축적으로 담겨 있는 표현을 뜻한다. 따라서 KEYWORD 는 함축적, 압축적 성격이 강하기에 일반적으로 General Statement에 등장하는 경우가 빈번하 다. 가장 일반적인 형태는 'G-S' 구조에서 G에 KEYWORD가 등장하고, S에 재진술이 이어져서 G의 내용을 보충 설명하는 전개방식이다.

직진&전환으로 문장들을 분류해 볼 때 KEYWORD가 등장하는 대표적인 것들은 다음과 같다.
1) G 진술에 등장하는 포괄적, 추상적인 표현
2) S or M 진술에서 대표성을 갖는 '예시, 신정보(new information)'
3) 논리전환구조에서 등장하는 주요한 연결어(But, However...)
4) 강조 장치들(it ∼ that 강조용법, 최상급, should, 도치)의 표현

하지만, KEYWORD는 언제나 전후 문맥을 통해서 존재하는 것이기 때문에 기계적 접근 방식은 매우 제한적이다. MSG와 직진&전환 구조를 통해서 KEYWORD를 파악하는 것이 가장 효용성 높은 방식이라는 점을 명심하자.

## 1 SENTENCE KEYWORD

개별 문장의 키워드는 한 문장에서 가장 핵심적인 표현(정보)이다. 문장 키워드를 1차적으로 선 정하고, 후속되는 진술을 통해서 문장 키워드를 수정, 확장 시키는 것이 문단 키워드를 확보하는 요령이다. 키워드 학습의 궁극적인 목적은 문단 키워드를 찾는 것이지만, 문단 키워드로 발전하 기 위해서는 반드시 선행과정으로 문장 키워드를 찾는 훈련이 필요하다.

1) Whatever government we establish, whatever way of life we follow, all our faith is built on error unless we respect the rights of the person.

우리가 그 어떠한 정부를 수립한다고 해도, 우리가 그 어떠한 생활 방식을 따른다고 해도, 만일 우리가 인권을 존경하지 않는다면, 우리의 모든 신념은 오류 위에 세워지게 될 뿐이다.

**Rudy's tip** 인권의 토대 위에 정부를 수립하지 않으면 어떤 정부도 의미가 없다는 것으로, 인권을 강조하는 문장으로 파악할 수 있다.


2) The possession of a high degree of intelligence is less important than the judicious application of the intelligence that one does possess.

높은 지능을 가지는 것은 자신의 지능을 사려 깊게 적용하는 것만큼 중요하지는 않다.

**Rudy's tip** 지성의 소유 보다는 적용이 중요하다는 내용으로 적용을 키워드로 볼 수 있다.


3) The instinctive foundation of the intellectual life is curiosity, which is found among animals in its elementary form.

지적 생활의 본능적 토대는 호기심이다. 하등 동물들에게서도 찾아 볼 수 있는.

**Rudy's tip** 지적 생활의 토대가 호기심이기 때문에, 호기심을 키워드로 볼 수 있다.


4) Myth as it exists in a savage community, that is, in its living primitive form, is not a story told but a reality.

현존하는 원시적 삶에 존재하는 것처럼, 신화는 가상의 이야기가 아니라 현실이다.

**Rudy's tip** 신화는 가상이 아니라 현실이라는 것으로 현실을 키워드로 볼 수 있다. not~but 구문에서는 언제나 but 이하에 강조점이 등장한다.


5) Despite the differences in the way men and women speak, the link between gender and language use isn't as clear-cut as it might seem.

남녀가 말하는 방식에는 차이점이 있음에도 불구하고, 성별과 언어 사용의 관련성은 생각만큼 분명치 않다.

**Rudy's tip** 양보에서는 양보절이 아니라, 주절의 강조점이 있다. 따라서 연관성이 분명하지 않다는 것을 키워드로 볼 수 있다.

## 2 PARAGRAPH KEYWORD

문장의 키워드는 결국 문단의 키워드로 확대, 발전해야만 한다. 문단 키워드는 언제나 '전후 문맥 파악'이 핵심이 전후 문장의 직진&전환 관계와 MSG 구분을 통해서 파악하는 것이 요령이다. 문맥이란 'CONTEXT = CON + TEXT = 함께 + 문장' 이란 의미로, 전후 문장들의 '직진&전환'의 관계를 살피는 것이다. 따라서 문맥은 반드시 복수의 문장들을 전제로 하는 것이기에 단일 문장만으로는 문단의 키워드로 접근하는데 한계가 있다. 다음과 같은 예를 살펴보자.

EX 1) 한국은 최근에 많은 **과학적 진보**를 이루었고, 어제 발표된 새로운 **유전자 치료법** 또한 학계뿐 아니라 일반 대중에게도 커다란 기대를 모으고 있다.

– 이런 도입부의 내용이 있다면 '과학적 진보'와 '유전자 치료법' 정도를 키워드로 볼 수 있다. 이 단계에서는 과학적 진보와 유전자 치료법 중 어느 것에 더 큰 비중을 두어야 할지, 동일한 키워드로 봐야할지 알 수 없다.

EX 2A) 한국은 최근에 많은 과학적 진보를 이루었고, 어제 발표된 새로운 유전자 치료법 또한 학계뿐 아니라 일반 대중에게도 커다란 기대를 모으고 있다. 새로운 유전자 치료법은 기존의 제한적인 시술을 극복하고 자궁에서 태아의 착상 과정과 생식세포 분열과정에 직접적으로 개입함으로 근본적인 유전자 결함을 극복할 수 있을 것으로 기대된다.

– 만약 도입부 이후에 위와 같은 내용이 진행된다면, 과학적 진보 보다는 유전자 치료법에 전체적인 중심이 있다는 것을 알 수 있다.

EX 2B) 한국은 최근에 많은 과학적 진보를 이루었고, 어제 발표된 새로운 유전자 치료법 또한 학계뿐 아니라 일반 대중에게도 커다란 기대를 모으고 있다. 하지만 학계와 일반 대중들의 기대와는 다르게 종교계 일반에서는 윤리적인 문제를 제시하고 있다.

– 논리전환의 내용이 등장한다면 새로운 유전자 치료법을 둘러 싼 윤리적인 문제가 키워드가 될 가능성이 높다.

EX 2C) 한국은 최근에 많은 과학적 진보를 이루었고, 어제 발표된 새로운 유전자 치료법 또한 학계뿐 아니라 일반 대중에게도 커다란 기대를 모으고 있다. 또한 이번에 새롭게 선진국 경제공동체인 G7의 정식 회원국으로 한국이 진출함에 따라서 향후 국제 경제 무대에서의 일본에서 편중되었던 동아시아의 맹주 역할을 한국이 일정 부분 담당할 것으로 예상된다.

– 선행 진술을 전개시키는 내용이 이어진다면 과학과 경제 분야에서 한국의 발전이 중심 내용이 될 것이고, 키워드 또한 과학적 진보와 경제공동체 회원국 진출 정도가 될 것이다.

(1) Myth as it exists in a savage community, that is, in its living primitive form, is not a story told but a reality. It is not of the nature of fiction, such as we read today in a novel, but it is a living reality, believed to have once happened in primeval times, and continuing ever since to influence the world and human destinies.

미개사회에서 즉, 살아 있는 원시 형태에서 존재하는 바와 같은 신화는 단순히 말해진 이야기가 아니라 현실이다. 신화는 우리가 오늘날 소설에서 읽는 것과 같은 가공의 성질을 갖고 있는 것이 아닌 생생한 현실로, 원시시대에 발생했던 것으로 믿어지고 있고 그 이후로 세계와 인간 운명에 계속해서 영향을 끼치고 있다.

**Rudy's tip** 첫 문장에서 신화는 현실이라는 것을 두 번째 문장에서 재진술로 이어가고 있다. 따라서 신화는 현실이다는 것과 관련된 표현들을 키워드로 볼 수 있다.

(2) Tax rates usually need to be raised. One would like at the same time to improve the distribution of income in the country, or at any rate not to worsen it. However, people's incomes provide the primary incentive to greater effort and output. If this incentive is too much reduced through taxation, the whole effort to raise output may falter.

세율이란 통상적으로 인상될 필요가 있다. 동시에 사람들은 한 국가에서 소득분배가 개선되기를 원하거나 어쨌든 악화되기를 원하진 않는다. 그러나 사람들의 소득은 더 많은 노력과 산출에 대한 제 일차적인 자극을 주는 것이다. 만약에 이러한 자극이 세금부과로 인해 너무나 줄어들게 된다면 생산을 높이려는 전체적인 노력이 아마도 흔들리게 될지도 모르는 것이다.

**Rudy's tip** however를 중심으로 세율 인상의 장단점을 기술하고 있다. 따라서 세율 인상의 장단점이 키워드가 될 수 있다.

(3) The instinctive foundation of the intellectual life is curiosity, which is found among animals in its elementary form. Intelligence demands an alert curiosity, but it must be of a certain kind. The sort that leads village neighbors to try to peer through curtains after dark has no very high value. The widespread interest in gossip is inspired, not by love of knowledge, but by malice: no one gossips about other people's secret virtues, but only about their secret vices.

지능을 가진 동물의 본능적인 삶의 원동력은 호기심이다. 그러한 호기심은 하등동물들 사이에서도 찾아볼 수 있다. 지능은 민감한 호기심을 요구하지만 일정한 종류의 것이어야만 한다. 어두워진 후에 마을사람들로 하여금 (남의 집을) 엿보도록 만드는 그러한 종류의 호기심은 무가치한 것이다. 가십(험담)에 대한 폭넓은 관심은 지식에 대한 사랑이 아닌 악의에 의해 생겨난다. 어느 누구도 타인의 은밀한 미덕에 대해 수군거리지 않는다. 오로지 타인의 은밀한 악덕에 대해서만 수군거린다.

**Rudy's tip** 첫 문장에서 호기심을, 이어지는 재진술에서 특정한 유형의 호기심을 강조하고 있다. 따라서 호기심과 특정한 유형이라는 표현을 키워드로 볼 수 있다.

(4) As history has shown, brilliant research by the scientific community is often manipulated by private financiers whose intent for the end product is far removed from the researchers' original intentions. One case in point is nuclear power and the hydrogen bomb. We shouldn't fear technological advancements, but we **should be wary of who implements and regulates them.**

---

역사에서 볼 수 있듯이 과학계가 행한 훌륭한 연구는 드러나지 않은 민간 자본가들에 의해 자주 조작되고 있는데 이들의 최종 제품(결과물)에 대한 목적은 연구자의 원래 의도와는 거리가 있다. 원자력과 수소폭탄이 그 예이다. 우리는 과학 기술의 진보를 두려워해서는 안 되지만 누가 그 과학기술의 진보를 수행하고, 통제하는가를 경계해야 한다.

**Rudy's tip** 과학의 업적이 민간 영역에 의해 왜곡되고 있다는 진술에 이어서 예시의 재진술이 등장하고 있다. 따라서 왜곡되고 있다는 표현을 키워드로 볼 수 있다.

(5) The average Korean has traditionally looked upon government as a nuisance. Government is thought to exist largely for the government or those connected with it. Whereas there is great emotional loyalty to Korea, there seems to be little sense of loyalty to support the administration in power.

---

보통 한국인은 전통적으로 정부를 귀찮은 존재로 여겨왔다. 정부는 대개 정부 자체를 위해서, 아니면 관련된 사람들을 위해 존재한다고 여기기 때문이다. 한국 (국가 자체)에 대한 마음으로부터의 우러나오는 충성심은 많은 반면, 집권 행 정부를 지지하는 충성심은 적은 것 같다.

**Rudy's tip** 정부는 귀찮다는 G진술에 이어서 재진술이 등장하고 있다. 따라서 첫 문장의 표현을 키워드로 볼 수 있다.

# MEMO

# 3

## [1] PRACTICE 'S'

개별 문장의 핵심적인 내용을 의미하는 KEYWORD를 찾아보자.

1. Science, in its most fundamental definition, is a fruitful mode of inquiry, not a list of enticing conclusions.

> **voca** fruitful a) 결실 있는 mode n) 방법, 방식 enticing a) 매력적인

2. While behaviorists refuse to look inward and attribute all behaviors to reinforcement from the environment, psychologists who take the humanistic approach emphasize internal factors in motivation and personality.

> **voca** attribute v) ~탓으로 돌리다 reinforcement n) 강화 psychologist n) 심리학자, 정신과 의사

3. The concept of race is based on observable physical differences among people resulting from inherited biological traits. It divides people into groups based on skin color and ancestral origin.

> **voca** race n) 인종 inherited a) 유전된 trait n) 특성 ancestral origin n) 조상의 기원

4. Increased consumption of more energy-dense, nutrient-poor foods with high levels of sugar and saturated fats, combined with reduced physical activity, has led obesity rates that have risen three-fold or more since 1980.

> **voca** energy-dense a) 고열량의 nutrient-poor a) 영양이 빈약한 saturated fat n) 포화지방 reduced a) 감소된 obesity rates n) 비만율 three-fold a) 3배의

1. Science, in its most fundamental definition, is a fruitful mode of inquiry, not a list of enticing conclusions.

해석 가장 기본적인 정의로, 과학이란 매력적인 결과들의 목록이 아니라, 탐구의 결실 있는 방법이다.

Rudy's tip not A but B = B, not A 문형으로 언제나 B를 강조하는 문형이다.

2. While behaviorists refuse to look inward and attribute all behaviors to reinforcement from the environment, psychologists who take the humanistic approach emphasize internal factors in motivation and personality.

해석 행동주의 심리학자들은 내면을 살피는 것을 거부하고 모든 행동의 원인을 환경으로부터 강화된 것으로 돌리는 반면, 인본주의적 접근을 취하는 심리학자들은 행동의 동기부여와 인성에 있어서 내부요소를 강조한다.

Rudy's tip While 대조를 통해 행동주의자와 인본주의자들의 차이점을 부각시키고 있다.

3. The concept of race is based on observable physical differences among people resulting from inherited biological traits. It divides people into groups based on skin color and ancestral origin.

해석 인종의 개념은 유전된 생물학적 형질에 기인한 사람들 사이에서 관찰 가능한 신체적 차이에 토대를 둔 것이다. 인종은 사람들을 피부색과 선조의 기원을 토대로, 여러 집단으로 나눈 것이다.

Rudy's tip 인종은 신체적 차이라는 것이 핵심이고 이하는 그것에 대한 재진술이다.

4. Increased consumption of more energy-dense, nutrient-poor foods with high levels of sugar and saturated fats, combined with reduced physical activity, has led obesity rates that have risen three-fold or more since 1980.

해석 높은 함량의 설탕과 포화지방이 함유된 고열량, 저영양 음식의 섭취 증가가 감소된 육체 활동과 함께 1980년 이래 세 배 이상이나 되는 비만율 증가를 낳았다.

Rudy's tip 고열량, 저영양 음식이 비만율이 증가시켰다는 것이 핵심이다.

5. My complaint against journalists is not that they behave badly in the course of duty, but their inability to recoil into a human being when it's over.

**voca** complaint n) 불평, 불만 recoil v) 뒷걸음치다, 복귀하다

6. Although governments can control and manipulate what is in the papers and television, the net is just too big and too global for anyone to get a grip on it.

**voca** manipulate v) 조작하다 grip n) 통제 get a grip v) 통제하다

7. Slave songs present abundant evidence that important parts of the slaves' shared African heritage remained alive not just as cultural vestiges but also as creative elements of slave culture in America.

**voca** abundant a) 풍부한 heritage n) 유산, 전통 vestige n) 유물, 유적

8. Apologies are powerful. They resolve conflicts without violence, repair schisms between nations, allow governments to acknowledge the suffering of their citizens, and restore equilibrium to personal relationship.

**voca** resolve v) 해결하다 schism n) 분열 restore v) 복구하다 equilibrium n) 균형

5. My complaint against journalists is not that they behave badly in the course of duty, but their inability to recoil into a human being when it's over.

**해석** 언론인들에 대한 나의 불만은 그들이 업무수행 과정 중에 그릇되게 처신하는 것이 아니라 업무가 끝났을 때 한 사람의 인간으로 되돌아가지 못한다는 데에 있다.

**Rudy's tip** NOT ~ BUT에서는 BUT 뒤에 강조점이 있다.

6. Although governments can control and manipulate what is in the papers and television, the net is just too big and too global for anyone to get a grip on it.

**해석** 비록 정부가 신문과 텔레비전에 나오는 것은 통제하고 조작할 수는 있으나, 인터넷은 누군가가 그것을 통제하기에는 너무 방대하고 포괄적이다.

**Rudy's tip** '양보절+주절'에서는 주절에 강조점이 있다.

7. Slave songs present abundant evidence that important parts of the slaves' shared African heritage remained alive not just as cultural vestiges but also as creative elements of slave culture in America.

**해석** 노예들의 노래는 노예들이 공유했던 아프리카 전통의 중요한 부분들이 문화적인 흔적으로 뿐만 아니라 아메리카에서의 노예 문화의 창조적인 요소로서도 아직 살아있었다는 충분한 증거를 제시한다.

**Rudy's tip** 노예들의 노래는 문화적 유산과 창의적 요소를 가지고 있다는 것이 핵심이다.

8. Apologies are powerful. They resolve conflicts without violence, repair schisms between nations, allow governments to acknowledge the suffering of their citizens, and restore equilibrium to personal relationship.

**해석** 사과는 강력하다. 사과는 폭력을 쓰지 않고 갈등을 해결하고, 국가 간의 분열을 치료하며, 정부로 하여금 시민들의 고통을 인정하게 하고, 개인 간의 관계에서 균형을 되찾게 한다.

**Rudy's tip** 전형적인 두괄식 구조로 이후의 내용들은 모두 재진술이다.

Chapter 1

Chapter 2

Chapter 3

9. Many economists argue that free trade is a magic bullet — the quickest way to fuel growth and alleviate poverty.

> **voca** free trade n) 자유무역 magic bullet n) 해결책 fuel v) 연료를 제공하다 alleviate v) 완화시키다

10. Research shows moderate amounts of aerobic exercise such as jogging, brisk walking and cycling during the cold and flu season boost the body's defenses against viruses and bacteria.

> **voca** moderate a) 적절한 aerobic a) 유산소의 brisk a) 활발한, 상쾌한 boost v) 강화시키다 body's defense n) 면역력

11. Many elderly people are afraid of losing their mental abilities, but these fears are usually groundless. Seniors may not be able to think as fast as they used to, but they can still be lifelong learners.

> **voca** mental ability n) 지적능력 groundless a) 근거가 없는 lifelong a) 평생의

12. Many underdeveloped countries have a contradictory policy of simultaneously promoting tobacco production for economic reasons and discouraging tobacco consumption for health reasons.

> **voca** contradictory a) 모순적인 simultaneously ad) 동시에

9. Many economists argue that free trade is a magic bullet — the quickest way to fuel growth and alleviate poverty.

**해석** 많은 경제학자들은 자유무역은 마법의 총알, 즉 성장을 자극하고 빈곤을 누그러뜨리는 가장 빠른 방법이라고 주장한다.

**Rudy's tip** 자유무역이 해법이 된다는 것이 핵심이고 나머지는 재진술이다.

10. Research shows moderate amounts of aerobic exercise such as jogging, brisk walking and cycling during the cold and flu season boost the body's defenses against viruses and bacteria.

**해석** 연구에 의하면 감기와 독감이 유행하는 철에 조깅, 빨리 걷기, 자전거 타기와 같은 적당량의 유산소운동은 바이러스와 박테리아에 대한 면역력을 증가시킨다고 한다.

**Rudy's tip** 유산소 운동이 면역력을 증진시킨다는 것이 핵심이다.

11. Many elderly people are afraid of losing their mental abilities, but these fears are usually groundless. Seniors may not be able to think as fast as they used to, but they can still be lifelong learners.

**해석** 많은 노인들은 자신들의 지적능력을 잃을까 두려워한다. 하지만 이런 두려움은 대개 근거가 없는 것이다. 노인들은 예전처럼 빠르게 생각할 수 없을지는 모르지만 여전히 평생 배우는 사람이 될 수 있다.

**Rudy's tip** 논리전환으로 but이하가 핵심이다.

12. Many underdeveloped countries have a contradictory policy of simultaneously promoting tobacco production for economic reasons and discouraging tobacco consumption for health reasons.

**해석** 많은 후진국들은 경제적 이유로 담배생산을 장려하고 동시에 건강상 이유로 담배 소비를 못 하게 하는 모순적인 정책을 가지고 있다.

**Rudy's tip** 담배에 대한 모순적인 정책이 핵심이다.

13. People's outlook on life has a lot to do with their potential for success. Some researchers have found a direct link between hope and success.

voca outlook n) 가치관 potential n) 잠재력

14. People of all ages go to malls to browse, meet friends for lunch or dinner, hear a concert, meet a celebrity promoting a product bearing his or her name, and so on. Malls have become social gathering places and entertainment complexes.

voca browse v) 천천히 구경하다 celebrity n) 유명인 bearing a) 포함하고 있는 social gathering n) 사교모임 complex n) 복합시설

15. Reading allows us actively to hear a variety of viewpoints not always available on the cable, video, and other forms of media that vie for our attention.

voca variety n) 다양성 vie v) 경쟁하다

16. The profession, the political faith, and the entire life of many men, depend on chance circumstances, on what is fortuitous, on the caprice and the unexpected turns of fate.

voca profession n) 직업 chance a) 우연한 fortuitous a) 우연한 caprice n) 변덕

13. People's outlook on life has a lot to do with their potential for success. Some researchers have found a direct link between hope and success.

**해석** 삶에 대한 가치관은 성공을 위한 잠재력과 많은 관계가 있다. 학자들은 희망과 성공은 밀접한 관계가 있다는 것을 알아냈다.

**Rudy's tip** 첫 문장이 G이고, 이후 문장은 재진술이다.

14. People of all ages go to malls to browse, meet friends for lunch or dinner, hear a concert, meet a celebrity promoting a product bearing his or her name, and so on. Malls have become social gathering places and entertainment  complexes.

**해석** 모든 연령의 사람들이 쇼핑몰에 가서 이리저리 둘러보고, 친구와 만나서 점심이나 저녁을 먹고, 콘서트를 들으며, 자기 이름이 새겨진 상품을 판촉하는 유명인을 만나는 등등의 일을 한다. 쇼핑몰은 사교적인 모임장소이자 종합오락시설이 되었다.

**Rudy's tip** 열거 이후에 G가 등장한 구조로 G에 핵심이 있다.

15. Reading allows us actively to hear a variety of viewpoints not always available on the cable, video, and other forms of media that vie for our attention.

**해석** 독서는 우리로 하여금 우리의 관심을 끌고자 경합을 벌이는 케이블 방송, 비디오, 다른 형태의 언론매체들이 항상 제공하는 것만은 아닌 다양한 견해들을 적극적으로 경청하도록 해준다.

**Rudy's tip** 독서를 통해 다양한 의견을 접할 수 있다는 것이 핵심이다.

16. The profession, the political faith, and the entire life of many men, depend on chance circumstances, on what is fortuitous, on the caprice and the unexpected turns of fate.

**해석** 수많은 사람들의 직업, 정치적 신념, 그리고 일생 등은 우연한 상황, 우발적인 것, 그리고 운명의 변덕과 예기치 않은 일 등에 좌우된다.

**Rudy's tip** 다양한 것들이 우연적 상황에 의해 결정된다는 것이 핵심이다.

17. The United States is becoming more vulnerable to natural hazards mostly because of changes in population and national wealth density - more people and infrastructure have become concentrated in disaster-prone areas.

18. In the years to come, our enhanced understanding of biology will give us unprecedented control over disease and injury, and the freedom from pain.

19. As Archaic Indians turned to new sources of food derived from plants, some people realized that wild seeds could be planted and would grow in moist, fertile soil. This discovery, a great technological breakthrough called the agricultural revolution, occurred independently in widely separated parts of the world.

20. In social organizations which embody a strong class system, such as military units and large business concerns, there are many territorial rules, often unspoken, which interfere with the official hierarchy.

17. The United States is becoming more vulnerable to natural hazards mostly because of changes in population and national wealth density - more people and infrastructure have become concentrated in disaster-prone areas.

**해석** 미국은 자연적 위험에 더욱 취약해지고 있다. 이는 주로 인구와 국가 부의 밀도 변화 때문이다. 다시 말해서 더 많은 사람들과 기반시설이 재난이 일어나기 쉬운 지역에 집중되었기 때문인 것이다.

**Rudy's tip** 미국이 자연재해에 취약하다는 것이 핵심이고 이후는 재진술이다.

18. In the years to come, our enhanced understanding of biology will give us unprecedented control over disease and injury, and the freedom from pain.

**해석** 미래에 생물학에 대한 우리의 향상된 이해는 우리에게 질병과 상해에 대한 유례없는 통제력, 그리고 고통으로부터의 자유를 줄 것이다.

**Rudy's tip** 생물학에 대한 이해가 질병에 대한 통제와 자유를 준다는 것이 핵심이다.

19. As Archaic Indians turned to new sources of food derived from plants, some people realized that wild seeds could be planted and would grow in moist, fertile soil. This discovery, a great technological breakthrough called the agricultural revolution, occurred independently in widely separated parts of the world.

**해석** 고대의 인도인들이 식물로부터 얻은 음식의 새로운 공급원을 이용함에 따라, 몇몇 사람들은 야생의 씨앗들이 심어질 수 있고, 축축하고 비옥한 토지에서 자란다는 것을 깨닫게 되었다. 이 발견, 즉 농업혁명이라 불리는 중대한 기술의 획기적인 진전은 세계의 여러 다른 지역에서 널리 독자적으로 일어났다.

**Rudy's tip** 서론은 예시이고, 이것을 통해 농업 혁명이 독립적으로 일어났다는 것이 핵심이다.

20. In social organizations which embody a strong class system, such as military units and large business concerns, there are many territorial rules, often unspoken, which interfere with the official hierarchy.

**해석** 강력한 계급 제도를 가진 군부대와 거대 사업체와 같은 사회 조직들에는, 종종 말로 표현되지는 않지만, 많은 특정 지역에만 국한되는 규칙들이 있어, 이들이 공식 위계질서를 방해한다.

**Rudy's tip** 강력한 계급 제도에서는 지역적 규칙들이 존재하기에 공식적 서열을 방해한다는 것이 핵심이다.

## [1] PRACTICE 'P'

개별 문장의 핵심적인 내용을 의미하는 KEYWORD를 찾아보자.

1. For the purpose of gathering materials for writing, the man who stays at home and observes closely and accurately, and who reflects upon what he sees will have infinitely more that is worthwhile to write about than he who has been around the world ten times without using his eyes and minds.

**voca** for the purpose of ad)~하기 위해서 reflect v) 사색하다 infinitely ad) 무한히 worthwhile a) 가치 있는

2. In the seventeenth century, René Descartes wrote that good sense, the ability to distinguish right from wrong, is equally divided among people. Good sense or reason, its very nature, says Descartes, is the possession of everyone in a large and equal amount. All people, however, do not conduct their thoughts along the same channels or fix their attention on the same objects. We do not differ in amount of good sense, according to Descartes, but in its application.

**voca** good sense n) 분별 amount n) 양 conduct v) 처리하다

3. By the time students reach college age, humor that is unrelated to the educational topic can backfire, Dr. Zillman warns. A lecturer who habitually tells such jokes may be viewed as digressing, and the joking asides seem to interfere with the students' grasp of the material presented.

**voca** unrelated a) 관련성이 없는 backfire v) 부작용을 일으키다 digressing a) 본론에서 벗어난 interfere v) 방해하다 grasp n) 이해

1. For the purpose of gathering materials for writing, the man who stays at home and observes closely and accurately, and who reflects upon what he sees will have infinitely more that is worthwhile to write about than he who has been around the world ten times without using his eyes and minds.

해석 글을 쓸 자료를 모으기 위해 집에 머물러 꼼꼼하고 정확하게 관찰하고 자신이 본 것을 성찰하는 사람은, 자신의 눈과 마음을 사용하지 않고 세계를 10번 돌아다닌 사람보다 가치 있는 소재를 무한히 더 많이 가지게 된다.

Rudy's tip 사색의 중요성을 강조하는 글로 사색적인 사람과 그렇지 못한 사람을 비교하는 형식의 구조이다.

2. In the seventeenth century, René Descartes wrote that good sense, the ability to distinguish right from wrong, is equally divided among people. Good sense or reason, its very nature, says Descartes, is the possession of everyone in a large and equal amount. All people, however, do not conduct their thoughts along the same channels or fix their attention on the same objects. We do not differ in amount of good sense, according to Descartes, but in its application.

해석 17세기에 르네 데카르트는 분별력 즉, 옳은 것과 그른 것을 구별하는 능력은 사람들에게 균등하게 배분되어 있는 것이라고 했다. 분별력 또는 그 본질인 이성은 모든 사람들이 많이 그리고 균등하게 소유하고 있는 것이라고 데카르트는 말했다. 그러나 모든 사람들이 똑같은 방향으로 생각하거나 똑같은 대상에 주목하는 것은 아니다. 데카르트에 따르면 우리는 분별력의 양이 다른 것이 아니라 그것을 적용하는데 있어 서로 다르다는 것이다.

Rudy's tip 분별에 대한 데카르트의 의견을 서술하고 마지막 문장에서 압축하고 있다.

3. By the time students reach college age, humor that is unrelated to the educational topic can backfire, Dr. Zillman warns. A lecturer who habitually tells such jokes may be viewed as digressing, and the joking asides seem to interfere with the students' grasp of the material presented.

해석 학생들이 대학생이 되기 전까지는, 교육적인 주제와 관련 없는 유머는 부정적인 결과를 초래할 수 있다고 질먼 박사는 경고한다. 그런 농담을 습관적으로 얘기하는 강사는 본론에서 벗어난 이야기를 하는 것으로 간주되며, 수업과 상관없는 농담은 학생들에게 제공된 주제를 이해하는데 방해요소가 될 수 있다.

Rudy's tip 서론에서 유머의 역기능에 대해 언급하고 이후는 모두 재진술이다.

4. Galileo's conclusions were equally revolutionary when he turned to consider the behavior of bodies in motion. Traditional theories of dynamics, geared to the assumption that the natural state of a body was at rest, attempted to explain what caused motion to occur. For Galileo, there was no natural motion of the body; rather, if a body was in motion, it would continue in a straight line at the same speed forever unless deflected, quickened, or retarded by another force. Thus what concerned Galileo was why changes in motion occur.

voca turn to v) 주의를 기울이다, 방향을 돌리다 dynamics n) 역학, 물리학 geared a) 구성된 at rest ad) 정지상태의 deflect v) 빗나가게 하다 retard v) 늦추다

5. Studies of the brain show that there is a biological basis for general intelligence. The brains of intelligent people use less energy during problem solving. The brain waves of people with higher intelligence show a quicker reaction. Researchers conclude that differences in intelligence result from differences in the effectiveness and speed of information processing by the brain.

voca brain wave n) 뇌파 effectiveness n) 효율성 information processing n) 정보 처리

6. We all experience stress in different ways. Some people experience stress as just a nervous or busy feeling. Other people experience stress so strongly that it may cause them to seek professional help at a hospital. Still other people may die from experiencing so much stress that it leads to heart disease or other serious health-related problems. Sometimes these health-related problems are physical, and other times they are psychological.

voca nervous a) 초조한 psychological a) 심리적인

4. Galileo's conclusions were equally revolutionary when he turned to consider the behavior of bodies in motion. Traditional theories of dynamics, geared to the assumption that the natural state of a body was at rest, attempted to explain what caused motion to occur. For Galileo, there was no natural motion of the body; rather, if a body was in motion, it would continue in a straight line at the same speed forever unless deflected, quickened, or retarded by another force. Thus what concerned Galileo was why changes in motion occur.

**해석** 갈릴레오가 물체의 운동 양식에 관해 주의를 기울였을 때, 그 결론은 똑같이 혁명적이었다. 물체의 자연 상태는 정지 상태라는 가설에 맞춰진 전통적 역학 이론은, 무엇 때문에 운동이 발생하는지를 설명하려고 애쓰는 것이었다. 갈릴레오의 주장에 의하면 물체의 자연적 운동이라는 것은 존재하지 않는다. 오히려, 물체가 운동하게 되면, 어떤 다른 힘에 의해 비껴 나거나, 가속 또는 감속되지 않는 이상, 물체는 영원히 같은 속도의 직선 위를 진행할 뿐이라는 것이다. 따라서 갈릴레오에게 중요한 것은 운동에 왜 변화가 오는가 하는 것이었다.

**Rudy's tip** 서론에서 갈릴레오가 혁명적이었다고 언급한 뒤에, 왜 혁명적이었는지에 대한 전개 구조가 이어진다. 마지막에서 갈릴레오의 이론을 요약하고 있다.

5. Studies of the brain show that there is a biological basis for general intelligence. The brains of intelligent people use less energy during problem solving. The brain waves of people with higher intelligence show a quicker reaction. Researchers conclude that differences in intelligence result from differences in the effectiveness and speed of information processing by the brain.

**해석** 두뇌에 관한 연구는 일반적 지능에 대한 생물학적 근거가 존재한다는 사실을 보여준다. 지능이 높은 사람들의 두뇌는 문제 해결 시 더 적은 에너지를 소비한다. 보다 높은 지능을 가진 사람들의 뇌파는 더 빠른 반응을 보인다. 과학자들은 두뇌에 의한 정보 처리에 있어서 효율과 속도의 차이로 지능의 차이가 나타난다고 결론짓는다.

**Rudy's tip** 첫 문장이 G로 시작해서 이후에 재진술이 이어진다. 마지막 문장에서 효율성과 정보 처리에서 차이가 있다고 요약하고 있다.

6. We all experience stress in different ways. Some people experience stress as just a nervous or busy feeling. Other people experience stress so strongly that it may cause them to seek professional help at a hospital. Still other people may die from experiencing so much stress that it leads to heart disease or other serious health-related problems. Sometimes these health-related problems are physical, and other times they are psychological.

**해석** 우리 모두 스트레스를 다른 방식으로 체험하게 된다. 어떤 사람들은 스트레스를 단지 초조하거나 분주한 마음으로 경험한다. 또, 어떤 사람들은 스트레스를 아주 강하게 체험하게 되어 병원에서 전문가의 도움을 필요로 하기도 한다. 또 다른 사람들은 극심한 스트레스로 인해 심장병이나 기타 심각한 건강상의 문제가 발생해 사망할 수도 있다. 때때로 이러한 건강 관련 문제들은 육체적인 것이기도 하고 때로는 심리적인 것이기도 하다.

**Rudy's tip** 전형적인 G-S의 구조의 영문이다.

7. Languages seem to be converging to a smaller number, as languages like English seem to eat up regional ones. The three languages used the most by first language speakers today are Mandarin Chinese, English, and Spanish. Evidence suggests that the dominant languages are squeezing out the local tongues of various regions in the world. Linguists estimate that of the approximately 6,500 languages worldwide, about half are endangered or on the brink of extinction.

voca converge v) 모이다, 통합되다 eat up v) 소진시키다 squeeze out v) 몰아내다 on the brink of ad) ~직전에 extinction n) 멸종

8. In an age where fast food seems to make the world go round, there's a quiet revolution with a snail as its emblem. Followers of the slow food movement take as much time as possible over their food. They cook food by slow, traditional methods, and eat as slowly as necessary for maximum enjoyment.

voca revolution n) 혁명 snail n) 달팽이 emblem n) 상징

9. Many facial expressions can be made voluntarily, but often some part of another emotion that we're trying to suppress leaks out. "You must have had the experience where somebody comments on your expression and you didn't know you were making it," Dr. Ekman said. "Somebody tells you, 'What are you getting upset about?' or, 'Why are you smirking?'" This is the physiological basis of how we mind-read other people. The clues we need to make sense of some social situation or someone's real feelings are right there on the faces of those in front of us.

voca facial expression n) 얼굴표정 voluntarily ad) 자발적으로 suppress v) 억압하다 leak out v) 새어나가다 smirk v) 비웃다

7. Languages seem to be converging to a smaller number, as languages like English seem to eat up regional ones. The three languages used the most by first language speakers today are Mandarin Chinese, English, and Spanish. Evidence suggests that the dominant languages are squeezing out the local tongues of various regions in the world. Linguists estimate that of the approximately 6,500 languages worldwide, about half are endangered or on the brink of extinction.

**해석** 언어의 수가 점점 더 적어지고 있는 것 같다. 영어와 같은 언어가 지역적인 언어들을 다 먹어 없애는 것처럼 보이니까. 오늘날 제1언어 화자들이 가장 많이 사용하는 세 가지 언어는 중국어와 영어, 그리고 스페인어이다. 증거에 따르면 이 유력한 언어들이 세계 여러 지역의 지방언어를 몰아내고 있다. 언어학자들은 전 세계의 약 6,500개 언어 중에서, 거의 절반이 멸종 위기에 있거나 멸종 직전에 있다고 추정한다.

**Rudy's tip** 전형적인 G-S 구조로 본문의 내용은 예시에 해당하는 재진술이다.

8. In an age where fast food seems to make the world go round, there's a quiet revolution with a snail as its emblem. Followers of the slow food movement take as much time as possible over their food. They cook food by slow, traditional methods, and eat as slowly as necessary for maximum enjoyment.

**해석** 패스트푸드가 없으면 돌아가지 않을 것 같은 시대에 달팽이(느린 것)를 상징으로 내세우는 조용한 혁명이 일어나고 있다. 느린 음식 운동의 추종자들은 그들의 음식에 가능한 한 많은 시간을 쓴다. 그들은 천천히, 전통적인 방법으로 음식을 하며 최대한의 즐거움을 위해 가능한 한 천천히 먹는다.

**Rudy's tip** 첫 문장에서 빠른 시대와 달팽이 같은 혁명을 대조적으로 제시하고 이후에 달팽이 혁명이 무엇인지에 대한 재진술이 이어지고 있다

9. Many facial expressions can be made voluntarily, but often some part of another emotion that we're trying to suppress leaks out. "You must have had the experience where somebody comments on your expression and you didn't know you were making it," Dr. Ekman said. "Somebody tells you, 'What are you getting upset about?' or, 'Why are you smirking?'" This is the physiological basis of how we mind-read other people. The clues we need to make sense of some social situation or someone's real feelings are right there on the faces of those in front of us.

**해석** 많은 얼굴 표정들이 자기 뜻대로 만들어질 수 있다. 그러나 종종 우리가 표현하려고 하지 않는 또 다른 감정의 일부가 새어나온다. "누군가가 당신의 표정에 대해 말을 하는데 당신은 그런 표정을 짓고 있었다는 것을 모르고 있었던 그런 경험을 당신은 분명 했을 겁니다. "누군가가 당신에게 '무슨 일로 화난 표정이니?'라든가 '왜 비웃는 표정이니?'라고 물어오는 경우 말이죠."라고 에크만 박사는 말했다. 이것은 우리가 다른 사람의 마음을 어떻게 읽는가에 대한 생리적인 기초가 된다. 어떤 사회적인 상황이나 사람의 진짜 감정을 이해하는데 필요한 단서는 바로 상대방의 얼굴에 있는 것이다.

**Rudy's tip** 첫 문장에서 얼굴을 통해서 감정을 숨기지 못하는 경우도 있다고 언급한 뒤에, 이후에 예시가 등장하고 있다. 마지막 문장에서 본문의 내용을 다시 요약하고 있다.

10. The women's liberation movement toward greater equality for women has produced some permanent changes in the vocabulary of English. New words have been added. The words feminist, sexist, and male chauvinist, for example, have become common during the past thirty-five years or so. Another new word is the title Ms which is often used in place of both Miss and Mrs. An additional change is that sexist titles of many occupations have been neutralized. For instance, a chairman is now a chairperson, and a high school or college freshman is now a first-year student.

voca permanent a) 지속적인, 영구적인 neutralize v) 중립화되다

11. We must also grasp the perspective of ecology and evolutionary biology and recognize, once we reinsert ourselves properly into nature, that AIDS represents the ordinary workings of biology, not an irrational or diabolical plague with a moral meaning. Disease, including epidemic spread, is a natural phenomenon, part of human history from the beginning.

voca grasp v) 이해하다 perspective n) 관점 ecology n) 생태학 reinsert v) 다시 넣다 diabolical a) 악마의 plague n) 전염병

12. Extreme grief due to the loss of a loved one can cause certain people to lose their minds or to develop depression or behavioral problems. On the other hand, it may prompt them to do positive and meaningful things that they otherwise might not have done or even thought of doing. Different reactions to grief or remorse can bring different consequences to people's lives and to the lives of those around them.

voca prompt v) 촉발하다 remorse n) 양심의 가책

10. The women's liberation movement toward greater equality for women has produced some permanent changes in the vocabulary of English. New words have been added. The words feminist, sexist, and male chauvinist, for example, have become common during the past thirty-five years or so. Another new word is the title Ms which is often used in place of both Miss and Mrs. An additional change is that sexist titles of many occupations have been neutralized. For instance, a chairman is now a chairperson, and a high school or college freshman is now a first-year student.

해석 여성의 보다 큰 평등을 향한 여성 해방 운동은 영어 어휘에서 몇 가지 꾸준한 변화를 일으켜왔다. 신조어들이 추가되고 있는 것이다. 예를 들면 여권 주장자, 성 차별주의자 그리고 남성 우월주의자 라는 단어들은 지난 35년간 일반화 되어왔다. 또 다른 신조어는 Ms라는 직함인데, 이것은 보통 Miss와 Mrs를 쓰는 상황에 동시에 사용되고 있다. 또 다른 변화는 많은 업종의 성 차별적인 직함들이 중립화 되어 간다는 것이다. 예를 들어 의장(회장)이라는 의미의 chairman은 chairperson으로, 고등학교나 대학의 신입생을 가리키는 freshman은 first-year student로 변화된 것이 그것이다.

Rudy's tip 전형적인 G-S 구조로, 여권 운동의 영향으로 신조어들이 도입되고 있다는 것이 핵심이다

11. We must also grasp the perspective of ecology and evolutionary biology and recognize, once we reinsert ourselves properly into nature, that AIDS represents the ordinary workings of biology, not an irrational or diabolical plague with a moral meaning. Disease, including epidemic spread, is a natural phenomenon, part of human history from the beginning.

해석 우리는 생태학과 진화 생물학의 시각도 이해해야 하고, 자연 속으로 다시 들어가 살펴본다면 에이즈(AIDS)가 도덕적 의미를 지닌 불합리하고 지독한 재앙이 아니라 생물학의 통상적인 작용임을 깨달아야 한다. 유행병 확산을 포함한 질병은 자연 현상이며 태초로 인류 역사의 일부인 것이다.

Rudy's tip 과학이 발달함에 따라 질병에 대한 빠른 이해가 가능해 진다는 내용이다. 마지막 문장이 본문을 요약하고 있는 G진술이다.

12. Extreme grief due to the loss of a loved one can cause certain people to lose their minds or to develop depression or behavioral problems. On the other hand, it may prompt them to do positive and meaningful things that they otherwise might not have done or even thought of doing. Different reactions to grief or remorse can bring different consequences to people's lives and to the lives of those around them.

해석 사랑하는 사람을 잃게 되어 생기는 극단적인 슬픔은, 사람들로 하여금 정신을 잃게 하거나 우울증이나 행동상의 문제를 일으킬 수 있다. 그러나 다른 한편으로, 이러한 슬픔은 그들이 슬픔을 겪지 않으면 해보지 못했을 런지도 모르는, 혹은 해 볼 생각조차 못했을 긍정적이고도 의미 있는 일들을 하도록 유발할 수도 있다. 슬픔이나 죄책감에 대한 각기 다른 반응들이 사람들의 삶이나 그들 주변사람들의 삶에 다른 결과를 가져 올 수도 있다.

Rudy's tip 슬픔에 대한 다른 반응에 대해서 서술한 뒤, 마지막에서 이를 요약하고 있는 구조이다.

13. As English is increasingly used internationally, and is taught in more and more countries, it is recognized as being a global language. If scientists from China, Sweden, Brazil and Italy meet, they are likely to use English as the common medium of communication, even though this is not the first language of any of them. Yet at the same time, more and more linguists are speaking about "Englishes" to recognize that English may not, in fact, be a single standard form all around the world.

**voca** first language n) 모국어

14. Can intelligence be taught? The traditional answer is no. That answer, however, is based solely on short-term studies. Long-term studies have shown that training in specific skills does seem to improve intelligence scores. For example, the Israeli psychologist Reuven Feuerstein has developed a program that involves hundreds of hours of special tutoring. The program's emphasis is on remedying errors in thinking. Feuerstein's results suggest that such training does indeed improve IQ scores.

**voca** be taught v) 배우다 short-term a) 단기간의 improve v) 향상시키다 emphasis n) 강조

15. It started out to be a simple exploratory operation. Then, suddenly, the patient's heart stopped. Her brain waves started leveling off. The medical team immediately began emergency treatment to try to start the heart again. At last the chief surgeon announced that the patient had died. Minutes later, much to everyone's amazement, the "dead" patient came back to life. Her heart started, and her brain waves began to assume normal patterns. Later she told the doctors that she had been fully aware of everything that had happened while she was "dead." She believed that she came back to life because she wanted so badly to live longer. She said death was not frightening, but she wasn't ready to go yet. The experts admit that they have no satisfactory explanations for these death or near-death experiences. They admit that they do not fully understand life — and they do not fully understand death.

**voca** exploratory a) 예비의, 탐험의 level off v) 낮아지다 come back to life v) 부활하다

13. As English is increasingly used internationally, and is taught in more and more countries, it is recognized as being a global language. If scientists from China, Sweden, Brazil and Italy meet, they are likely to use English as the common medium of communication, even though this is not the first language of any of them. Yet at the same time, more and more linguists are speaking about "Englishes" to recognize that English may not, in fact, be a single standard form all around the world.

**해석** 영어가 점점 더 국제적으로 사용되고 점점 더 많은 나라에서 가르쳐지고 있으므로, 영어는 세계 공통어로 인정받는다. 중국, 스웨덴, 브라질, 이태리 학자들이 만나면, 영어가 자신의 제 1언어인 사람은 아무도 없지만, 그들은 의사소통의 공통 매체로 영어를 사용한다. 그러나 동시에, 점점 더 많은 언어학자들은 영어가 사실 전 세계적으로 단 하나의 표준 형태가 아닐 수도 있다는 것을 인지하기 위해서 '여러 종류의 영어'에 대해 이야기 한다.

**Rudy's tip** yet을 중심으로 영어가 공용어가 되어 가지만, 동시에 다양한 영어가 등장한다는 상반된 내용이 배치되어 있다.

14. Can intelligence be taught? The traditional answer is no. That answer, however, is based solely on short-term studies. Long-term studies have shown that training in specific skills does seem to improve intelligence scores. For example, the Israeli psychologist Reuven Feuerstein has developed a program that involves hundreds of hours of special tutoring. The program's emphasis is on remedying errors in thinking. Feuerstein's results suggest that such training does indeed improve IQ scores.

**해석** 지능을 배울 수 있을까? 기존의 대답은 '아니다'이다. 그러나 그 대답은 단지 단기간의 연구에 바탕을 둔 것이다. 특정한 기술을 훈련하게 되면 지능이 향상 된다는 것이 장기간의 연구를 통해 드러나고 있다. 예를 들면, 이스라엘의 심리학자 뢰번 페에르슈타인 박사는 수백 시간에 달하는 특수 개인교습을 포함하는 어떤 프로그램을 개발했다. 그 프로그램의 주안점은 사고 과정에서의 오류를 고치는 것이다. 페에르슈타인의 실험 결과는 그런 훈련이 IQ 수치를 실제로 향상시킴을 보여준다.

**Rudy's tip** 전형적인 논리전환 구조로 however 이하가 핵심 내용이다.

15. It started out to be a simple exploratory operation. Then, suddenly, the patient's heart stopped. Her brain waves started leveling off. The medical team immediately began emergency treatment to try to start the heart again. At last the chief surgeon announced that the patient had died. Minutes later, much to everyone's amazement, the "dead" patient came back to life. Her heart started, and her brain waves began to assume normal patterns. Later she told the doctors that she had been fully aware of everything that had happened while she was "dead." She believed that she came back to life because she wanted so badly to live longer. She said death was not frightening, but she wasn't ready to go yet. The experts admit that they have no satisfactory explanations for these death or near-death experiences. They admit that they do not fully understand life — and they do not fully understand death.

**해석** 이것은 간단한 검진을 위한 수술로 시작되었다. 그런 다음, 갑자기 환자의 심장이 멈췄다. 그녀의 뇌파는 낮아지기 시작했다. 의료 팀은 그녀의 심장을 다시 뛰게 하기 위해 즉시 응급치료를 시작했다. 마침내 수석 수술 집도의사는 환자가 사망했다고 선언했다. 몇 분이 지났을 때, 모두를 깜짝 놀라게 하면서, "죽은" 환자가 살아났다. 그녀의 심장은 뛰기 시작했고 그녀의 뇌파는 정상적인 패턴을 띠기 시작했다. 나중에, 그녀는, 그녀가 죽은 상태로 있는 동안 벌어진 모든 일들을 완벽하게 알고 있었다고 의사들에게 말했다. 그녀는 그녀가 더 오래 살기를 간절히 원했기 때문에 살아날 수 있었다고 믿었다. 그녀는 죽음이 두렵지는 않았지만 아직 죽을 때가 아니었다고 말했다. 전문가들은 이러한 죽음 혹은 유사 죽음 경험에 대해 만족스러운 설명을 내 놓을 수 없다는 사실을 인정했다. 그들은 그들이 삶과 죽음을 완벽하게 이해할 수 없다는 사실을 인정했다.

**Rudy's tip** 전형적인 S-G 구조의 영문으로 구체적인 예시를 제시한 뒤, 마지막에서 예시에 대한 결론을 맺는 구조이다.

# THE PARAGRAPH STRUCTURE

Chapter1에서는 문장들을 성격을 논리적으로 분석해 보고, 전후 맥락을 파악하는 것을 학습했다. 결국 문장 학습의 궁극적인 목적은 문장들로 구성된 한 편의 글을 명확하게 이해하는 것이다.

문법에서는 동사를 중심으로 문장을 5가지 형식으로 구분한다.
영문의 종류도 문장처럼 분류해 볼 수 없을까?
가능하다면 분류의 기준은 무엇으로 삼아야 하는가?
분류를 했을 때 우리가 얻을 수 있는 효용성은 무엇일까?

모든 영문은 나름대로의 목적, 주제를 지니고 있다. 누군가 설득하는 것을, 정보 전달을, 개인의 정서를... 다양한 것을 의도할 수 있고, 이런 의도가 함축적으로 잘 드러난 문장을 우리는 주제라고 한다. 따라서 주제를 중심으로 영문을 분류하는 것이 논리적인 귀결일 수 있다.
주제를 중심으로 분류하고자 했을 때 등장하는 하나의 장애가 바로 주제의 유형이다.
전통적으로는 설명문, 논설문, 감상문... 분류하지만 전통적인 방식의 위와 같은 구분은 적용에 있어서 한계를 갖는 경우가 많다. 다양한 영문들은 설명과 논설, 또는 감상적인 성격이 혼재되어 있기 때문이다. 결론적으로 **주제문의 위치를 중심으로 한 구조주의적 접근 방식**이 실전적이다.

그렇다면 주제문은 언제나 명확하게 구분되어 등장하는가?
선행 학습한 MSG 구분에서 주제문은 대체로 G진술인 경우가 빈번한데, 문제는 G진술이 명확하게 등장하는 경우뿐만 아니라 그렇지 않은 경우도 비일비재하다는 것이다.
이처럼 주제문이 명확하게 등장한다면 어떤 논증적 방식으로 등장하는지, 명확하지 않은 경우에는 어떤 구조로 등장하는지를 학습하는 것이 Chapter2의 학습 목표이다.

Chapter2를 통해서 대표적인 논증 방식인 '연역&귀납'을 배울 것이고, 앞서 학습한 전개(developing)적 논리 구조의 구체적 사례를 학습할 것이다. 마지막으로 논리전환을 통해 중후반부에 강조점을 두는 논증 구조도 살펴 볼 것이다.
궁극적으로 위와 같은 **다양한 글의 논리 전개 방식을 이해하면, 핵심 정보와 논거를 구분할 수 있게 되어 자연스럽게 속독이 이루어지고, 독해 지문의 구조에 따라서 얼마나 강하게 또는 약하게 읽고 접근해야하는지를 체득**하게 될 것이다.

# UNIT
## 01

## Writing Device

우리는 글의 구조를 배우기에 앞서 '글쓰기 도구(WD – writing device)' 를 학습할 것이다.

WD는 본론부터 시작하지 않고 향후 논의할 중심 내용을 등장시키는 화제제시를 대표로 해서, 다양한 강조 장치들을 의미한다. 개별적인 문장들에 한정되어 학습한 다양한 강조 용법들이 실제 영문에서는 어떤 방식으로 녹아들어 그 의미를 전달하는지를 이해하면, 보다 정확하고 핵심적인 독해법의 중요한 디딤돌이 될 수 있기 때문이다.

### 독독2.0 Guts

01 화제제시와 강조 장치들에 유의하자!

## 1 화제제시 (IT - introduction to the topic)

화법에 있어서 어떤 사람들은 직선적으로, 어떤 사람들은 에둘러 말하곤 한다. 글도 비슷한 성격을 지니고 있다. 처음부터 주제나 핵심 정보를 제공하면서 바로 본론부터 시작하는 유형도, 향후 이야기할 내용에 대해서 중심이 되는 화제(TOPIC 또는 ISSUE)를 제시하고 이어서 주제를 제시하는 유형도 있다. 특히 화제제시가 중시되는 것은 학습하게 될 Top-down 방식에서 화제제시에 이어 바로 주제문이 등장하는 구조이다.

Conflict means serious disagreement about something important. It is an unavoidable part in every person's life. Everyone deals with conflict in a more or less individual way. One way of dealing with conflict is to give in immediately to another's wishes in order to avoid an argument. Aggression is another way to deal with conflict. Those who favor aggressive behavior try to force other people to accept their own opinions. Conflict can also be dealt with through persuasion, or attempting to change another's behavior.

갈등은 중요한 일에 대한 심각한 의견 불일치를 의미한다. 그것은 모든 사람의 삶에서 피할 수 없는 일부가 된다. 모든 사람들은 다소 개인적인 방식으로 갈등을 처리한다. 갈등을 처리하는 한 가지 방식은 언쟁을 피하기 위해 즉각적으로 다른 사람이 바라는 것을 들어주는 것이다. 공격적 자세는 갈등을 처리하는 또 하나의 방법이다. 공격적인 행동을 선호하는 사람들은 다른 사람들에게 자신의 의견을 받아들이도록 강요하려 한다. 갈등은 또한 설득, 즉 다른 사람의 행동을 변화시키려는 노력으로 처리될 수 있다.

 **Rudy's Analysis**

> Conflict means serious disagreement about something important. - IT
> It is an unavoidable part in every person's life. - 재진술

서론만 보면 G-S 구조이기에 첫 문장을 주제로 선정할 수 있다. 하지만 바로 이어서 등장하는 세 번째 진술에 유의해야 한다. 처음 두 문장은 갈등에 대한 정의와 불가피성을 언급했는데, 이어지는 문장에서는 '갈등 해결방식'을 이야기하고 있기 때문이다. 또한 'One', 'another way'... 열거가 이어지면서 세 번째 문장을 재진술하고 있다. 따라서 첫 번째 문장이 아니라 세 번째 문장을 TOPIC으로 선정하는 것이 적절하다.

 **Rudy's Analysis**

> Everyone deals with conflict in a more or less individual way. - TOPIC

그렇다면 이 지문에서 처음 두 줄의 역할은 무엇일까?
그것은 바로 '갈등 해결방식'이라는 주제를 등장시키기 위해서 '갈등'이라는 보다 큰 화제를 도입시키는 역할을 하고 있고, 이런 역할을 '화제제시'라 한다.

EX) 난 먹는 것을 너무 좋아한다. 언제나 머릿속은 좋아하는 음식을 배불리 먹는 생각이 독점적 지위를 행사하고 있다. 그 생각의 대부분을 차지하는 것은 다름 아닌 떡볶이다. 즉석, 야채, 치즈, 카레, 짜장... 아 참 종류도 많고 생각만 하면 군침이 도는 떡볶이를 나는 너무나 사랑하고 있다.

화제제시(IT) - 먹는 것을 너무나 사랑한다.
TOPIC - 난 떡볶이를 사랑한다.

Chapter 1

Chapter 2

Chapter 3

## 2 강조장치 (AG - attention gather)

글쓴이들이 즐겨 사용하는 독자의 주의를 환기시키는 강조의 장치들이 있다. 저자가 강조를 했다는 것은 그 만큼 중요한 내용을 담고 있다는 것을 의미하기에 해당 진술은 주제문 또는 KEYWORD를 담고 있는 가능성이 매우 높다고 할 수 있다. 대표적으로 등장하는 강조장치들은 다음과 같다.

### 1) 의문문 (Question)

누군가 우리에게 어떤 질문을 하면 우리는 주로 다음과 같은 반응을 보인다.

(1) 그 질문에 대한 해답이 무엇이지?
(2) 그 질문을 나한테 하는 이유가 무엇이지?
(3) 그 질문이 말이 되는 합리적인 질문인가?...

어떤 태도를 보이든 우리가 보이는 공통적인 반응 한 가지는, 바로 '질문을 생각하고 있다'는 점이다. 따라서 의문문은 언제나 상대의 집중을 유도할 수 있는 아주 효율적인 도구가 될 수 있다. 서론에서 질문이 등장한다면 우리는 그 질문에 반응을 하게 되고, 집중하게 될 것이다. 이것이 바로 저자가 의도하는 효과이다. 질문이 주제이기 때문이다.

Married women now work outside the home and seem to have more freedom than they did in the past. Why, then, are they still discontented? In most parts of the world today, married women work because the family needs more money. In addition, their outside jobs often give them less freedom, not more, because they still have to do most of the housework and child care. The women actually have two full-time jobs - one outside the home and another inside - and not much free time. **So women are generally less satisfied with marriage than men are.**

기혼 여성들은 요즈음 집 밖에서 일을 하면서 과거에 그들이 그러했던 것보다 더 많은 자유를 누리는 것처럼 보인다. 그런데 왜 그들은 여전히 불만족스러워 하는가? 오늘날 세계의 대부분의 지역에서, 기혼 여성들은 가정에 더 많은 돈이 필요하기 때문에 일을 한다. 게다가 여성들이 밖에서 하는 일이 흔히 더 많은 자유가 아니라, 더 적은 자유를 주는데, 아직 대부분의 가사와 육아를 여성들이 담당하기 때문이다. 여성들은 실제로 두 가지 전업을 - 집 밖에서 하는 일과 가사 활동 - 하며 많은 자유시간을 누리지 못한다. 그래서 여성들은 일반적으로 남성들보다 결혼에 덜 만족해한다.

#### ⚲ Rudy's Analysis

> Topic - Why, then, are they still discontented? + So women are generally less satisfied with marriage than men are.

의문문이 우리의 관심을 끌고 있다. IT에 이어 AG가 등장했고, AG에 대한 해답이 주제이다.

※ 위 영문처럼 서론과 결론에 반복적으로 주제가 등장하는 구성을 양괄식 구성이라 하는데, 이 또한 Top-down(연역 논리)의 확장형으로, 결론은 주제를 강조, 부각시키는 역할을 한다.

## 2) 최상급

'가장 ~ 것은', '~보다 더 ~ 것은 없다', '가장 ~ 것 중의 하나는 ~이다' 로 대표되는 최상급은 그 자체로 강조표현이다. 특히나 서론에서 최상급 관련 진술이 등장하면 여지없이 TOPIC 또는 핵심 KEYWORD가 등장한다.

**On the Internet,** nothing travels faster than a tip on how to score a bargain. Especially in an economic downturn. Internet merchants are offering steep discounts to anyone willing to punch in a secret coupon code or visit a rebate site for a "referral" before loading up their virtual cart. Shoppers obsessed with finding these bargains share the latest intelligence on dozens of sites with quirky names like RetailMeNot.com, FatWallet.com and the Budget Fashionista. And more consumers than ever are scanning the listings before making a purchase at their favorite website. Some online shoppers are so good at this game that they almost never buy anything at full price, making them the digital era's version of bargain hunters who used to spend hours clipping coupons to shrink their grocery bills.

인터넷에서, 물건 값을 깎는 정보만큼 빠르게 돌아다닌 것도 없다. 특히 경기 침체기에는 더욱 그렇다. 인터넷 상인들은 기꺼이 쿠폰 비밀 번호를 쳐 넣거나, 할인 사이트를 방문하여 '소개'를 받아 가상 장바구니를 채우는 사람들에게 많은 할인을 제공하고 있다. 이러한 할인을 찾는데 혈안이 되어 있는 쇼핑객들은 예를 들어 RetailMeNot.com, FatWallet.com, the Budget Fashionista과 같이 희한한 이름을 가지고 있는 수십 개 사이트에 대한 최신 정보를 공유하고 있다. 그리고 어느 때보다 많은 소비자들이 그들이 좋아하는 웹 사이트에서 구매를 하기 전에 이러한 목록을 훑어보고 있다. 몇몇 온라인 쇼핑객들은 이 게임에 워낙 능수능란해서 거의 어떠한 물건도 제 가격을 다주고 사지 않을 정도이다. 이는 이들이 예전엔 식료품 값을 줄이기 위해 몇 시간에 걸쳐 쿠폰을 오리곤 했던 싸고 질 좋은 물건을 찾아다니는 사람의 디지털 시대 버전이라는 것을 보여 주고 있다.

### Rudy's Analysis

> Topic - On the Internet, nothing travels faster than a tip on how to score a bargain.

첫 문장에서 할인을 받는 방법보다 더 빠른 것은 없다는 최상급에 유의하자. 할인을 받는 방법이 가장 빠르게 전파된다는 첫 진술에 이어서 구체적인 예시를 보여주는 본론이 이어지고 있다.

### 3) 도치 (Inversion)

문장의 균형을 위한 도치도 있지만, 많은 경우에 도치는 중요 표현을 부각시키기 위한 강조도구이다. 서론이나 글의 후반부에 도치가 등장할 때는 TOPIC 또는 핵심 KEYWORD를 부각시키는 장치로 유용하게 활용된다.

At certain periods of our life we long to stop the inexorable ticking hand of time and meditate upon our whole destiny. But alas, we are in the turmoil. Our sense of honor and duty forbids us to be laggard in the fierce race. We must live amid the noise and shouts of the world and our houses must be open for the entire world to see. And yet never was there a time when humanity more needed its moments of silent meditation.

---

우리 생의 어떤 시기에 우리는 냉혹하게 똑딱이는 시간의 초침이 멈춰 우리 전체 운명에 대해 생각해 보게 되기를 염원한다. 그러나 애석하게도 우리는 혼란의 와중에 빠져 있다. 명예와 의무감으로 인해 우리는 맹렬한 경주에서 꾸물댈 수 없다. 우리는 세상의 소음과 외침 속에서 살아야 하며, 우리의 집은 세상 모든 사람들이 볼 수 있도록 개방되어야 한다. 그럼에도 인류가 조용한 명상의 순간이 이보다 더 필요로 한 때는 일찍이 없었다.

#### Rudy's Analysis

> Topic – yet never was there a time when humanity more needed its moments of silent meditation.

조용한 명상의 순간이 더 필요한 시기가 없었다는 내용을 강조하기 위해서 마지막에 도치 문장이 등장했다. 본론은 우리가 너무나 바쁘게 살고 개인적 사색의 시간을 갖지 못한다는 내용으로, 결론부에서 이 글의 주제를 정리하고 있다.

## 4) IT~THAT

도치는 강조 기능뿐만 아니라 문장 균형을 위해서 등장하는 경우도 있는데 반해, it~that 구문은 순수 100%의 강조 역할을 수행한다. 따라서 본문의 어느 부분에 등장하든, TOPIC 또는 KEYWORD 를 부각시키는 것으로 파악해야 한다.

It is in relation to all these others that each man becomes himself. It is in relation to them that he discovers his own identity and humanity. Thus we have the saying, "A man is known by the company he keeps", even more than by the books he reads. A man is defined not so much by himself, or by his thoughts, as by his friends. For it is in his varying relations with them – bright with some, dull with others – that he reveals his inner feelings. A man by himself is just a seed. It is his friends and his enemies, who provide him with the alternating sunshine and rain to bring the seed to flower and fruit.

각자가 자기 자신이 되는 것은 모든 다른 사람들과의 관계를 통해서이다. 자신의 정체성과 인간성을 발견하게 되는 것도 그들에 대한 관계를 통해서이다. 그래서 우리는 "사람은 그가 읽는 책에 보다는 그가 사귀는 친구에 의해서 알 수 있다."라는 속담을 이야기 한다. 사람은 자신이나 혹은 자신의 생각 보다는 친구들에 의해서 규정된다. 그가 자신의 내면적인 감정을 드러내게 되는 것은 현명하거나 어리석은 친구들과의 관계를 통해서이기 때문이다. 사람은 그 자체로서는 단지 한 톨의 씨앗에 불과하다. 그 씨앗을 꽃피우게 하고 열매를 맺게 하기 위하여 번갈아 햇빛과 비를 공급해 주는 것은 그의 친구들과 적들이다.

 Rudy's Analysis

> Topic – It is in relation to all these others that each man becomes himself.

타인과의 관계를 강조하는 it~that 강조가 첫 진술에 등장했고, 뒤이어서 반복적인 강조구문들이 등장하고 있지만, 첫 진술에 대한 재진술 성격이 강하다.

# UNIT

## 02

### Top - down(연역논리)

Deductive reasoning works from the more general to the more specific. Sometimes this is informally called a 'top-down' approach. We begin with the topic of interest. And we collect observations to address this topic. This ultimately leads us to confirmation of our original interest.

연역적 추론은 포괄적인 것에서 보다 자세한 것으로 이동하면서 전개된다. 이것은 흔히 top-down 방식이라 불리기도 한다. 관심 있는 주제로 글이 시작된다. 이 주제를 다루기 위해 필요한 논거들을 제시한다. 궁극적으로 이러한 논거들은 주제에 대한 확신을 준다.

독독2.0 Guts

| 01 모든 영문은 연역법을 모태로 한다. |
| --- |

## 1

### G - S 구조 (General - Specific statement)

삼단 논법(Syllogism)으로 대표되는 연역 논리는 모든 논리의 출발점이요 귀결점이다. 모든 문장이 '주어 동사'에서 시작해서 다양한 확장, 변형 구조를 갖는 것처럼, 향후에 등장하는 다른 논리들도 모두 연역 논리를 출발점으로 한다. 즉, 모든 영문의 기본 구조는 '일반적 진술이 등장하고 이후에 재진술로 대표되는 다양한 예시, 전개, 열거' 등의 진술이 이어지는 것이다. 입시에 출제되는 모든 영문들을 분석해 보면, 시험의 종류(수능, 공무원, 편입, 토익, 토플, 텝스..)에 상관없이 G-S로 출제되는 비중이 80%(편입은 70%) 이상이다. 연역논리 구성은 저자가 자신의 주장이나 중요한 사실을 전달하기에 용이한 구조를 지니고 있기 때문이다. 그러나 이러한 편리성이 연역 논리의 한계점이 될 수도 있는데, 저자나 독자에게 익숙한 형식이기에 자칫 진부한 형식으로 전개될 수 있어 글의 참신성이나 신선함이 떨어지는 취약점을 지닐 수 있기 때문이다. 결론적으로 어떤 영문을 접하든 서론 부분에 있는 진술을 MSG로 구분해 보고, 서론에 G진술이 등장했다면 이후에 S 또는 M진술이 등장하는지 여부와, 전후 문장들의 연관성을 살펴서 빠르게 글의 구조를 파악하는 것이 연역논리의 핵심이다.

#### 1) Top-down 논리의 구조

(1) 첫 문장에 주제가 등장하는 경우가 많고 일반적으로 G진술이 대부분이다.

(2) 화제제시(IT - introduction to the topic)가 첫 문장에 등장하는 경우도 빈번하기에 언제나 2~3번째 문장까지는 정독을 하고 전후 문장들의 관계를 살펴야 한다.

### 2) Top-down 논리의 특징

(1) 가장 큰 특징은 무엇보다 저자의 주장이나 강조점이 명확하게 부각된다는 점이다.
(2) 서론에서 저자의 핵심 주장이 등장하기에 글의 긴장성이나 이후 등장하는 내용에 대한 기대감이 떨어질 수 있다.

## 2 기출 예시

연역 논리는 대부분 주제가 서론에 위치하는 구성으로 이후에 주제에 대한 다양한 재진술이 연계된다. 하나 주의할 점은 연역 논리라 하더라도 첫 문장은 주제가 아닌, 주제를 소개하기 위한 '화제제시(IT - introduction to the topic)'가 등장하는 경우도 빈번하다는 것이다. 첫 진술이 Topic인지, 화제제시인지는 이후에 연계되는 진술을 토대로 구분된다.

1) Many people prefer to travel with organized tours for many reasons. They are often cheaper than traveling alone; they can provide their members with a lot of discounts on airfares and hotel accommodations. And experienced people have planned the our and all arrangements are taken care of in advance. There is no problem with making connections or finding a hotel. Professional tour escorts look after the needs of every member of the group. And local guides are provided to show them the sights and explain the customs of the different countries. [국가직]

---

많은 사람들이 다양한 이유로 패키지여행을 선호한다. 보통 혼자서 여행하는 것보다 더 저렴하기 때문이다. 예를 들면, 회사들이 회원들에게 비행기 요금과 호텔 숙박비용에 대해 많은 할인을 해 줄 수 있다. 그리고 경험이 많은 사람들이 여행을 계획하고 모든 준비가 미리 이루어진다. 교통편을 갈아타거나 호텔을 찾는 데도 문제가 없다. 전문적인 여행 안내원이 그룹의 모든 회원들의 필요 사항을 돌보아 준다. 그리고 그들에게 다른 나라의 명승지를 보여 주고 관습을 설명해 줄 그 지역의 안내원들이 제공된다.

### Rudy's Analysis  Top-down

G(Topic) - Many people prefer to travel with organized tours for many reasons.

전형적인 G-S 구조의 영문으로 첫 문장에서 많은 이들이 패키지여행을 선호하다는 포괄적 진술을 제시하고, 이후에 패키지여행의 장점에 대한 구체적인 예시들이 열거되어 있다.

2) Many of us who haven't got any really big problems will spend countless hours worrying about little things. So plan for those minor dilemmas and stop worrying about them. If you're leaving for an appointment, start earlier – why worry about being late? If you're driving to a strange area, get a map or good instructions – why worry about getting lost? If you're not sure your teeth are in good condition, get them checked – why worry about getting a toothache? Preparing for the unexpected can be quite useful for getting rid of minor everyday worries. [국가직]

정말로 큰 문제점은 겪어 보지 않는 우리들 중 많은 사람들이 작은 일들에 대해 걱정을 하느라 수없이 많은 시간을 보낸다. 따라서 작은 곤경에 대비해 계획을 세우고 그것들에 대해 그만 걱정하라. 약속을 지키기 위해 떠난다면 좀 더 일찍 출발하라. 왜 늦는 것에 대해 걱정하는가? 운전을 하면서 낯선 지역으로 간다면 지도를 사거나 적절한 지시를 받아라. 왜 길을 잃는 것을 걱정하는가? 치아가 좋은 상태인지 잘 모른다면 치아 검사를 받아라. 왜 치통이 생길까 봐 걱정하는지? 예기치 않은 일에 대비하는 것은 사소한 일상의 걱정거리들을 없애는 데 아주 유용할 수 있다.

 Rudy's Analysis  Top-down

> Topic – So plan for those minor dilemmas and stop worrying about them.

첫 문장은 IT이다. 별 문제 아닌 것에 우리는 많은 시간을 소비하다는 내용으로, 이것은 직후에 이어지는 주제문을 이끌기 위한 화제제시의 역할을 한다. 두 번째 문장을 Topic으로 파악하고, 이후에 이어지는 if절들이 다양한 예시의 역할을 하고 있다.

3) A person's emotional state – whether he is angry, happy, sad, or excited – has a lot to do with his perceptions. A strong emotion, such as fear, can make a person perceive danger on all sides. People have been known to shoot bushes, trees, and fence posts when they anticipated danger. Such common expressions as 'blind rage', 'Love is blind,' and 'paralyzing fear' describe the influence which emotion may have on a person's perception of a situation and his reaction to it. [수능]

화가 났든지 행복하든지 슬프든지 또는 흥분했든지 간에 한 사람의 감정적 상태는 그의 인식과 많은 관계가 있다. 두려움과 같은 강한 감정은 어떤 사람이 주변에서 위험을 인식하게 만들 수 있다. 사람들은 위험을 예상할 때 숲, 나무, 그리고 담장 기둥을 쏘는 것으로 알려졌다. "앞뒤를 분간 못하는 분노", "사랑을 하면 눈이 먼다", "손발을 마비시키는 두려움"과 같은 흔한 표현은 감정이 어떤 사람이 어떤 상황을 인식하는데 미치는 영향과 그것에 대한 반응을 묘사하는 것이다.

 Rudy's Analysis  Top-down

> Topic – A person's emotional state has a lot to do with his perceptions.

전형적인 G-S 구조의 영문으로 감정과 인식은 밀접한 연관성이 있다는 내용을 제시하고, 이후에 다양한 예시들을 통해 주제문을 재진술하고 있다.

4) One of the **most powerful indictments of capitalism** is that it compels us to invest most of our creative energies in matters which are in fact purely utilitarian. The means of life becomes the end. Life consists in laying the material infrastructure for living. It is astonishing that in the twenty-first century, the material organization of life should bulk as large as it did in the Stone Age. The capital which might be devoted to releasing men and women, at least to some moderate degree, from the exigencies of labor is dedicated instead to the task of amassing more capital. [고려대]

가장 강력한 자본주의 비판에 의하면, 우리는 자본주의의 강요로 순전히 실리적이기만 한 문제에 창의적 에너지를 대부분 할애한다. (자본주의에서는) 삶의 수단이 곧 목적이 된다. 산다는 것은 곧 살기 위한 물적 토대를 놓는 것과 동일시된다. 21세기가 되었는데도 삶의 물적 토대를 조직하는 일이 석기 시대만큼 커다란 자리를 차지하다니 놀라울 뿐이다. 급박한 노동에서 인간을 약간이나마 해방시키는데 할애될 수 있는 자본이 오히려 더 많은 자본을 축적하는 데에 할애되고 있다.

 Rudy's Analysis  Top-down

> Topic – The means of life becomes the end.

처음 두 문장을 Topic으로 볼 수 있는데, 자본주의에 대한 가장 강력한 비판을 두 번째 진술에서 함축적으로 제시하고 있다. 이후에 두 번째 진술에 대한 재진술이 이어지는데, 구체적인 예시보다는 반복적인 설명을 전개를 통해 제시하고 있기에 다소 추상적이다. 이처럼 추상적인 재진술 전개의 구조가 이어질 때는, 전환의 구조가 등장하지 않는지 유의해야 한다. 뚜렷한 전환 구조가 보이지 않는다면 많은 경우 연역논리로 이해하는 것이 실전적이다.

5) Our faces play an important role in making a first impression. Some researchers have found that people with baby faces are frequently perceived, at first sight, to be innocent, naive, and helpless. In contrast, people with sharper, more mature, and more angular faces are often thought to be strong and domineering. No one really knows why this is so, but there are three theories. One theory is that human beings are genetically programmed to treat with care those who have childlike faces. Another theory says that we are used to treating babies in a certain way, and we then apply that same behavior to grown-ups who happen to have baby faces. And finally, there really may be a connection between how people look and how they behave. [단국대]

우리의 얼굴은 첫인상을 만드는 데 중요한 역할을 한다. 몇몇 과학자들에 따르면, 아기얼굴을 가진 사람은 흔히 첫 눈에 볼 때 순진하고, 천진난만하고, 무력한 것으로 지각된다고 한다. 이와는 대조적으로 날카롭고, 성숙해 보이고, 좀 더 각진 얼굴을 가진 사람은 흔히 강하고 오만한 사람으로 생각된다. 왜 그런지 알고 있는 사람은 아무도 없지만, 세 가지 이론이 있다. 하나의 이론에 따르면, 인간들은 유전적으로 아이 같은 얼굴을 가진 사람들을 조심스레 다루도록 프로그램화되어 있다고 한다. 또 다른 이론에 따르면, 우리가 아기들을 어떤 특정한 방식으로 다루는 데 익숙해진 나머지, 우연히도 아기 얼굴을 가진 어른들에게도 똑같은 행동을 적용한다는 것이다. 그리고 마지막으로, 정말 사람들이 보이는 방식과 그들이 행동하는 방식 사이에는 관련이 있을 수 있다.

## Rudy's Analysis  Top-down

> Topic - Our faces play an important role in making a first impression.

전형적인 G-S 구조이다. 첫 문장에서 주제를 제시하고 이후에 이것에 대한 구체적인 예시와 열거들이 등장하고 있다.

6) A group of wine experts — five French and five Chinese — ranked the bottles from the remote and sparsely-populated Ningxia region in China above those from Bordeaux at a blind tasting, held in Beijing. The jury sampled five wines from each region, selecting a cabernet sauvignon from the Grace Vineyard in Ningxia as the top-scoring bottle. It was a shock result echoing a 1976 contest that saw the classics humbled by New World wines. Wines from Ningxia took the four top slots in the contest and a 2009 Medoc from the Lafite Vineyard in Bordeaux was the highest-scoring French wine, in the fifth place. [경기대]

각각 5인의 프랑스인, 중국인으로 구성된 와인 전문가 집단이 베이징에서 실시된 블라인드 테스트에서 보르도산 와인보다 중국 외곽지역인 닝시아 와인을 더 높이 평가했다. 판정단은 각 지역에서 나온 5종류의 와인을 표본으로 추출한 후 닝시아지역의 그레이스 포도원에서 생산된 카버네쇼비뇽을 최고의 와인으로 선정했다. 이 결과는 고전적인 와인들이 미국산 와인에 의해 참패했던 1976년 경합을 떠올리게 하는 대 충격이었다. 실제 경합에서 닝시아산 와인들이 상위 4위까지를 점령했고 보르도의 라피트 포도원에서 생산된 2009년산 머독이 5위로 프랑스산 중 가장 높은 순위를 받았다.

## Rudy's Analysis  Top-down

> Topic - A group of wine experts ranked the bottles from the remote and sparsely-populated Ningxia region in China above those from Bordeaux.

첫 문장은 G 보다는 S 또는 M에 가까운 진술이다. 하지만 첫 문장이 주제문인데, 이후에 등장하는 진술들이 첫 문장에 대한 배경을 구체적으로 설명하는 재진술 전개의 내용들이기 때문이다.

7) Finding value in bad luck can help your brain process situations differently, according to a writer named Tania Luna. Luna showed kids emotionally intense images — like a boy crying — while measuring activity in their brains. Then she showed them the images again with a reassuring explanation, like "This boy has just been reunited with his mom." Their brains showed a dramatic drop in activity in the amygdala, which processes fear. Lucky people are similarly able to transform a stumbling block into a positive event, which helps them keep taking chances. Face your next setback with these questions: What have I learned? What do I want now? How can I get it? [한양대]

Tania Luna라는 이름을 가진 작가에 따르면, 불운 속에서 가치를 찾는 것은 당신의 뇌가 상황들을 다르게 처리하도록 도움을 줄 수 있다. 루나는 아이들에게 울고 있는 소년과 같은 정서적으로 강렬한 이미지를 보여주면서 아이들의 두뇌

활동을 측정했다. 그런 다음 그녀는 "이 소년은 방금 전 다시 그의 엄마와 재회했단다." 등과 같은 위안을 주는 설명과 더불어 그 이미지를 아이들에게 다시 보여주었다. 아이들의 두뇌는 공포를 처리하는 소뇌의 편도체에서의 활동이 급격히 감소되는 것을 보여주었다. 이와 유사하게 운이 좋은 사람들은 고민거리를 긍정적인 사건으로 바꿀 수 있는데, 이러한 태도는 그들이 기회를 잡도록 하는데 도움을 준다. 다음번에 좌절에 직면하게 되면 이런 질문들을 던져보아라: 나는 무엇을 배웠는가? 내가 지금 원하고 있는 것이 무엇인가? 나는 그것을 어떻게 얻을 수 있을까?

### Rudy's Analysis  Top-down

Topic - Finding value in bad luck can help your brain process situations differently.

첫 문장 뒤에 'according to~'의 표현에 유의하자. 신뢰할 수 있는 전문가의 의견, 실험 등에 대한 내용을 제시할 때 빈출되는 표현이다. 이처럼 서론에 전문가, 실험 내용 등이 등장하면 이후의 내용은 이 주장에 대한 찬성&반대 또는 긍정&부정의 이분법적인 내용들이 등장하는 것이 일반적인 논리의 흐름이다. 위 지문에서는 첫 문장의 내용을 보충하는 예시들이 등장했기에 첫 문장을 주제로 보는 것이 적절하다.

8) Home schooling could affect children's relationships with their peers and other adults because of prolonged periods spent with their parents, educationalists have claimed. Most academics concede that education will in the future be increasingly centered around the home, and fear children could become isolated and withdrawn. Professor Michael Barber, of London University's Institute of Education, said pupils could spend half their time at school and half at home as a compromise. He said home tuition would play an increasingly significant role in educating children in the coming years. "I believe very strongly that children need to have the experience of school," he added. "There is the quality control issue of ensuring pupils are taught the basics and assessed. Children also need to spend time with their peers to learn the rules of work in a democratic society and learn to deal with relationships with adults other than their parents." Margaret Rudland, head teacher of Godolphin and Latymer School, Hammersmith, said children needed to experience the 'rough and tumble' of peer associations. [경희대]

재택 학습은 부모와 보내는 시간이 늘어나기 때문에 또래와 다른 어른과의 관계에 영향을 미칠 수 있다고 교육학자들은 주장해왔다. 대부분의 학자들은 미래에는 교육이 점차 가정을 중심으로 이루어질 것이라는데 동의하고, 아이들이 고립되거나 내향적이 될까봐 염려한다. 런던 대학 교육연구소의 마이클 바버(Michael Barber) 교수는 절충안으로 학생들이 절반은 집에서, 절반은 학교에서 시간을 보낼 수 있다고 말한다. 그는 재택 교육이 앞으로 아이들 교육에 있어서 점차 중요한 역할을 하게 될 것이라고 전했다. "저는 아이들이 학교에서의 경험이 반드시 필요하다고 강력히 믿고 있습니다"라고 그는 덧붙였다. "학생들이 기본 교육을 받고 평가를 받아야 한다는 것은 품질 관리의 문제입니다. 아이들은 또래들과 시간을 보내면서 민주주의 사회에서 일의 규칙을 배워야 하고, 부모 이외의 다른 어른들과의 관계를 다루는 방법을 배워야 합니다." 해머스미스에 있는 고돌핀 앤 래티머 학교의 주임 선생인 마가렛 루드란드는 아이들이 또래들과 어울리며 힘들고 어려운 일을 경험할 필요가 있다고 말한다.

Topic – Home schooling could affect children's relationships with their peers and other adults because of prolonged periods spent with their parents.

이 영문 또한 첫 문장 뒤에 '교육 전문가들이 주장한다'는 표현에 유의하자. 이후에는 첫 문장의 내용을 구체적으로 보충하는 다양한 예시들이 전문가들의 진술을 토대로 제시되어 있다.

# MEMO

# UNIT 03

## Bottom-up (귀납 논리)

Inductive reasoning works like this way, moving from specific observations to broader generalizations and theories. Informally, we sometimes call this a 'bottom- up' approach. In inductive reasoning, we begin with specific observations and measures, begin to detect patterns and regularities, formulate some general conclusions.

귀납 추론은 다음과 같은 방식으로 작동하는데, 세세한 관찰들로부터 보다 광범위한 일반화와 이론들로 이동한다는 것이다. 흔히, 우리는 이것을 'bottom up' 방식이라 한다. 귀납 추론에서는 구체적인 관찰들과 조치들로 시작해서, 유사성과 규칙들을 탐색해서 일반적 결론을 이끌어 낸다.

### 독독2.0 Guts

> 01 S로 시작한다면 마지막 문장이 G인지 먼저 살펴보자.

## 1 S-G 구조 (Specific - General statement)

귀납 논리는 과학적인 실험에서 가장 대표적인 추론 방식이다. 즉, 다양한 실험을 통해서 공통된 현상이나 규칙들을 찾아내서 그것을 일반화하는 것이 과학 법칙이기 때문이다. 이런 논리 방식은 한 편의 글에도 그대로 적용되는데, 다양한 예시들과 논거들을 제시하고 결론부에서 이것들을 종합할 수 있는 함축적, 일반적 진술을 유도하는 귀납 논리가 바로 그것이다.

### 1) Bottom-up 논리의 구조

Top-down 방식이 주제(대전제)에서 시작해서 그것에 대한 논거들이 제시되었다면, bottom-up 방식은 다양한 논거에 해당하는 예시들이 열거식 구성으로 제시되고, 결론부에서 이것들을 종합하는 G진술이 등장하는 것이 일반적이다. Bottom-up 방식은 연역 논리를 거꾸로 뒤집어 놓은 구조를 가지고 있다.

## 2) Bottom-up 논리의 특징

(1) Top-down 방식은 서론에서 주제를 제시하기에 다소 진부하고 뻔한 구조를 띨 수 있지만, bottom-up 방식은 specific에서 general로 확장되기에 결론에 대한 기대감을 고조시킬 수 있다.

(2) Bottom-up 방식은 영미권 보다는 동양권에 더 익숙한 방식이다. 처음부터 자신의 주장을 강하게, 분명하게 제시하는 것은 동양권 문화에서는 자칫 오만해 보일 수 있는 위험이 있고, 무엇보다 겸손과 자신을 크게 드러내는 것을 선호하지 않는 유교문화권에서는 마지막에 주제를 제시하는 방식이 더 익숙하기 때문이다.

# 2 기출 예시

1) If you are filled with grim thoughts, you may not value your life and cannot stay healthy. With discouraging thoughts, you can turn a temporary situation into permanent depression and chronic diseases. I have seen many patients with poor attitudes crippled by their diseases that offer no opportunity for improvement. I have also seen patients with horrible problems maintain a positive attitude. They say to me, "I know a lot of people that are worse off than me," or, "I believe I will get better." These people inevitably have a better chance for recovery. Because so much of your health depends on your attitude and spirit. [수능]

---

만일 당신이 불길한 생각으로 가득 차 있다면 당신은 당신의 삶을 존중할 수 없을 수도 있고 건강한 상태로 있을 수도 없다. 낙담하는 생각을 가지고 당신은 일시적인 상황을 영구적인 의기소침과 만성적 질병으로 바꿀 수 있다. 나는 질병 탓에 더 이상의 향상을 기대할 수 없는 빈약한 태도를 지니고 있는 많은 환자들을 목격해 왔다. 또한 무서운 문제를 가진 환자가 긍정적 태도를 가지고 있는 것을 보아 왔다. 그들은 내게 말한다. "나는 나보다 더 상황이 나쁜 많은 사람들을 알고 있어요." 라고 하거나 혹은 "나는 회복될 것을 믿어요." 이 사람들은 필연적으로 회복의 가능성이 더 많을 것이다. 우리 건강의 많은 부분이 우리의 태도와 정신에 의존하기 때문이다.

### Rudy's Analysis  Bottom-up

Topic – so much of your health depends on your attitude and spirit.

많은 경우에 If절은 가정적인 상황을 제시하기에 예시에 해당한다. 이 지문 또한 예시에 해당하는 if절을 시작으로 다양한 환자들의 구체적인 예시들을 제시하고, 결론부에서 저자의 결론을 유도하고 있는 전형적인 bottom-up 방식의 영문이다.

2) It started out to be a simple exploratory operation. Then, suddenly, the patient's heart stopped. Her brain waves started leveling off. The medical team immediately began emergency treatment to try to start the heart again. At last the chief surgeon announced that the patient had died. Minutes later, much to everyone's amazement, the "dead" patient came back to life. Her heart started, and her brain waves began to assume normal patterns. Later she told the doctors that she had been fully aware of everything that had happened while she was "dead." She believed that she came back to life because she wanted so badly to live longer. She said death was not frightening, but she wasn't ready to go yet. The experts admit that they have no satisfactory explanations for these death or near-death experiences. They admit that they do not fully understand life — and they do not fully understand death. [건국대]

---

이것은 간단한 검진을 위한 수술로 시작되었다. 그런 다음, 갑자기 환자의 심장이 멈췄다. 그녀의 뇌파는 낮아지기 시작했다. 의료 팀은 그녀의 심장을 다시 뛰게 하기 위해 즉시 응급치료를 시작했다. 마침내 수석 수술 집도의사는 환자가 사망했다고 선언했다. 몇 분이 지났을 때, 모두를 깜짝 놀라게 하면서, "죽은" 환자가 살아났다. 그녀의 심장은 뛰기 시작했고 그녀의 뇌파는 정상적인 패턴을 띠기 시작했다. 나중에, 그녀는, 그녀가 죽은 상태로 있는 동안 벌어진 모든 일들을 완벽하게 알고 있었다고 의사들에게 말했다. 그녀는 그녀가 더 오래 살기를 간절히 원했기 때문에 살아날 수 있었다고 믿었다. 그녀는 죽음이 두렵지 않았지만 아직 죽을 때가 아니었다고 말했다. 전문가들은 이러한 죽음 혹은 유사 죽음 경험에 대해 만족스러운 설명을 내 놓을 수 없다는 사실을 인정했다. 그들은 그들이 삶과 죽음을 완벽하게 이해할 수 없다는 사실을 인정했다.

**Rudy's Analysis** Bottom-up

> Topic - They admit that they do not fully understand life.

첫 문장에서 구체적인 사건에 대해서 서술하기 시작한다. 후속 진술들은 모두 이 사건에 대한 내용들로 전형적인 전개(developing) 구조를 띠고 있다. 이처럼 전개 구조를 지니고 있는 영문은 마지막에 포괄적 진술이 등장한다면 bottom-up 구조가 되고, 그렇지 않다면 '전개 예시'의 구조를 띠게 된다.

3) Steve Jobs once said that the best way to predict the future is to invent it. That's a clever way of dancing around the dangers inherent in the business of long-term forecasting. History is littered with the dangers of crystal-ball watchers. There are the dead-wrong predictions - usually underestimating technology. The 1899 U.S. patent chief declares that anything that can be invented has been; 20th-century prognosticators follow with confident claims that the automobile is nothing more than a novelty, TV won't last, and space travel is a wild-eyed dream. Then there are the predictions that should have been made - but weren't: the Arab Spring, the euro crisis, 9/11. The truth is that a small handful of leaders like Jobs may indeed be able to forecast and invent the future. But most people are condemned to react to it. [단국대]

---

스티브 잡스는 예전에 미래를 예측하는 가장 최선의 방법은 미래를 발명하는 것이라고 말한 적이 있다. 이는 장기적 전망을 하는 사업에 내재하는 위험을 잘 피하는 현명한 방법이다. 역사에서 예언자들의 위험을 많이 찾아 볼 수 있다. 완전히 잘못된 예측도 있다. 이는 보통 테크놀로지를 과소평가해서 벌어진 것이다. 1899년 미국의 특허청장은 존재

할 수 있는 모든 것은 이미 발명되어졌다고 선언했다. 20세기의 예언자들도 이를 따라 자동차는 색다른 물건에 불과하고, TV는 오래 가지 않을 것이며, 우주여행은 터무니없는 꿈이라고 확신에 차 주장했다. 그 때 했어야 하는 예측들도 있지만, 그러한 예측은 이루어지지 않았다. 아랍의 봄, 유로화의 위기, 9/11등. 사실은 잡스와 같은 얼마 되지 않는 선구자들은 진정 미래를 예견하고 발명할 수 있다. 하지만 대부분의 사람들은 운명적으로 거기에 반응할 수밖에 없다.

Rudy's Analysis  Bottom-up + Logic Conversion

Topic - But most people are condemned to react to it.

첫 문장부터 구체적인 인물이 등장하기에 S진술로 시작하고 있음을 알 수 있다. 이후에 모든 내용이 잡스를 대표로 하는 위대한 선구자들의 업적에 대한 내용이 주를 이룬다. 그런데 마지막 문장에서 전환 논리가 등장하면 대부분의 우리들은 이런 선구자들과 같지 않다는 내용을 부각시키고 있다. 즉, bottom-up 구조에 but을 통한 전환의 구조까지 결합시켜 주제를 강하게 부각시키는 구성을 취하고 있다.

4) It's easy to look at today's women and think we've come a long way. In many ways the zeitgeist is that girls are excelling and boys are having trouble. **But it all depends on what you're measuring.** On one hand, we've reaped the benefits our feminist mothers fought for, and we're encouraged to be whatever we want to be. We outnumber boys in graduation rates, college enrollment, and school leadership positions, and have proven ourselves professionally. But all those ribbons and medals don't translate to the real world if women are too afraid to ask for what they deserve. As Rachel Simmons puts it in her book The Curse of the Good Girl, "Girls collect achievements by the handful, but often don't have the confidence to own them." Sure, we may outpace the guys around us in school, but by the time we enter college, we'll have given up our leadership roles. We'll make up just a third of business-school students and barely a quarter of law-firm partners. We invalidate ourselves through speech, body language, and weak handshakes. And we still earn less — 77 cents to every dollar — and ask for raises less frequently. Part of that comes from a lifetime of mixed messages about what it means to be strong. We've grown up watching the Hillary Clintons of the world vilified for being pushy, while our soft-spoken colleagues struggle to rise up the corporate ladder. We feel burdened to please everyone but worry that leadership positions will make us seem bossy. **While the doors of opportunity have finally opened,** we're still having trouble walking through them. [서울여대]

오늘날 여성이 처한 위치를 보고 장족의 발전을 했다고 생각하기 쉽다. 여러 가지 측면에서 여자들이 득세하고 남자들이 어려움을 겪는 것이 지금의 시대상이다. 하지만 이것은 모두 무엇을 가지고 기준으로 삼느냐에 따라 달라진다. 한편으로, 우리는 여성해방운동가인 엄마세대들이 목표로 싸워 왔던 혜택을 얻었고, 우리가 원하는 무엇이든 될 수 있다고 격려 받는다. 졸업율과 대학 진학률, 그리고 학생 대표자 숫자에 있어 남학생들을 뛰어 넘었고, 직업에 있어서도 이미 뛰어남을 증명했다. 하지만 여성들 스스로가 너무 겁을 먹고 받을 가치가 충분한 것들을 요구하지 않으면, 그 모든 상장과 표창장들은 실제 세계로 이어지지 않는다. 레이첼 시먼스가 『착한 여자 콤플렉스가 여자를 망친다』(The Curse of the Good Girl)라는 책에서 지적했듯이, "여자들은 한줌 정도 되는 성취를 이룩했지만 그것을 소유할 수 있는 자신감을 갖지는 못했다." 분명히 우리 여성들은 이미 학교에서는 주변의 남자아이들을 이겼다. 하지만 대학에 들어갈 때

쯤에는 지도자 역할을 아예 포기해 버린다. 여성들은 경영대학원의 3분의 1만을 차지하고 있으며, 법률 회사에서는 채 4분의 1도 미치지 못한다. 우리는 말과 신체 언어, 그리고 가볍게 쥔 악수를 통해 우리 스스로를 약자로 만들고 있는 것이다. 그리고는 남자들이 받는 1달러당 77센트 정도밖에 되지 않는 월급을 받으면서 임금 인상 요구도 자주 하지 않는다. 이러한 상황에 처하게 된 원인 중 일부는 '강하다'는 것이 의미하는 바에 대해 여성들 스스로가 일생동안 갖고 있는 복합적인 메시지에 있다. 여성들은 이 세상에 존재하는 수많은 힐러리 클린턴 같은 뛰어난 여성들이 너무 억세다는 이유로 비난 받는 모습과, 반면에 상냥하고 유순한 여성들은 회사 내에서 한 계단이라도 더 오르기 위해 사투를 벌이고 있는 모습을 모두 지켜봤다. 다른 사람들을 편하게 해줘야 한다는 부담을 느끼지만, 또 다른 한편으로는 지도자라는 위치가 너무 우쭐댄다는 인상을 줄까봐 염려하고 있는 것이다. 기회의 문은 활짝 열렸지만, 우리는 여전히 그 문을 뚫고 걸어 나가지는 못하고 있다.

### Rudy's Analysis   Logic Conversion + Bottom-up

> Topic – We're still having trouble walking through them.

전환 논리 이후에 내용에 유의하자. IT에서 여성들이 남성들에 비해서 많이 뛰어나다고 했지만, 전환을 통해서 다른 측면을 도입하고 있다. 이후의 본문 내용은 모두 여성들이 겪는 다양한 사회적 장벽과 현실을 설명하고, 마지막 문장에서 요약하고 있는 구성이다. 즉, Conversion 논리가 등장하고, 그 이후는 Bottom-up 방식의 논리로 구성된 형식이다.

# MEMO

# UNIT
## Developing (전개)

독독2.0 Guts

01 전개는 'Something in Common' 찾기!

**04**

## 1 Developing 이란?

소설의 단계는 일반적으로 '발달-전개-위기-절정-결말'의 5가지로 구성되어 있다. 발달의 단계에서 발생한 일이 점점 고조되는 단계를 '전개'라 하는데, 서론에서 IT(화제제시)가 등장하고, 이에 대한 내용들이 다양한 재진술 형태로 이어지는 구조이다. 소설에서는 전개 뒤에 위기가 이어지지만, 특정한 문학 지문을 제외하고는 입시에 등장하는 절대 다수의 영문들은 '발달-전개'의 구성으로 마감된다.

Top-down & Bottom-up 방식이 G에서 S로, S에서 G로 향하는 일정한 방향성을 갖는데 비해서 전개의 구조는 다양한 MS(때로는 MSG) 진술들이 혼재되어 등장하기에 주요 KEYWORD를 통해서 그 흐름을 파악하지 못하면 '도대체 무슨 말을 하는 거야?'라는 의구심을 갖기에 충분하다. 다른 논리 구성들은 일정한 주제를 본문에서 찾을 수 있는 반면에, 전개 구성은 다양한 재진술 내용들을 종합해서 주제를 추론해야 하는데 있어 그 어려움은 가중될 수 있다.

EX) 7월의 소나기가 퍼 붓는 어느 날, 미팅시간에 늦어 다급하게 찻집으로 뛰어 들어가던 그 순간, 출입구에서 막 우산을 펼치려던 한 여성과 그는 부딪치게 되었다. 서로 가볍게 미안하다는 목례를 하고 난 뒤 며칠이 흐른 뒤였다. 며칠 동안의 야근과 스트레스 때문인지 몸살 기운으로 찾은 병원에서 간단한 진찰을 받고, 주사실로 향한 그 앞에, 며칠 전 부딪쳤던 그녀가 주사기를 들고 있는 것이 아닌가. 며칠 지나지 않아서인지 서로를 알아보고는 다소 어색한 웃음으로 인사를 했다. 그런 후 며칠이 흘렀다. 간만에 친한 친구에게 걸려온 소개팅 주선 전화. 기대 반, 설렘 반으로 자리에 앉은 그에게 먼발치에서 자신 쪽으로 걸어오는 그녀가 보이기 시작했다.

위 지문을 통해서 작가는 어떤 메시지를 전하고 싶을 것일까?

비 오는 날 출입구에서 부딪친 사건, 병원에서의 만남, 소개팅에서 조우... 너무나 운명적인 또는 너무나 우연에 우연히 겹치는 만남을 전하려는 것은 아닐까?

### 1) Developing 논리의 구조

(1) 주로 S-S로 구성되어 있지만 M-S 구성도 눈에 띈다. M과 S의 구분이 애매한 경우가 있는데, 일반적으로 S는 구체적인 이미지를 떠 올리는 것이 쉽지만 M은 다소 추상적이거나 애매한 경우에 해당한다.

(2) 서론이나 결론에서 G진술이 눈에 띄지 않고 대체로 S or M 진술로 구성되어 있다면 전개 구조로 파악해야 한다.

### 2) Developing 논리의 특징

(1) Top-down, Bottom-up 또는 Conversion 방식이 일정한 구조를 지니고 주제가 명시적으로 등장하는데 반해서, 전개 구조는 내용을 종합해서 추론해야 하기에 진부한 구성을 피할 수 있고, 저자의 개성을 충분히 발현할 수 있는 구성 방식이다.

(2) 주요한 예시들이나 열거들의 내용에서 공통되는 화제나 표현을 추론해서 주요 TOPIC을 유추해야 한다.

(3) 이 때 최대한 보기문항을 활용하는 것이 실전 전략으로, 보기 문항에서 본문의 내용을 함축적으로 표현할 수 있는 KEYWORD를 파악하는 것이 핵심 전략이다.

## 2
### 기출 예시

1) Money related to English teaching around the world in 2015 was about $15 billion. That total includes money spent for teaching books, other materials, and tuition of students who were studying in English speaking countries. For Britain, the teaching of English brought in more than $2 billion. Australia brought in $815 million by focusing on the Asian market. The United States attracted more than 920,000 students from other countries in 2015, who poured more than $9 billion into American economy. [수능]

2015년에 전 세계에서 영어를 가르치는 데 관련된 돈은 약 150억 달러였다. 그 총액에는 수업, 책, 다른 자료, 그리고 영어를 사용하는 국가에서 공부를 하는 학생들의 수업료에 지불된 돈이 포함되어 있다. 영국에서는, 영어 교육으로 인해 20억 달러 이상을 벌어들였다. 오스트레일리아는 아시아 시장에 초점을 맞춤으로써 8억 천 5백만 달러를 벌어들였다. 미국은 2015년에 다른 나라로부터 92만 명 이상의 학생들을 불러들였는데, 그들은 미국 경제에 90억 달러 이상을 쏟아 부었다.

Topic - **영어는 큰 사업이다 OR 영어는 많은 이익을 창출하고 있다.**

첫 줄부터 구체적인 수치들을 제시하면서 다양한 예시들을 열거하고 있는 전형적인 전개 구조이다. 본문의 150억불, 20억불, 90억불 등의 구체적인 수치를 토대로 '영미권 국가들은 영어를 통해 엄청난 수익을 올리고 있다'는 주제를 추론할 수 있다.

2) Take a look at the following list of numbers: 4, 8, 5, 3, 9, 7, 6. Read them out loud. Now look away and spend twenty seconds memorizing that sequence before saying them out loud again. If you speak English, you have about a 50% chance of remembering that sequence perfectly. If you're Chinese, though, you're almost certain to get it right every time. Why is that? Because as human beings we store digits in a memory loop that runs for about two seconds. We most easily memorize whatever we can say or read within that **two-second span**. And Chinese speakers get that list of numbers right almost everytime because, unlike English, their language allows them to fit all those seven numbers into two seconds. This, in turn, is because Chinese number words like si 'four' and qi 'seven' are remarkably brief while their English equivalents are longer. [명지대]

다음 숫자들의 목록을 한 번 보아라: 4, 8, 5, 3, 9, 7, 6. 큰 소리로 읽어보아라. 이제 눈을 다른 데로 돌리고, 20초간 순서를 기억한 다음, 다시 큰 소리로 이 숫자들을 말해보아라. 만일 당신이 영어를 말한다면, 정확히 그 순서를 기억할 확률은 대략 50%정도이다. 하지만, 당신이 중국인이라면, 매번 거의 확실히 올바르게 맞출 것이다. 왜 그럴까? 우리 인간들은 숫자들을 기억의 고리에 저장하는 데, 이 고리는 대략 2초에 걸쳐 돌아간다. 그래서 우리는 2초라는 시간 내에 말하거나 읽을 수 있는 것은 무엇이건 아주 쉽게 기억한다. 중국인 화자들이 거의 매번 이 숫자들의 목록을 제대로 맞추는 것은, 영어와는 다르게, 그들의 언어는 이 모든 7개의 숫자를 2초 안에 맞춰 넣을 수 있도록 해주기 때문이다. 바꾸어 말해서, 이것은 또, 중국의 숫자를 말하는 낱말, 예를 들어 'four'를 si라고 하고 'seven'을 qi라고 하는 낱말들이 대단히 간결하다는 말이며, 반면 거기에 상응하는 영어의 낱말들은 길다는 것이다.

Topic - **언어가 화자의 기억력에 영향을 끼친다.**

첫 줄부터 구체적인 숫자가 등장한 전형적인 S이다. 이후 진술 또한 S진술들이 이어지는데, 영어에 비해 중국어가 왜 더 숫자를 잘 기억할 수 있는지를 설명하고 있다. 이것을 토대로 언어가 기억력에 영향을 미친다는 주제를 추론할 수 있다.

3) A few years ago, a university professor tried a little experiment. He sent Christmas cards to a sample of perfect strangers. Although he expected some reaction, 「the response he received was amazing」 - holiday cards addressed to him came pouring back from the people how had never met nor heard of him. The great majority of those who returned a card never inquired into the identity of the unknown professor. They received his holiday

greeting card and they automatically sent one in return. While small in scope, this study nicely shows the action of one of the most potent of the weapons of influence around us, which suggests that we should try to repay, in kind, what another person has provided us. If a woman does us a favor, we should do her one in return; if a man sends us a birthday present, we should remember his birthday with a gift of our own; and if a couple invites us to a party, we should be sure to invite them to one of ours. [한양대]

---

몇 년 전 한 대학 교수가 작은 실험을 시도했다. 그는 완전히 낯선 사람들을 표본으로 연하장을 보냈다. 그는 비록 어느 정도의 반응을 기대했지만, 그가 받은 반응은 놀라운 것이었다. - 그의 주소가 적힌 연하장들이 그가 만나본 적도 없고 들어 본적도 없는 사람들로부터 쇄도했다. 답장 카드를 보내준 사람들의 대다수는 알려지지 않은 교수의 신원에 대해서 절대로 묻지 않았다. 그들은 (교수의) 연하장을 받았고 그에 대한 보답으로서 자동적으로 답장 카드를 보냈던 것이다. 그 범위가 좁음에도 불구하고 이 연구는 우리 주변에 가장 강력한 영향력을 미치는 무기들 중의 하나가 작용하고 있음을 잘 보여주고 있는데, 그것은 우리가 다른 사람이 우리에게 제공한 것과 같은 종류의 것을 일종의 보답으로서 다른 사람에게 제공한다는 것이다. 만일 한 여성이 우리에게 호의를 베푼 다면 우리는 보답으로 유사한 호의를 그녀에 베푼다. 만일 한 남자가 우리에게 생일 선물을 보내준다면 우리는 우리 자신이 준비한 선물로 그의 생일을 기억해야한다. 만일 한 부부가 우리를 그들의 파티에 초대한다면 우리는 틀림없이 그들을 우리의 파티에 초대할 것이다.

## Rudy's Analysis  Developing

> Topic - 사람들은 보답하려는 심리가 있다.

이 영문은 본문 중간에 'we should try to repay'를 주제로 파악할 수 있다. 다른 Developing 구조에 비해 명확하게 주제가 드러난 경우에 해당하는데, 주제문 전후로 다양한 예시들이 열거되어 있다. 즉, 이렇게 글의 서론이나 결론이 아니라, 본문 중간에 전후의 내용들을 통합할 수 있는 G진술이 등장하는 구조도 전개 구조로 파악하는 것이 실전적인데, 주제문을 부각시키기 위해 본문 전체에 걸쳐서 다양한 예시들과 열거의 재진술들이 등장하기 때문이다.

4) In virtually all its manifestations, the American wilderness represents a flight from history. Seen as the original garden, it is a place outside time, from which human beings had to be ejected before the fallen world of history could properly begin. Seen as the frontier, it is a savage world at the dawn of civilization, whose transformation represents the very beginning of the national historical epic. Furthermore, the dream of unworked landscape is very much the fantasy of people who have never themselves had to work the land to make a living — urban folk for whom food comes from a supermarket or a restaurant instead of a field, and for whom the wooden houses in which they live and work apparently have no meaningful connection to the forests in which trees grow and die. Only people whose relation to the land was already alienated could hold up wilderness as a model for human life in nature, for the romantic ideology of wilderness leaves no place in which human beings can actually make their living from the land. [성균관대]

---

미국의 황무지를 표현한 모든 작품에서 황무지는 실질적으로 역사로부터의 도피를 상징한다. 태초의 낙원으로 간주되는 황무지는 시간을 초월한 장소이며, 인간은 타락한 역사의 세계가 시작되기 전 이 낙원으로부터 추방당해야만 했

다. 미개척지로 표상되는 황무지는 문명의 여명기에 있는 야생의 세계이며 이 세계의 변모는 민족의 역사적 서사시가 시작되었음을 나타낸다. 그 뿐만 아니라 인간의 손길이 닿지 않은 땅에 대한 꿈은, 생계를 꾸리기 위해 땅을 한 번도 경작해 보지 않은 사람들 즉 논밭이 아니라 슈퍼마켓이나 식당에서 음식을 얻고 나무가 자라고 죽는 숲과는 유의미한 연관성이 없는 목조주택 거주자들의 환상이다. 땅으로부터 이미 소외되어 있던 사람들만이 황무지를 자연 속 인간 삶의 모델로 삼을 수 있었는데, 황무지에 대한 낭만적 이념은 인간이 땅을 통해 실제로 생계를 유지할 수 있는 여지를 전혀 남기지 않기 때문이다.

## Rudy's Analysis  Developing

> Topic - **황무지에 대한 다양한 이해 또는 의미**

황무지는 flight, place outside time, savage world, the romantic ideology.... 등을 통해서 사람들이 저마다 생각하는 황무지에 대한 이해 또는 의미 정도의 주제를 추론해 볼 수 있다. 이 지문은 특히 다양한 재진술이 열거되어 있지만, S보다는 대부분 M(다소 추상)진술들이 주류를 이루고 있어 상대적 난이도가 높은 지문이다. 하지만 M진술들의 개별적인 의미 파악은 어려울 수 있지만, 열거 구조를 이루고 있고 그 핵심에 '황무지에 대한 의미'가 있다는 것은 충분히 추론할 수 있다.

5) One bright October morning, Fabiano Calleia, a researcher with the Federal University of Amazonas, was out in the lowland rain forest of Manaus, Brazil, tracking his usual group of eight pied tamarins as the small, dark monkeys grazed on the fruits of a fig tree. Suddenly the breakfast calm was shattered by the distinctive sound of a baby tamarin's cry — a series of short, sharp whistles, like a boiling teapot doing Morse code. A male tamarin clambered up and down the tree, vainly trying to locate the sound's source. The calling continued. And then Dr, Calleia saw, to his astonishment, that the cries weren't coming from a tamarin pup, but rather from a margay, an ocelot like cat with large eyes, large paws and a large appetite for monkey meat. The margay was slinking through some nearby vines, **simulating simian sounds** nonstop as it headed the termarins' way. [서울여대]

어느 화창한 10월 아침, 아마존 대학의 과학자 파비아누 칼리아는 브라질 마나우 지역의 열대우림 저지대에 나와 있었다. 그는 자신이 관찰해온 8마리의 작은 얼룩 타마린 원숭이들이 무화과를 따먹고 있는 것을 추적 관찰하는 중이었다. 마치 끓고 있는 차 주전자가 모스 부호를 보내는 것과 같은 타마린 원숭이 새끼가 내는 일련의 짧고 예리한 휘파람 소리에 의해 고요한 아침 식사는 갑자기 중단되었다. 수컷 타마린 원숭이는 위 아래로 나무를 기어 다니며 쓸데없이 그 소리가 나는 근원지를 찾으려 하고 있었고, 그 울음소리는 계속 되었다. 그때 놀랍게도 칼리아 박사는 그 울음소리가 타마린 원숭이 새끼에게서 나는 것이 아니라는 사실을 깨달았다. 그 소리는 오히려 원숭이 고기를 좋아하고 눈과 발이 큼직한 고양이과 동물인 오셀롯이 내는 소리였다. 오셀롯은 근처에 있는 넝쿨에서 원숭이 소리를 끝없이 내면서 타마린 원숭이가 있는 쪽으로 발소리 죽인 채 살금살금 걸어가고 있었다.

## Rudy's Analysis  Developing

> Topic - **오셀롯이 원숭이를 사냥하는 방법**

S진술로 시작하고 있다. 본문 또한 다양한 S진술들이 전개 구조를 이루면서 오셀롯이 원숭이를 사냥하는 방법을 묘사하는 구성이다.

# MEMO

# UNIT 05

## Logic Conversion (논리전환)

독독2.0 Guts

01 전환은 연결어에서 시작한다!

## 1 Logic Conversion 이란?

많은 이들이 즐겨보는 영화 장르 중에 '스릴러(thriller)'들이 있다. 각양각색의 스릴러물들이 있지만, 언제나 반전을 내포하고 있다는 점에서 공통점이 있다. 논리전환은 전형적인 스릴러를 닮은 구조이다. Top-down 방식이 모든 논리의 출발점이라고 강조했듯, 논리전환은 Top-down 방식의 서론부에 주제와는 상반되는 진술을 첨가함으로, 이후에 등장하는 주제를 부각시키는 구성을 취하고 있다.

### 1) Conversion 논리의 구조

(1) 서론에 G진술이 IT 역할로 등장하고, 이후에 역접의 연결어들이 등장해서 Conversion 논리가 등장하는 구조이다. 이 때 Conversion을 선행 학습한 '문장전환&논리전환' 중 어떤 것인지 구분해야 한다.

(2) 서론에 이어 등장한 LC가 주제문인 경우도 빈번하지만, 서론의 흐름만을 바꾸는 이정표 역할만을 할 때도 있다. 이런 복합구조에서는 이후에 다양한 Developing or Bottom-up 방식이 이어진다.

(3) 상반되는 두 개의 차이점을 제시하는 대조 구조도 LC구조의 대표적인 예이다. LC가 후자를 강조하는 구조라면, 대조 구조는 LC를 중심으로 전자와 후자의 차이점을 동등하게 강조하는 구조로, 양자 사이의 차이점을 균형 있게 제시할 때 대조 구조로 파악할 수 있다.

### 2) Conversion 논리의 특징

(1) Top-down 방식이 명료하게 주제를 강조하는 효과가 있는 반면에, 자칫 구성 자체가 진부하게 흐르는 경우도 빈번하다. 이에 반해 Conversion 방식은 반전의 구성이기에 좀 더 강력하게 주제문을 전달하는 효과를 얻을 수 있다.

(2) Conversion 구조에서 서론을 소거하면 Top-down 방식으로 치환되는 경우 뿐 아니라

Developing 또는 Bottom-up 구조로 전환되는 경우도 등장하고 있다. 전환구조는 다른 구조들과 결합해서 등장하는 사례가 매우 빈번하다.

# 2 기출 예시

1) If you are a manager who likes to keep busy all the time, relaxing at the beach on a beautiful day may feel non-productive and very upset. You may be emotionally upset from doing nothing. In other words, for the busy manager, the cause of stress might be to relax. On the other hand, for most **employees**, it is a burden to act busily. If they have many things to do, they may be under a lot of stress. In this case, they may not be able to work well. [수능]

당신이 항상 바쁘게 지내는 것을 좋아하는 경영자라면 화창한 날에 해변에서 휴식을 취하는 것은 비생산적이기에 몹시 화가 날 것이다. 아무 것도 하지 않는 것으로부터 감정적 동요를 느낄 것이다. 다시 말해 바쁜 경영자들에게는 스트레스의 원인이 쉬는 것일 수 있다. 반면에 대부분의 직원들에게는 바쁘게 활동하는 것이 하나의 커다란 부담이 된다. 해야 할 일이 많은 경우 그들은 스트레스를 많이 받는다. 이러한 경우 그들은 제대로 일을 할 수 없을 것이다.

 Rudy's Analysis  Logic Conversion + Developing

> Topic - The causes of getting stressed are relative.

경영자와 직원들이 스트레스를 받는 대조적인 상황을 나란히 LC를 통해 제시하고 있다. 대조적인 상황을 토대로 스트레스는 받는 원인은 다르다는 주제를 추론해야 하기에 LC+D구조로 파악할 수 있다.

2) When someone asks you if dams do good to us, you will say, "Yes." You will add that they prevent flooding. Unfortunately, however, we are not fully aware of the consequences of what we are doing. Dams destroy ecosystems; dams prevent the movement of fish. Dams hold back silt which enriches the soil. Dams may be attacked by terrorists-an attack for a major dam could leave millions of people homeless. Dams also cause earthquakes: If relatively heavy water gets into the rock around the dam, all this weight actually leads to earthquakes. [국가직]

누군가가 당신에게 댐이 우리에게 이익이 되는지 물으면 당신은 "그래요"라고 말할 것이다. 당신은 그것들이 홍수를 예방해준다고 덧붙일 것이다. 하지만 불행히도 우리는 우리가 하고 있는 것의 결과를 충분히 깨닫고 있지 못하고 있다. 댐은 생태계를 파괴시킨다. 댐이 물고기의 이동을 막기 때문이다. 댐은 토양을 기름지게 하는 침적토를 가두고 있다. 댐은 테러범들에 의해 공격을 받을 수 있는데, 주요 댐에 대한 공격은 수백만 명의 사람들의 집을 휩쓸어갈 수도 있다. 댐은 또한 지진을 일으킨다. 즉 상대적으로 무거워진 물이 댐 주변의 바위로 스며들면 그 모든 무게가 실제로 지진을 초래한다.

> Topic – Unfortunately, however, we are not fully aware of the consequences of what we are doing.

가장 단순한 LC 구조로 IT에서 댐의 긍정적 측면을 이야기하고 바로 전환구조로 이를 뒤집고 있다.


3) When a patient has a fever, doctors prescribe aspirin to lower it. Little have they imagined, however, that the fever has its remarkable benefits. Recently, scientists discovered that the body needs a moderate fever to fight off viruses. Not only does a higher fever stimulate the activity of white blood cells to kill and absorb viruses more easily, a fever also stops the growth of bacteria, which, unlike white blood cells, become inactive in the heat and begin to die off. [국가직]

환자가 열이 있을 때, 의사들은 열을 내리기 위해 아스피린을 처방한다. 그러나 그들은 그 열이 뛰어난 이점이 있다는 것을 거의 상상도 하지 못했다. 최근에 과학자들은 몸이 바이러스와 싸워 이기기 위해서는 적당한 열이 필요하다는 것을 발견하였다. 좀 더 높은 열이 백혈구의 활동을 자극하여 좀 더 쉽게 바이러스를 죽이고 흡수하게 할 뿐 아니라 박테리아의 성장을 막기도 하는 것이다. 박테리아는 백혈구와 다르게 열에서는 활동을 하지 못하고 죽기 시작하기 때문이다.

Rudy's Analysis   Logic Conversion

> Topic – Little have they imagined, however, that the fever has its remarkable benefits.

두 번째 문장에서 도치를 활용한 LC가 등장했고, 이후에 LC진술에 대한 재진술이 이어지고 있다.


4) Greek mythology is largely made up of stories about gods and goddesses, but it must not be read as an account of the Greek religion. According to the most modern idea, a real myth has nothing to do with religion. It is an explanation of something in nature, how any and everything in nature came into existence: people, animals, trees or flowers, the stars, earthquakes, all that is and all that happens. Thunder and lightning, for instance, are caused when Zeus hurls his thunderbolt. Myths are early science, the result of people's first trying to explain what they saw around them. [건국대]

그리스 신화는 주로 남신들과 여신들에 관한 이야기로 구성되어 있다. 그러나 그리스 신화는 그리스 종교의 이야기로 읽혀서는 안 된다. 가장 현대적인 사상에 따르면, 진정한 신화는 종교와 아무런 관련성도 가지고 있지 않다. 신화는 자연 속에 있는 어떤 것에 대한 설명이자 자연 속에 있는 어떤 것과 모든 것들이 어떻게 존재하게 되었는가에 대한 설명이다. 사람들, 동물들, 나무들 혹은 꽃들, 별들, 지진들 등 존재하는 모든 것과 생겨난 모든 것에 대한 설명이다. 예를 들어 천둥과 번개는 제우스가 벼락을 던질 때 발생한다. 신화는 초기 과학이고 그들의 주변에서 본 것들을 설명하고자 하는 사람들의 최초 시도가 야기한 결과이다.

Rudy's Analysis  Logic Conversion

Topic - but it must not be read as an account of the Greek religion.

LC에서 신화는 종교적 진술이 아니라고 강조한 뒤, 이후에 재진술이 이어지는 구조이다.

5) In early childhood, we come to know the denotations of our first words in the course of close encounters with the world, painstakingly mediated by our caregivers, sometimes with point-and-say demonstrations of the kind called ostension. But once we have a start in a language, we learn the meanings of most other words through language itself : by having them explained to us or by inference from the constructions words are put into. One of the focuses of linguistic studies is the systematic description of **meaning relationships** within a language, between the senses of expressions. The aim is to state economically and insightfully which expressions are equivalent in meaning to which others or contrast with them in various ways according to the linguistic knowledge of individuals competent in the language. [서강대]

아주 어릴 때, 우리는 세계와의 긴밀한 접촉 속에서 우리가 말하는 첫 낱말들이 가지고 있는 명시적 의미들을 알게 된다. 우리를 돌봐주는 사람들은 정성껏 우리와 그 의미 사이를 매개해 주는데, 때로는 실물 지시적 정의라고 불리는, 가리키며 말하기 예시를 통해 매개하기도 한다. 그러나 일단 우리가 어떤 언어를 사용하기 시작하게 되면, 우리는 대부분의 다른 낱말들의 의미를 언어 그 자체를 통해 배우게 된다. 그 낱말의 의미를 설명하도록 하거나, 혹은 낱말들이 들어가 있는 구조를 통해 추론하기도 한다. 언어 연구의 초점 중 하나는 한 언어 안의 의미 관계에 대해, 다시 말해 표현의 의미들의 관계에 대해 체계적으로 기술하는 것이다. 그 목적은 한 언어에 유창한 개인들의 언어적 지식에 입각하여, 어떤 표현이 의미상 다른 어떤 표현들과 다양한 방식으로 상응하는지 혹은 반대되는지를 간결하고 통찰력 있게 말하려는 것이다.

Rudy's Analysis Logic Conversion

Topic - But we learn the meanings of most other words through language itself.

IT에서 실물 지식적 의미를 언급한 것은, LC이후의 의미관계를 부각시키기 위한 것이다. 즉, 실물 지시적 의미가 아니라 단어들의 의미관계를 통해서 대부분의 언어를 습득하게 된다는 것이 주제이다.

6) Android is based on open source technology, which was at its inception not as refined as paid technologies from Apple and Microsoft. However, over the past two decades, open source software technology has become equally as sophisticated as conventional development technologies. This is evident in Internet 2.0, as the majority of the consumer electronics manufacturers have chosen Linux and Java over the Windows and Macintosh operating systems. Therefore, Android developers can develop not only for smartphones, but also for new and emerging consumer electronic devices that are network-compatible and thus available to connect to the Android Market. This translates into more sales onto more devices in more areas of the customer's life, and thus more incentive to develop for Android over closed and PC operating systems. In addition to being free for commercial use, Android has one of the largest, wealthiest, and most innovative companies in modern-day computing behind it: Google. Finally, and most importantly, it's much easier to get your Android applications published than those for other platforms that are similar to Android. We've all heard the horror stories regarding major development companies waiting months, and sometimes years, for their apps to be approved for the app marketplace. These problems are nearly nonexistent on the open source Android platform. [중앙대]

---

안드로이드는 오픈 소스 기술에 기반 한 것으로써, 그 초기 단계만 해도 애플과 마이크로소프트의 유료기술만큼은 정교하지 않았다. 그러나 지난 20년 동안, 오픈 소스 소프트웨어 기술(대표적으로 안드로이드)은 기존의 개발된 기술만큼 정교해져왔다. 대부분의 가전제품 생산업체들이 윈도우나 매킨토시의 운영체계를 대신해서 리눅스와 자바의 운영체계를 선택하는데서 알 수 있듯이 제 2세대 인터넷에서 이러한 현상을 분명해지고 있다. 그러므로 안드로이드 개발자들은 스마트 폰뿐만 아니라 네트워크 간의 호환이 가능하고 안드로이드 마켓과 접속도 가능한, 새롭게 등장하는 가전제품장비들 또한 개발할 수 있게 되었다. 이러한 현상은 소비자의 삶의 영역에서 더 많은 제품들에 대한 더 많은 판매를 의미하고, 더 나아가 폐쇄적인 PC운영체계를 넘어서는 안드로이드 운영체계의 개발에 대한 더 많은 동기부여를 의미한다. 그 상업적 활용이 무료라는 것 이외에도, 안드로이드는 현대 컴퓨터 영역에서 가장 크고, 가장 부유하고, 가장 혁신적인 기업인 구글을 그 배경으로 삼고 있다. 마지막으로, 가장 중요한 것은, 안드로이드와 유사한 다른 플랫폼을 위한 앱을 출시하는 것보다 안드로이드 앱을 출시하는 것이 훨씬 더 쉽다는 점이다. 우리 모두는 주요 앱 개발자들이 자신들이 개발한 앱을 승인받기 위해서 몇 달씩, 때로는 몇 년씩 기다린다는 것과 관련된 끔직한 이야기를 들어왔다. 이런 종류의 문제들은 오픈 소스인 안드로이드 플랫폼에서는 거의 존재하지 않는다.

Rudy's Analysis  Logic Conversion + Developing

> Topic - The advantage of Android

첫 문장을 IT 시작해서 However로 논리 전환이 이루어진다. 그런데 전환 문장 자체가 주제문이 아니라, 그 이후에 열거식으로 전개되는 내용들에서 주제를 추론해야 한다. 즉, 논리전환 이후에 전개 구조가 함께 등장한다는 점이다. 하나 더 염두에 둘 점이 첫 줄에서는 Android, 두 번째 문장에서 open source software가 동일한 것이라는 것을 파악하는 것이 매우 중요하다. open source software가 상위 개념으로 대표적인 예가 안드로이드이다. 전환 이후에 open source software의 장점이 진술되고, 특히 안드로이드의 다양한 장점들이 재진술 형태로 열거되어 있다.

# MEMO

# UNIT 06

## PS PRACTICE

 독독2.0 Guts

01 전환은 연결어에서 시작한다!

우리가 한 편의 글을 읽고 이해한다는 의미는 무엇일까?

결국 글쓴이가 전달하고 싶은 메시지를 이해하고, 이 메시지를 전달하기 위해서 활용하는 다양한 예시와 논거들을 파악하는 것이라고 정리해 볼 수 있을 것 같다.

메시지를 이해한다는 것은 Topic 또는 Main idea(글의 요지)를 파악한다는 것이다. Topic을 이해하면 글의 전반적인 내용을 파악하는 것이기 때문에, 주제 문제 뿐 아니라 내용일치 및 각종 추론 문제들을 해결하는데 핵심적인 토대가 된다. 따라서 다양한 유형별 Reading Skill에서 가장 코어가 되는 것은 다름 아닌 '글의 주제' 파악이 된다.

영문은 T(Top-down), B(Bottom-up), D(Developing) 그리고 LC(Logic-Conversion) 구조로 나누어 볼 수 있다. 대부분의 영문들은 이와 같은 구조로 이루어져 있지만, 장문 또는 난해한 구조의 글은 LC+D, LC+B처럼 두 가지 논리구성이 긴밀히 연결되어 있는 경우도 있다. 따라서 실전의 다양한 영문들을 통해서 학습한 '글의 구조'를 적용, 확장하는 것이 '화룡점정(the finishing strokes)'이 될 것이다.

실전 PRACTICE 앞서 한 가지 강조하고 싶은 점이 있다.

"유연한 사고를 부탁한다!"는 것이다.

제시되는 영문들의 구조를 파악할 때, 때로는 복수의 정답이 있을 수 있다. 예를 들어, B로 볼 수도, 또는 D의 구성으로 볼 수도 있는 경우가 존재한다. 이것은 특정 진술을 명확한 주제문으로 볼 것인지, 아니면 대표적인 재진술로 볼 것인지가 애매한 경우가 존재하기 때문이다. 따라서 글의 구조를 파악하면서 기계적인 접근 방식이 아니라, 언제나 문장 상호간의 관계를 파악해서 글쓴이의 주된 메시지가 무엇인지를 파악하는 것이 중요하다.

EX) We are in a hurry to get home at night. We go to bed, get up for work, and go home again. We spend weekends getting an early start on the week ahead. We are so oriented to the future, we don't live in the present. Part of the problem is economic, I know. We need to work hard to make our living. We can't lie outside admiring the rainbow when we are worried about the gas bill. But when we never look at the sky, some part of ourselves wastes away. [수능]

우리는 밤에 서둘러 집에 간다. 우리는 잠자리에 들고, 일어나 직장에 가며, 다시 집에 간다. 우리는 다가올 한 주를 일찍 시작하기 위해 주말을 보낸다. 우리는 너무나 미래 지향적이어서 현재를 살고 있지 않다. 이 문제의 일부 요인은 경제적인 측면에 있다는 것을 나는 알고 있다. 우리는 생계를 위하여 열심히 일을 할 필요가 있다. 우리는 가스비 청구서를 걱정하면서 무지개를 경탄하며 야외에 누워 있을 수는 없다. 그러나 우리가 하늘을 결코 쳐다보지 않는다면 우리 자신의 어떤 면은 사라져버리고 만다.

이 영문의 주된 내용은 '우리가 경제적인 것에만 몰두하기에, 외부의 아름다움을 느끼지 못하고, 내면의 자아 또한 사라질 수 있다'는 것이다. 만약 이와 같은 G진술이 있다면 논란의 여지없이 명확하게 주제문을 파악할 수 있을 것이다.
하지만 이 영문에서는 위와 같은 G진술이 없기에, 'we don't live in the present'를 주제로 해서 T구조로 파악할 수도, 마지막 'But when ~'을 주제로 파악해서 B구조로 파악할 수 있다는 것이다. 어느 구조로 파악을 하던 '현재에 사는 것이 중요하다' 또는 '외부적 아름다움을 느끼는 것이 중요하다' 정도의 대동소이한 주제문을 도출할 수 있어야 한다.

영문을 분석하고 해설 하면서 심심찮게 만나는 위와 같은 영문들은 복수의 구조를 정답으로 표기했다. 이것은 독자들에게 혼란을 주기 위함이 아니라, 한 편의 글을 이해하는데 있어 복수의 논리 구조도 적용될 수 있다는 점을 보여주기 위함이다. 이처럼 복수의 논리구조로 볼 수 있는 영문에서는 글의 구조를 하나로 파악하는 것이 목적이 아니라, 어느 논리구조로 파악을 하듯, 동일한 주제 또는 요지를 이끌어 낼 수 있는 것이 요점이다.
즉, 복수의 '글의 구조'가 존재할 수 있지만, 어느 구조로 파악을 하듯, 도출되는 주제는 동일해야 한다는 점이다.

각자마다 글을 분석하는 기준을 확립, 다양한 지문들에 적용할 수 있는 '나만의 논리구조'를 마련하는 것이 저자가 독자들에게 궁극적으로 원하는 점이다.
따라서 본 책에서 T, B, LC, D 표기한 정답은 절대적인 기준이 아니라 하나의 참고로 삼았으면 한다. 책에서는 D로 표기했지만, 다른 관점에서는 T로 이해할 수도 있는 영문들이 존재할 수도 있고, 이것은 저자가 파악하지 못한 논리성을 찾은 것이기 때문에 그야말로 '청출어람(Excelling your master, Rudy)'의 전형이다.

## [1] 글의 구조를 파악하고 주제를 찾아보자.

(영문의 특정 문장을 찾거나, 본문의 내용을 조합해서 한 문장으로 정리해 보자)

Pet owners often describe times when their pet showed feelings. A dog that hides under a bed during a thunderstorm shows fear. A puppy that jumps on a young child returning home from school shows joy. A dog that puts its tail between its legs as it is scolded shows shame. Then there is the tale of Bobby, a shaggy dog in Scotland. After Bobby's owner died, the dog watched the burial. Every night for the next 14 years, the dog went back to the graveyard and slept on his master's grave. [수능]

**voca** thunderstorm n) 뇌우, 폭풍우 puppy n) 강아지 scold v) 꾸짖다 shame n) 창피함 shaggy a) 털이 많은 burial n) 매장 graveyard n) 묘지

Q 1. 다음 중 글의 구조 중 적당한 것은? [T] [B] [D] [LC]

Q 2. [TOPIC]

## [2] 글의 구조를 파악하고 주제를 찾아보자.

I admit that I feel that being at the right place at the right time is better than being the smartest person. However, I must add that most people show up at the right place at the right time not by luck but by design. They get what appears to be big luck, but in reality, they worked hard to get to where the big luck comes. Successful people work for their luck. Success is determined more by effort and work than by luck. Luck is the direct result of consistent, organized, enthusiastic effort. [수능]

**voca** add v) 첨가하다 show up v) 모습을 드러내다 design n) 디자인, 계획 consistent a) 지속적인 organized a) 조직적인 enthusiastic a) 열성적인

Q 1. 다음 중 글의 구조 중 적당한 것은? [T] [B] [D] [LC]

Q 2. [TOPIC]

[1] ★

Pet owners often describe times when their pet showed feelings. A dog that hides under a bed during a thunderstorm shows fear. A puppy that jumps on a young child returning home from school shows joy. A dog that puts its tail between its legs as it is scolded shows shame. Then there is the tale of Bobby, a shaggy dog in Scotland. After Bobby's owner died, the dog watched the burial. Every night for the next 14 years, the dog went back to the graveyard and slept on his master's grave.

해석 애완동물을 기르는 사람들은 그들의 애완동물이 감정을 표현한 순간들이 있음을 종종 말한다. 뇌우가 칠 때 침대 밑에 숨는 개는 두려움을 표현하는 것이다. 학교에서 집으로 돌아오는 어린아이에게 뛰어오르는 강아지는 기쁨을 표현한다. 꾸지람을 들었을 때 다리 사이로 꼬리를 감추는 개는 수치감을 표현한다. 그리고 스코틀랜드의 털복숭이 개인 Bobby에 관한 이야기가 있다. Bobby의 주인이 죽은 뒤, 그 개는 주인이 매장되는 것을 지켜보았다. 그로부터 14년 동안 매일 밤마다, 그 개는 묘지로 가서 자기 주인의 무덤 위에서 잠을 잤다.

Q 1. 다음 중 글의 구조 중 적당한 것은? [T]
Q 2. [TOPIC] 반려 동물들은 감정을 표현한다.

Rudy's tip T구성의 영문으로 주제문에 이어서 모두 구체적인 예시들이 전개되어 있다.

[2] ★

I admit that I feel that being at the right place at the right time is better than being the smartest person. However, I must add that most people show up at the right place at the right time not by luck but by design. They get what appears to be big luck, but in reality, they worked hard to get to where the big luck comes. Successful people work for their luck. Success is determined more by effort and work than by luck. Luck is the direct result of consistent, organized, enthusiastic effort.

해석 나는 적절한 때에 적절한 곳에 있는 것이 가장 똑똑한 사람이 되는 것보다 더 좋다고 느낀다는 것을 인정한다. 그러나 나는 대부분의 사람들이 운에 의해서가 아니라 계획에 의해서 적절한 때에 적절한 곳에 등장한다는 것을 덧붙여 말해야겠다. 그들은 큰 행운인 것처럼 보이는 것을 얻지만 실제로 그들은 그 큰 행운이 오는 곳으로 가기 위해 열심히 일했다. 성공한 사람들은 자신의 행운을 위해 일한다. 성공은 행운에 의해서라기보다는 노력과 일에 의해 결정된다. 운이란 일관되고, 조직적이고, 열정적인 노력의 직접적인 결과이다.

Q 1. 다음 중 글의 구조 중 적당한 것은? [B]
Q 2. [TOPIC] 운은 노력의 결과이다.

Rudy's tip 본문의 however, but은 SC(sentence conversion)이다. 첫 줄의 '적절한 시간에 적절한 곳에 있다'는 표현 자체가 '운이 좋다'는 의미로, 운 또한 노력에 의한 것이라는 점이 주제이다. 마지막 줄에서 주제를 요약하고 있기에 B구조로 볼 수 있다.

## [3] 글의 구조를 파악하고 주제를 찾아보자.

We live in a society in which money is thought to be everything, but I think that personal success in money matters is often overestimated. I believe that every person has a deep psychological need to feel that what he is doing is very important, apart from the money he is paid for doing it. A scientist has the satisfaction of this need built into his life, and he devotes himself to his work over a considerable period of time. He would feel a sense of purpose and inner satisfaction. [수능]

**voca** overestimate v) 과대평가하다 psychological a) 심리적인 need n) 욕구 devote v) 헌신하다 considerable a) 상당한, 꽤 많은

Q 1. 다음 중 글의 구조 중 적당한 것은? [T] [B] [D] [LC]

Q 2. [TOPIC]

## [4] 글의 구조를 파악하고 주제를 찾아보자.

We talk about something every day. But most of the talk is for complaining, not for praising. It is time we should know the importance of praise. As for me, I need it in order to defeat loneliness and unworthiness. Several miles from my home, an old farmwife cleared the roadside of litter and planted flowers in its place. Surely the farmwife was happy by doing so. And she would be much happier to know my feeling. However, how would she know my feeling if I didn't tell her? So, from now on, feel free to express your good feeling of others. [수능]

**voca** complain v) 불평하다 praise v) 칭찬하다 in order to ad) ~위하여 unworthiness n) 공허함, 무가치함 defeat v) 이기다, 극복하다 clear v) 청소하다 litter n) 쓰레기

Q 1. 다음 중 글의 구조 중 적당한 것은? [T] [B] [D] [LC]

Q 2. [TOPIC]

## [3] ★

We live in a society in which money is thought to be everything, but I think that personal success in money matters is often overestimated. I believe that every person has a deep psychological need to feel that what he is doing is very important, apart from the money he is paid for doing it. A scientist has the satisfaction of this need built into his life, and he devotes himself to his work over a considerable period of time. He would feel a sense of purpose and inner satisfaction.

해석 우리는 돈이 전부인 것처럼 여겨지는 사회에 살고 있지만, 나는 금전 문제에 있어서 개인적인 성공이 과대평가되어진다고 생각한다. 모든 사람은 어떤 일을 함으로써 받는 대가와는 별도로 자신이 하고 있는 일이 중요하다고 느끼는 뿌리 깊은 심리적 욕구를 가지고 있다고 믿는다. 과학자는 이러한 욕구에 대한 만족감이 자신의 생활 속에서 확립되었기에 상당한 기간 동안 자신의 일에 헌신한다. 그는 목표 의식과 내적 만족감을 느끼고 있을 것이다.

Q 1. 다음 중 글의 구조 중 적당한 것은?  [LC]
Q 2. [TOPIC] 자신의 일이 중요하다는 내적 만족감이 중요하다.

Rudy's tip but을 통해 LC가 이루어지고 바로 이어지는 진술에서 내적 만족감이 중요하다는 것을 강조하고 있다. 이처럼 LC진술 자체가 주제가 아니라, 그 이후에 이어지는 진술이 주제인 경우도 매우 빈번하다.

## [4] ★

We talk about something every day. But most of the talk is for complaining, not for praising. It is time we should know the importance of praise. As for me, I need it in order to defeat loneliness and unworthiness. Several miles from my home, an old farmwife cleared the roadside of litter and planted flowers in its place. Surely the farmwife was happy by doing so. And she would be much happier to know my feeling. However, how would she know my feeling if I didn't tell her? So, from now on, feel free to express your good feeling of others.

해석 우리는 매일 무언가에 대해 이야기를 한다. 그러나 그 이야기의 대부분은 칭찬을 위한 것이 아니라 불평하기 위한 것이다. 이제는 우리가 칭찬의 중요성을 알아야 할 때이다. 나로서는 외로움과 공허함을 극복하기 위해서 칭찬을 필요로 한다. 내 집에서 몇 마일 떨어진 곳에서 한 나이 많은 농부의 아내는 도로변에 쓰레기를 치우고는 그 자리에 꽃을 심었다. 틀림없이 그 농부의 아내는 그렇게 함으로써 행복했을 것이다. 그리고 그녀가 나의 심정을 안다면 훨씬 더 기뻐할 것이다. 하지만 내가 그녀에게 말을 하지 않는다면 그녀가 어떻게 내 기분을 알 것인가? 그러니 지금부터 다른 사람에 칭찬을 마음 놓고 표현하자.

Q 1. 다음 중 글의 구조 중 적당한 것은? [T]
Q 2. [TOPIC] 칭찬을 많이 하자 or 칭찬은 중요하다.

Rudy's tip 첫 줄의 But에 유의하자. 이 때 but은 전환 의미가 아니다. 이처럼 전환(역접)이 아닌 경우에는 대부분 and가 등장하지만, and 대신 but을 활용하는 경우도 있다. and에 비해 but을 활용하면 이어지는 진술을 좀 더 부각시키는 효과가 있기 때문이다. 전환의 but과 가장 쉽게 구분하는 방법은 but을 and로 변환해 보는 것이다.
처음 두 문장은 IT이고 이후에 Topic 등장하는 T구조로 파악하는 것이 적절하다.

## [5] 글의 구조를 파악하고 주제를 찾아보자.

When you walk across the road, do you have to concentrate on every step? Or when you go to sleep, do you need to concentrate on your breath? You don't do any of these things with your conscious mind. You do them with your subconscious mind. We might say that the mind is like an iceberg. There is the part we see, the conscious, and the much larger part we don't see, the subconscious. It is sure that our subconscious mind is responsible for a large part of our behavior. [수능]

**voca** concentrate v) 집중하다 conscious a) 의식적인 subconscious a) 잠재의식의

Q 1. 다음 중 글의 구조 중 적당한 것은? [T] [B] [D] [LC]

Q 2. [TOPIC]

## [6] 글의 구조를 파악하고 주제를 찾아보자.

Many scientists contend that animals do not have emotions because their brains are not as complex as humans. However, the fact that their brains are not as complex as ours does not necessarily mean that they are unable to experience emotions. Studies indicate that the root of emotions in humans comes from a very primitive area of the brain, the structure of which is quite similar to that of most mammals. [수능]

**voca** contend v) 주장하다 complex a) 복잡한 primitive a) 원시적인 mammal n) 포유류

Q 1. 다음 중 글의 구조 중 적당한 것은? [T] [B] [D] [LC]

Q 2. [TOPIC]

[5] ★

When you walk across the road, do you have to concentrate on every step? Or when you go to sleep, do you need to concentrate on your breath? You don't do any of these things with your conscious mind. You do them with your subconscious mind. We might say that the mind is like an iceberg. There is the part we see, the conscious, and the much larger part we don't see, the subconscious. It is sure that our subconscious mind is responsible for a large part of our behavior.

**해석** 길을 가로질러 갈 때에, 걸음을 옮길 때마다 온 신경을 써야 하는가? 또는 잠을 자러 갈 때에, 숨을 쉬는 것에 정신을 집중할 필요가 있는가? 여러분은 이런 일들의 어느 것이라도 의식적으로 하지는 않는다. 여러분은 잠재의식적으로 이런 것들을 한다. 우리의 마음은 빙산과 같다고 말할 수 있다. 우리의 눈에 보이는 부분은 의식이고, 우리가 보지 못하는 더 큰 부분은 잠재의식이다. 우리 행동의 많은 부분이 잠재의식 속에 이루어짐은 확실하다.

Q 1. 다음 중 글의 구조 중 적당한 것은? [T]
Q 2. [TOPIC] 대부분의 행동은 잠재의식에서 비롯된다.

**Rudy's tip** IT에 이어 모든 것이 잠재의식적으로 이루어진다는 것이 주제이다.

[6] ★

Many scientists contend that animals do not have emotions because their brains are not as complex as humans. However, the fact that their brains are not as complex as ours does not necessarily mean that they are unable to experience emotions. Studies indicate that the root of emotions in humans comes from a very primitive area of the brain, the structure of which is quite similar to that of most mammals.

**해석** 많은 과학자들은 동물들은 뇌가 인간만큼 복잡하지 않기 때문에 감정이 없다고 주장한다. 그러나 그들의 뇌가 우리만큼 복잡하지 않다는 것이, 반드시 그들이 감정을 경험하지 못한다는 것을 의미하지는 않는다. 연구에 의하면 인간의 감정의 뿌리는 매우 원시적인 영역에서 나오며, 그것의 구조는 대부분의 포유동물의 그것과 매우 유사하다.

Q 1. 다음 중 글의 구조 중 적당한 것은? [LC]
Q 2. [TOPIC] 동물도 감정을 느낄 수 있다.

**Rudy's tip** IT에서 동물들은 감정이 없다는 진술 뒤에 LC가 등장하는 구조이다.

## [7] 글의 구조를 파악하고 주제를 찾아보자.

At certain periods of our life we long to stop the inexorable ticking hand of time and meditate upon our whole destiny. But alas, we are in the turmoil. Our sense of honor and duty forbids us to be laggard in the fierce race. We must live amid the noise and shouts of the world and our houses must be open for the entire world to see. And yet never was there a time when humanity more needed its moments of silent meditation. [TEPS]

**voca** inexorable a) 냉정한 ticking hand n) 시계 바늘 meditate v) 명상하다 turmoil n) 혼란 forbid v) 금지하다 laggard a) 느린 humanity n) 인류애

Q 1. 다음 중 글의 구조 중 적당한 것은? [T] [B] [D] [LC]

Q 2. [TOPIC]

## [8] 글의 구조를 파악하고 주제를 찾아보자.

Even though note-writing may take longer, some pretty busy people do it, including George Bush. Some say he owes much of his success in politics to his ever-ready pen. How? Throughout his career he has followed up virtually every contact with a cordial response - a line of praise or thanks. His notes go not only to friends and associates, but to casual acquaintances and total strangers. In a world too often cold and unresponsive, such notes are springs of warmth and reassurance. [수능]

**voca** note-writing n) 편지 쓰기 pretty ad) 매우 owe A to B v) A를 B 덕택이다 ever-ready a) 항상 준비가 되어 있는 cordial a) 정중한 casual a) 우연적인 spring n) 원천

Q 1. 다음 중 글의 구조 중 적당한 것은? [T] [B] [D] [LC]

Q 2. [TOPIC]

## [7] ★

At certain periods of our life we long to stop the inexorable ticking hand of time and meditate upon our whole destiny. But alas, we are in the turmoil. Our sense of honor and duty forbids us to be laggard in the fierce race. We must live amid the noise and shouts of the world and our houses must be open for the entire world to see. And yet never was there a time when humanity more needed its moments of silent meditation.

해석 우리 생의 어떤 시기에 우리는 냉혹하게 똑딱이는 시간의 초침이 멈춰 우리 전체 운명에 대해 생각해 보게 되기를 염원한다. 그러나 애석하게도 우리는 혼란의 와중에 빠져 있다. 명예와 의무감으로 인해 우리는 맹렬한 경주에서 꾸물댈 수 없다. 우리는 세상의 소음과 외침 속에서 살아야 하며, 우리의 집은 세상 모든 사람들이 볼 수 있도록 개방되어야 한다. 그럼에도 인류가 조용한 명상의 순간이 이보다 더 필요로 한 때는 일찍이 없었다.

Q 1. 다음 중 글의 구조 중 적당한 것은? [B]
Q 2. [TOPIC] 명상(심오한 사고)의 필요성

Rudy's tip 도입부에서 시간을 멈추고 명상을 원하지만 혼란 속에 있기에 그럴 수 없다고 이야기한다. 이어지는 내용들 모두 재진술이다. 마지막 문장에서 'yet never'의 도치(AG)를 통해 주제를 부각시키고 있다.

## [8] ★

Even though note-writing may take longer, some pretty busy people do it, including George Bush. Some say he owes much of his success in politics to his ever-ready pen. How? Throughout his career he has followed up virtually every contact with a cordial response – a line of praise or thanks. His notes go not only to friends and associates, but to casual acquaintances and total strangers. In a world too often cold and unresponsive, such notes are springs of warmth and reassurance.

해석 글을 써 보내자면 시간이 더 많이 걸리겠지만, 조지 부시같이 매우 바쁜 사람들도 편지를 써 보낸다. 어떤 사람들은 조지 부시가 정계에서 성공한 큰 이유는 그가 자주 편지를 쓴 데 있다고까지 말한다. 어떻게 그렇게 할 수 있었을까? 부시는 정치가로서 활동하는 동안 내내 자기가 접했던 거의 모든 사람들에게 칭찬이나 감사를 표하는 정중한 글을 보냈다. 그는 친구나 동료들에게 뿐만 아니라 우연히 알게 된 사람들이나 전혀 모르는 사람에게도 편지를 보냈다. 너무도 빈번히 냉정하고 답례가 없는 이 세상에서 그렇게 글 써 보내는 것은 따뜻함과 위안을 주는 원천이 된다.

Q 1. 다음 중 글의 구조 중 적당한 것은? [D]
Q 2. [TOPIC] 편지 쓰기의 효용

Rudy's tip 조지 부시의 예를 통해 편지 쓰기는 큰 효용성을 가지고 있다는 내용을 추론할 수 있다.

**[9] 글의 구조를 파악하고 주제를 찾아보자.**

For what purpose does the scientist try to see into nature? Does he look for a large collection of facts? The scientist does not just see the facts. The scientist looks for order in the appearances of nature. Order does not show itself. In other words, there is no way of pointing a finger or a camera at it. Order must be discovered and, in a deep sense, it must be created. What we see, as we see it, is mere disorder. The scientist finds order through his experience, just as Newton found the law of gravity by seeing an apple fall. [수능]

voca look for v) 찾다 order n) 질서 there is no way of ~ v) ~불가능 하다 law of gravity n) 중력 법칙

Q 1. 다음 중 글의 구조 중 적당한 것은? [T] [B] [D] [LC]

Q 2. [TOPIC]


**[10] 글의 구조를 파악하고 주제를 찾아보자.**

Happy individuals live a balanced life, so they have many sources of happiness. When happiness depends on one thing, you are on shaky ground. One child, for instance, may have his whole evening ruined if he cannot watch his favorite television show. Another child with more interests might instead enjoy reading a book or playing a game. So parents should offer a variety of activities. This may mean limiting the time allowed to watch television and play video games, which can kill off other interests. [수능]

voca shaky a) 흔들리는 ruined a) 파멸된 interest n) 관심사 kill off v) 말살하다

Q 1. 다음 중 글의 구조 중 적당한 것은? [T] [B] [D] [LC]

Q 2. [TOPIC]

[9] ★

For what purpose does the scientist try to see into nature? Does he look for a large collection of facts? The scientist does not just see the facts. The scientist looks for order in the appearances of nature. Order does not show itself. In other words, there is no way of pointing a finger or a camera at it. Order must be discovered and, in a deep sense, it must be created. What we see, as we see it, is mere disorder. The scientist finds order through his experience, just as Newton found the law of gravity by seeing an apple fall.

**해석** 무슨 목적으로 과학자들은 자연을 조사하려고 하는가? 사실의 거대한 집합체를 찾는 것인가? 과학자는 사실만을 보는 것은 아니다. 과학자는 자연 현상에서 질서를 찾는다. 질서는 스스로 나타나는 것이 아니다. 다시 말하면, 손가락이나 사진기로 나타낼 방법이 없다. 질서는 발견되어야 하며, 심오한 의미에서는 창출되어야 한다. 우리가 볼 때, 우리 눈에 보이는 것은 단지 무질서에 불과한 것이다. 뉴턴이 사과가 떨어지는 것을 보게 됨으로써 중력의 법칙을 발견했듯이 과학자는 자신의 경험을 통해 질서를 발견하는 것이다.

Q 1. 다음 중 글의 구조 중 적당한 것은? [T]
Q 2. [TOPIC] 과학자는 자연의 질서를 찾아내고자 한다.

**Rudy's tip** 첫 진술은 AG이다. 따라서 바로 이어지는 해답에 해당하는 진술이 주제로 적절하다.

[10] ★

Happy individuals live a balanced life, so they have many sources of happiness. When happiness depends on one thing, you are on shaky ground. One child, for instance, may have his whole evening ruined if he cannot watch his favorite television show. Another child with more interests might instead enjoy reading a book or playing a game. So parents should offer a variety of activities. This may mean limiting the time allowed to watch television and play video games, which can kill off other interests.

**해석** 행복한 사람들은 균형 잡힌 생활을 하면서 행복의 원천이 되는 것들을 많이 가지고 있다. 행복이 어떤 하나에만 의지하게 되면 흔들리는 땅위에 있는 것이다. 예를 들어 어린아이는 자기가 좋아하는 TV 쇼를 보지 못하게 되면 자신의 저녁을 완전히 다 망칠는지도 모른다. 더 많은 관심거리를 지닌 다른 아이는 대신 책을 읽거나 게임을 즐길 수도 있다. 따라서 부모들은 자녀에게 다양한 활동을 제공해 주어야 한다. 그것은 TV를 보거나 비디오게임을 하도록 허락된 시간을 제한하는 것을 의미할 수 있다. 그것들은 다른 관심거리들을 없애버릴 수 있기 때문이다.

Q 1. 다음 중 글의 구조 중 적당한 것은? [B]
Q 2. [TOPIC] 자녀가 다양한 분야에 흥미를 갖게 해 주어야 한다.

**Rudy's tip** IT에서 하나에만 관심을 갖는 것은 위험하기에 다양한 취미를 가져야 한다는 전형적인 Bottom-up 방식이다.

## [11] 글의 구조를 파악하고 주제를 찾아보자.

Crying is a way for the baby to get what it wants and, as adults, this behavior is still continued by some women. Women's tear hormones are more active than men's, which is consistent with the greater emotional responses of the female brain. Men are rarely seen crying in public because a man showing emotion around other men would be put at risk. He'd look weak and this would encourage others to attack. For women to show emotion to others, however, is seen as a sign of trust because the crier becomes the baby and is putting her friend into the role of protective parent. [국가직]

**voca** be consistent with v) ~와 일치하다 response n) 응답, 반응  in public ad) 공개적으로 at risk ad) 위험한 상태로 encourage v) 격려하다 protective a) 보호하는

Q 1. 다음 중 글의 구조 중 적당한 것은? [T]  [B]  [D]  [LC]

Q 2. [TOPIC]


## [12] 글의 구조를 파악하고 주제를 찾아보자.

Wise consumers read magazine advertisements and watch TV commercials, and they do this with one advantage : knowledge of the psychology behind the ads. In other words, well-informed consumers watch for information and check for misinformation. They ask themselves questions : Is the advertiser hiding something in small print at the bottom of the page? Is there any real information in the commercial, or is the advertiser simply showing an attractive image? Is this product more expensive than it should be because it has a famous name? With the answers to these questions, consumers can make a wise purchase. [국가직]

**voca** consumer n) 소비자 commercials n) 광고 psychology n) 심리학, 심리  well-informed a) 정보가 많은 purchase n) 구입

Q 1. 다음 중 글의 구조 중 적당한 것은? [T]  [B]  [D]  [LC]

Q 2. [TOPIC]

[11] ★

Crying is a way for the baby to get what it wants and, as adults, this behavior is still continued by some women. Women's tear hormones are more active than men's, which is consistent with the greater emotional responses of the female brain. Men are rarely seen crying in public because a man showing emotion around other men would be put at risk. He'd look weak and this would encourage others to attack. For women to show emotion to others, however, is seen as a sign of trust because the crier becomes the baby and is putting her friend into the role of protective parent.

해석 울음은 아이가 원하는 것을 얻는 방법이고, 어른이 되어서도 이 행동은 일부 여성들에 의해 계속된다. 여성의 눈물 호르몬은 남성의 눈물 호르몬보다 더 활성화되고, 이는 여성 두뇌의 더 큰 감정 반응과도 일치한다. 남성이 남들이 보는 앞에서 우는 것은 거의 볼 수 없다. 왜냐하면 다른 남자들 주변에서 감정을 보이는 남자는 위험에 처할 수 있기 때문이다. 이것은 나약한 사람으로 보여 질 수 있고 다른 사람이 공격하도록 조장할 수 있기 때문이다. 그러나 여성이 감정을 다른 사람에게 보이는 것은 신뢰한다는 표시로 보여 질 수 있다. 우는 여성은 아이가 되고 주변의 친구가 보호하는 부모의 역할을 하도록 하기 때문이다.

Q 1. 다음 중 글의 구조 중 적당한 것은? [D]
Q 2. [TOPIC] 여성들이 남성들 보다 더 자주 우는 이유

Rudy's tip 울음에 대한 남성과 여성들의 차이점을 병렬적으로 전개하면서 여성들이 남성들에 비해 더 자주 우는 이유에 대한 설명이다.

[12] ★

Wise consumers read magazine advertisements and watch TV commercials, and they do this with one advantage : knowledge of the psychology behind the ads. In other words, well-informed consumers watch for information and check for misinformation. They ask themselves questions : Is the advertiser hiding something in small print at the bottom of the page? Is there any real information in the commercial, or is the advertiser simply showing an attractive image? Is this product more expensive than it should be because it has a famous name? With the answers to these questions, consumers can make a wise purchase.

해석 현명한 소비자는 잡지 광고와 TV광고를 보지만, 그들은 한 가지 장점을 통해서 광고를 본다. 즉, 광고 뒤에 있는 심리학적 지식이다. 다시 말해서, 정보에 밝은 소비자는 좋은 정보를 주의하여 보고 잘못된 정보를 조사한다. 그들은 스스로 질문을 해본다. 광고주가 그 페이지의 하단에 작은 글씨로 뭔가를 숨기고 있는가? 그 광고에 어떤 사실적 정보가 있는가? 또는 광고주가 단지 매력적인 이미지만을 보여주고 있는가? 상품이 유명한 이름을 가지고 있어 원래의 가격보다 더 비싼가? 이런 질문에 대한 답을 가지고 소비자들은 현명한 구매를 할 수 있다.

Q 1. 다음 중 글의 구조 중 적당한 것은? [T]
Q 2. [TOPIC] 현명한 소비자는 심리학적 지식을 활용해 광고를 본다.

Rudy's tip IT에 이어 바로 주제가 등장하는 전형적인 T구조 영문이다. 이후에 반복적인 내용의 재진술이 이어지고 있다.

## [13] 글의 구조를 파악하고 주제를 찾아보자.

Some students spend their first weeks in college, lost in a dangerous kind of fantasy. They feel, "All will be well, for here I am in college. I have a student ID in my pocket, a sweatshirt with the college name on it, and textbooks under my arm. All this proves that I am a college student. I have made it. The worst is now behind me." Such students have given way to a fantasy we all at times surrender to: the belief that we will get something for free. But everyone knows from experience that this hope is a false one. Life seldom gives us something for nothing and students must understand that school won't either. [수능]

**voca** make it v) 해내다, 성공하다 give way to ~ v) 굴복하다 for free ad) 공짜로

Q 1. 다음 중 글의 구조 중 적당한 것은? [T] [B] [D] [LC]

Q 2. [TOPIC]


## [14] 글의 구조를 파악하고 주제를 찾아보자.

Where did the moon come form? No one knew for sure. But scientists had studied the piece of rock samples from the moon and they could finally answer questions about the origin of the moon. Today most scientists believe that the moon formed from the Earth. They think that a large object hit the Earth in its history. When the object hit the Earth, huge pieces of the Earth broke off. These pieces went into orbit around the Earth. After a brief time, the pieces came together and formed the moon. [국가직]

**voca** origin n) 기원, 출처 form v) 형성되다 break off v) 분리되다 orbit n) 궤도 come together v) 뭉치다

Q 1. 다음 중 글의 구조 중 적당한 것은? [T] [B] [D] [LC]

Q 2. [TOPIC]

[13] ★

Some students spend their first weeks in college, lost in a dangerous kind of fantasy. They feel, "All will be well, for here I am in college. I have a student ID in my pocket, a sweatshirt with the college name on it, and textbooks under my arm. All this proves that I am a college student. I have made it. The worst is now behind me." Such students have given way to a fantasy we all at times surrender to: the belief that we will get something for free. But everyone knows from experience that this hope is a false one. Life seldom gives us something for nothing and students must understand that school won't either.

해석 어떤 학생들은 대학에서 첫 몇 주를 일종의 위험한 환상에 빠져 보낸다. 그들이 느끼기에 '다 잘 될 거야. 왜냐하면 난 대학에 들어왔으니까. 내 주머니에는 학생증도 있고 대학 이름이 찍힌 운동복도 있고 대학 교재를 들고 다니니까. 이 모든 것은 내가 대학생이라는 걸 증명하는 거지. 난 해낸 거야. 최악의 일들은 다 지나갔어.' 그런 학생들은 우리 모두가 이따금 빠져드는 환상, 즉 우리가 무언가를 거저 얻을 수 있을 것이라는 믿음에 굴복하는 것이다. 그러나 우리 모두는 경험에서 이 희망이 잘못된 것이라는 것을 알고 있다. 인생은 좀처럼 우리에게 어떤 것도 거저 주지 않는다. 그리고 학생들은 학교도 그러지 않을 것이라는 것을 알아야 한다.

Q 1. 다음 중 글의 구조 중 적당한 것은? [B]

Q 2. [TOPIC] 학교에서도 거저 주어지는 것은 없다.

Rudy's tip 전형적인 B구조로 대학 신입생들의 심리상태를 S진술로 표현하고 마지막에서 주제를 제시하고 있다.

[14] ★

Where did the moon come form? No one knew for sure. But scientists had studied the piece of rock samples from the moon and they could finally answer questions about the origin of the moon. Today most scientists believe that the moon formed from the Earth. They think that a large object hit the Earth in its history. When the object hit the Earth, huge pieces of the Earth broke off. These pieces went into orbit around the Earth. After a brief time, the pieces came together and formed the moon.

해석 달은 어디에서 왔는가? 아무도 확실히 알지 못한다. 하지만 과학자들이 달로부터 떨어진 돌 조각을 연구한 후 마침내 달의 기원에 대한 답을 찾았다. 오늘날 대부분의 과학자들은 달이 지구로부터 형성되었다고 믿고 있다. 그들은 커다란 물체가 지구에 충돌했다고 생각한다. 그 물체가 지구에 충돌했을 때 지구의 커다란 조각이 떨어져 나갔다. 이러한 조각이 지구의 주위를 궤도를 그리며 돌았다. 곧 그 조각들은 함께 모이고 달을 형성하였다.

Q 1. 다음 중 글의 구조 중 적당한 것은? [LC]

Q 2. [TOPIC] 달의 형성 과정

Rudy's tip 전형적인 LC구조로 IT 이후에 바로 주제문을 제시하고 있다.

[15] 글의 구조를 파악하고 주제를 찾아보자.

A group of researchers measured the performance of amateur cyclists who engaged in 30-second sprint three times a week for two weeks. The results were astonishing. By the end of the trial, riders who once barely lasted 30 minutes at top speed could cycle at full speed for almost an hour. What changed? Experts don't know for certain, but most think the gains had something to do with some muscle fibers. "These lie inactive until you're running to save your baby from a speeding car," said one of the researchers. He added, "Short, intensive training should be uncomfortable. In just a few weeks, however, your fitness level will go through the roof." [국가직]

voca measure v) 측정하다  engage in v) 참가하다  sprint n) 단거리 경주  gain n) 증가, 증진  trial n) 시험  have something to do with v) ~관계가 있다  fiber n) 섬유 조직  inactive a) 비활동성의, 소극적인  intensive a) 집중적인  go through the roof v) 급등하다

Q 1. 다음 중 글의 구조 중 적당한 것은? [T]  [B]  [D]  [LC]

Q 2. [TOPIC]

[16] 글의 구조를 파악하고 주제를 찾아보자.

People worry that spending too much time playing video games isn't good for a child's health. But some doctors have noticed that kids who bring their hand-held game players to the hospital seem less worried about being there. These patients also seem to experience less pain when they are concentrating on the games. For example, at the Johns Hopkins Children's Center in Baltimore, young patients are finding hospital visits easier, thanks to a program. The program allows kids to play online sports, racing, and adventure games with each other. It brings together kids who feel they are isolated by their illnesses, and lets them know they are not alone. [국가직]

voca hand-held a) 휴대용의  thanks to ad) ~ 때문에  patient n) 환자  isolated a) 고립된

Q 1. 다음 중 글의 구조 중 적당한 것은? [T]  [B]  [D]  [LC]

Q 2. [TOPIC]

## [15] ★

A group of researchers measured the performance of amateur cyclists who engaged in 30-second sprint three times a week for two weeks. The results were astonishing. By the end of the trial, riders who once barely lasted 30 minutes at top speed could cycle at full speed for almost an hour. What changed? Experts don't know for certain, but most think the gains had something to do with some muscle fibers. "These lie inactive until you're running to save your baby from a speeding car," said one of the researchers. He added, "Short, intensive training should be uncomfortable. In just a few weeks, however, your fitness level will go through the roof."

**해석** 한 집단의 연구원들이 2주 동안 일주일에 세 번 30초 단거리 경주에 참가한 아마추어 사이클 선수들의 성적을 측정했다. 결과는 놀라웠다. 전에는 최고 속도로 거의 30초를 지속하지 못했던 선수들이 시험이 끝날 때쯤에는 거의 한 시간 동안 최대 속도로 사이클을 탈 수 있었다. 무엇이 변하였는가? 확실히는 알지 못하지만 대부분의 전문가들은 그 증진이 어떤 근육 섬유조직과 관련이 있다고 생각한다. "이것들은 당신이 과속하는 자동차로부터 당신의 아이를 구하기 위해 달리기 전까지는 비활성 상태로 있습니다."라고 연구원 중 한 명이 말했다. 그는 덧붙였다. "단기간의 집중 훈련은 불편할 것입니다. 그러나 단 몇 주 후에 당신의 건강 수준은 최고점을 넘게 될 것입니다."

Q 1. 다음 중 글의 구조 중 적당한 것은? [B]
Q 2. [TOPIC] 단기간의 집중 훈련은 효과가 높다.

**Rudy's tip** 구체적인 S진술로 실험 내용을 설명하고 마지막에서 주제를 제시하고 있다.


## [16] ★

People worry that spending too much time playing video games isn't good for a child's health. But some doctors have noticed that kids who bring their hand-held game players to the hospital seem less worried about being there. These patients also seem to experience less pain when they are concentrating on the games. For example, at the Johns Hopkins Children's Center in Baltimore, young patients are finding hospital visits easier, thanks to a program. The program allows kids to play online sports, racing, and adventure games with each other. It brings together kids who feel they are isolated by their illnesses, and lets them know they are not alone.

**해석** 사람들은 비디오게임을 하며 많은 시간을 보내는 것은 아이들의 건강에 좋지 않다고 걱정한다. 하지만 일부 의사들은 아이들이 병원에 자신들의 휴대용 게임기를 가져온 경우 병원에 있는 것에 대해 덜 걱정하는 것을 발견하였다. 게임기를 가져온 환자들은 또한 게임에 집중할 때 덜 고통을 경험하는 것처럼 보인다. 예를 들면, 볼티모어의 존 홉킨스 아동병원에서는 한 시범 프로그램을 운영하며 어린 환자들이 병원 방문에 대해 덜 부담을 느끼는 것을 발견하였다. 이 프로그램은 어린 환자들이 온라인 스포츠, 경주 그리고 어드벤처 게임 등을 병원에 있는 다른 어린 환자들과 함께 할 수 있도록 해주고 있다. 이것은 아이들로 하여금 자신들의 질병에 대해 고립감을 덜 느끼게 되고, 자신들이 혼자가 아님을 알게 해준다.

Q 1. 다음 중 글의 구조 중 적당한 것은? [LC]
Q 2. [TOPIC] 병원의 어린 환자들에게 비디오 게임은 도움이 된다.

**Rudy's tip** IT에 이어 바로 LC구조가 이어지고 있다.

Gasoline is one of the most important fuels used in transportation. Its widespread use began in the early 1900s with the mass production of automobiles. Its use grew continuously during the twentieth century, and will continue to do so well into the twenty-first century. However, the world's supply of oil, or petroleum, is limited. If we continue to consume oil at the present rate, we will run out of oil in a few decades. Clearly we need alternatives to gasoline. And many governments are trying hard to find one. [수능]

voca gasoline n) 휘발유 fuel n) 연료 widespread a) 널리 퍼진 petroleum n) 석유 consume v) 소비하다 run out v) 고갈되다 alternative n) 대안

Q 1. 다음 중 글의 구조 중 적당한 것은? [T] [B] [D] [LC]

Q 2. [TOPIC]

People are interacting on the international stage for both work and business purposes and it is often the case that intercultural misunderstandings lead to negative results. There have been tourists receiving unfriendly reactions by natives or business personnel losing deals. In many instances, the cause has been cultural, such as wearing inappropriate clothing in a conservative culture or approaching a business relationship too casually. In short, intercultural awareness is a skill needed by anyone mixing with people from different cultural backgrounds. [국가직]

voca interact v) 교류하다 intercultural a) 상호문화간의 lead to v) 초래하다 inappropriate a) 부적절한 conservative a) 보수적인 casually ad) 격식 없는 mix with v) 어울리다

Q 1. 다음 중 글의 구조 중 적당한 것은? [T] [B] [D] [LC]

Q 2. [TOPIC]

## [17] ★

Gasoline is one of the most important fuels used in transportation. Its widespread use began in the early 1900s with the mass production of automobiles. Its use grew continuously during the twentieth century, and will continue to do so well into the twenty-first century. However, the world's supply of oil, or petroleum, is limited. If we continue to consume oil at the present rate, we will run out of oil in a few decades. Clearly we need alternatives to gasoline. And many governments are trying hard to find one.

해석 휘발유는 교통수단에 사용되는 가장 중요한 연료 중의 하나이다. 휘발유가 광범위하게 사용된 것은 1900년대 초 자동차의 대량 생산과 함께 시작되었다. 20세기동안 휘발유의 사용량은 계속 증가했고, 21세기에도 한동안 이런 경향은 계속될 것이다. 그러나 세계의 기름, 즉 석유의 공급량은 제한되어 있다. 우리가 현재 속도로 계속 기름을 소비한다면, 몇 십 년 후에는 기름이 바닥날 것이다. 명백히 우리는 휘발유를 대체할 에너지가 필요하다. 그리고 많은 정부들이 대체 에너지를 찾기 위해 많은 노력을 기울이고 있다.

Q 1. 다음 중 글의 구조 중 적당한 것은? [LC]
Q 2. [TOPIC] 석유를 대신할 대체 에너지가 필요하다.

Rudy's tip IT에 이어 however 이하가 주제이다. 이처럼 LC 구조라도 LC진술 자체가 아니라 그 이후에 이어지는 진술이 주제가 되는 경우도 빈번하다.

## [18] ★

People are interacting on the international stage for both work and business purposes and it is often the case that intercultural misunderstandings lead to negative results. There have been tourists receiving unfriendly reactions by natives or business personnel losing deals. In many instances, the cause has been cultural, such as wearing inappropriate clothing in a conservative culture or approaching a business relationship too casually. In short, intercultural awareness is a skill needed by anyone mixing with people from different cultural backgrounds.

해석 사람들은 일과 사업상의 목적으로 국제무대에서 상호교류를 하는데 상호문화에 대한 오해가 부정적인 결과를 가져오는 경우가 종종 있다. 현지인들의 불친절한 응대를 받은 관광객과 거래에 실패한 회사 직원들도 있었다. 많은 경우에 보수적인 문화에서 부적절한 옷을 입거나 사업 관계를 너무 격의 없이 접근하는 것과 같은 문화적인 것이 원인이다. 간단히 말해서, 상호문화 인식은 다른 문화적 배경에서 온 사람들과 어울리는 기술이다.

Q 1. 다음 중 글의 구조 중 적당한 것은? [B]
Q 2. [TOPIC] 타 문화권 사람들과 교류하는데 상호문화에 대한 이해가 필요하다

Rudy's tip 본문의 내용은 타 문화를 제대로 이해하지 못했을 때 발생하는 부작용을 제시하고 있다. 결론에서 상호문화 이해의 필요성을 강조하고 있기에 주제로 적절하다.

[19] 글의 구조를 파악하고 주제를 찾아보자.

Let's compare choosing a career to going to the movies. Before you see a movie, you find out what films are showing. You should do the same with your career – find out what jobs are available and what your options are. Next, decide which movie you like best; if you're not a romantic person, you won't want to see a love story. In other words, with your career, you should decide which job will best suit your personality. Finally, decide how to get movie tickets, and find out where the theater is before you go. With your career, you need to find information about where you can work, how much you will earn, and how to get a job in that profession. [국가직]

**voca** compare v) 비교하다 available a) 활용할 수 있는 profession n) 직업

Q 1. 다음 중 글의 구조 중 적당한 것은? [T] [B] [D] [LC]

Q 2. [TOPIC]

[20] 글의 구조를 파악하고 주제를 찾아보자.

Of all the institutions that have come down to us from the past none is in the present day so disorganized and derailed as the family. Affection of parents for children and of children for parents is capable of being one of the greatest sources of happiness, but in fact at the present day the relations of parents and children are, in nine cases out of ten, a source of unhappiness to both parties, and in ninety-nine cases out of a hundred a source of unhappiness to at least one of the two parties. This failure of the family to provide the fundamental satisfactions which in principle it is capable of yielding is one of the most deep-seated causes of the discontent which is prevalent in our age. [수능]

**voca** institution n) 협회 affection n) 애정 derail v) 탈선시키다 disorganize v) 붕괴시키다 fundamental a) 기본적인 in principle ad) 원칙적으로 yield v) 산출하다, 낳다 discontent a) 불만족의 prevalent a) 널리 퍼진, 유행하는

Q 1. 다음 중 글의 구조 중 적당한 것은? [T] [B] [D] [LC]

Q 2. [TOPIC]

[19] ★

Let's compare choosing a career to going to the movies. Before you see a movie, you find out what films are showing. You should do the same with your career – find out what jobs are available and what your options are. Next, decide which movie you like best; if you're not a romantic person, you won't want to see a love story. In other words, with your career, you should decide which job will best suit your personality. Finally, decide how to get movie tickets, and find out where the theater is before you go. With your career, you need to find information about where you can work, how much you will earn, and how to get a job in that profession.

해석 직업을 고르는 것을 영화 보러가는 것에 비유해 보자. 당신은 영화를 보러가기 전, 무슨 영화들이 상영되는지를 알아본다. 당신은 당신의 직업에 대해서도 똑같이 해야 한다. 당신은 어떤 직업을 가질 수 있고 선택사항이 어떤 것이 있는지 알아봐야 한다. 다음으로, 당신이 어떤 영화를 가장 좋아하는지를 결정하라. 만약 당신이 낭만적인 사람이 아니라면 사랑 이야기를 보고 싶지 않을 것이다. 다시 말해, 직업에 있어서도 어떤 직업이 당신의 성격과 잘 맞을지 결정해야 한다. 끝으로, 당신이 영화관에 가기 전에 영화표를 어떻게 구입할지와 극장의 위치가 어디에 있는지를 알아보라. 직업에 있어서도 당신이 어디에서 일할 수 있고, 얼마를 버는지 그리고 그 직업분야에서 일자리를 어떻게 얻는지에 관한 정보를 찾는 것이 필요하다.

Q 1. 다음 중 글의 구조 중 적당한 것은? [D]
Q 2. [TOPIC] 직업을 정하는 방법(절차)

Rudy's tip 도입부를 통해 영화 선택과 직업 선택을 비교하는 것을 알 수 있다. 본문의 내용은 직업을 선택하는 과정을 영화를 선정하는 절차에 빗대어 설명하고 있다. S진술로 이루어진 전개구조의 영문이다.

[20] ★

Of all the institutions that have come down to us from the past none is in the present day so disorganized and derailed as the family. Affection of parents for children and of children for parents is capable of being one of the greatest sources of happiness, but in fact at the present day the relations of parents and children are, in nine cases out of ten, a source of unhappiness to both parties, and in ninety-nine cases out of a hundred a source of unhappiness to at least one of the two parties. This failure of the family to provide the fundamental satisfactions which in principle it is capable of yielding is one of the most deep-seated causes of the discontent which is prevalent in our age.

해석 과거로부터 우리에게 전해 내려온 모든 제도 중에서 가족만큼 현재 파괴되고 탈선된 것은 없다. 아이들에 대한 부모의 사랑과 부모들에 대한 아이들의 사랑은 행복의 가장 큰 근원들 중의 하나가 될 수 있으나 그러나 사실상 현재 부모와 아이들의 관계는 십중팔구 경우에 양편에 대한 불행의 근원이며 100중 99경우에 적어도 두 편중에 어느 한쪽에 불행의 근원이 된다. 원칙적으로 가족이 가져올 수 있는 기본적인 만족들을 가족이 이렇게 제공하지 못하는 것은 우리 시대에 널리 퍼져있는 불만의 가장 뿌리 깊은 원인들 중의 하나이다.

Q 1. 다음 중 글의 구조 중 적당한 것은? [T]
Q 2. [TOPIC] 가족의 붕괴 or 가족의 붕괴에 따른 불행

Rudy's tip 최상급은 AG(화제제시) 기법으로, 특히 서론에 등장할 때는 주제가 되는 경우가 빈번하다.

[21] 글의 구조를 파악하고 주제를 찾아보자.

In the United States police officers wear identifiable uniforms when on duty. An officer at an accident scene who is wearing everyday clothes might find that crowds won't obey someone who claims to be a police officer but is without a uniform. The officer might have difficulty keeping onlookers at bay or redirecting traffic away from the scene. When the background assumption is not fulfilled, members of the public will not respond as respectfully as they would if the officer were in uniform, and the officer will have a hard time performing required duties. [건국대]

**voca** identifiable a) 식별될 수 있는 on duty ad) 근무 중인 onlooker n) 구경꾼 keep at bay v) 저지하다 redirect v) 방향을 돌리다 respectfully ad) 정중하게

Q 1. 다음 중 글의 구조 중 적당한 것은? [T] [B] [D] [LC]

Q 2. [TOPIC]

[22] 글의 구조를 파악하고 주제를 찾아보자.

In 1979, when the party introduced the one-child policy, it believed that coercion was the only way to ensure that population growth did not become unsustainable. The party has since claimed that the policy has helped prevent 400 million births. In fact, there is little evidence to back this claim. China's birth rate had been falling rapidly since the early 1970s with the help of little more than education campaigns. The birth rate continued to fall under the new policy, but other countries have seen similar declines without resorting to cruelty and oppression. Their experience suggests that the more important factors behind China's lower birth rate were rising female participation in the workforce, improvements in education, later marriages and the rapidly increasing cost of education and housing. The main effect of the one-child policy was to foster egregious human-rights abuses against the minority who ignored it. [광운대]

**voca** coercion n) 강압, 강제 unsustainable a) 지속할 수 없는 back v) 지지하다 little more than ad) ~지나지 않은 resort v) ~에 의지하다 cruelty n) 잔인함 oppression n) 억압 foster v) 촉진하다 egregious a) 악명 높은 human-rights abuse n) 인권남용 minority n) 소수인종

Q 1. 다음 중 글의 구조 중 적당한 것은? [T] [B] [D] [LC]

Q 2. [TOPIC]

[21] ★

In the United States police officers wear identifiable uniforms when on duty. An officer at an accident scene who is wearing everyday clothes might find that crowds won't obey someone who claims to be a police officer but is without a uniform. The officer might have difficulty keeping onlookers at bay or redirecting traffic away from the scene. When the background assumption is not fulfilled, members of the public will not respond as respectfully as they would if the officer were in uniform, and the officer will have a hard time performing required duties.

**해석** 미국에서 경찰관은 근무를 할 때 식별할 수 있는 제복을 입는다. 평상복을 입고 사고 현장에 있는 경찰관은, 제복을 입지 않은 채 스스로를 경찰관이라고 주장하는 사람에게 대중들이 복종하지 않는다는 것을 발견한다. 아마도 사복 차림의 경찰관은 구경꾼들을 한쪽으로 몰아세우거나 사고 현장으로부터 교통의 흐름을 떼어 놓기 위해 교통을 정리하는데 있어서 어려움을 겪게 될 것이다. 배경이 되는 가정이 충족되지 않을 때 (경찰관이 제복을 입고 있지 않을 때), 대중들은 경찰관이 제복을 입고 있을 때처럼 그렇게 고분고분 반응하지 않을 것이다. 그리고 경찰관은 자신에게 요구되는 의무를 수행하는데 있어서 어려움을 겪게 될 것이다.

Q 1. 다음 중 글의 구조 중 적당한 것은? [D]
Q 2. [TOPIC] 제복의 중요성 or 제복의 효과

**Rudy's tip** S진술들을 토대로 제복을 입었을 때와 그렇지 않은 경우를 열거하며 제복의 중요성, 효과를 강조하는 글이다.

[22] ★★

In 1979, when the party introduced the one-child policy, it believed that coercion was the only way to ensure that population growth did not become unsustainable. The party has since claimed that the policy has helped prevent 400 million births. In fact, there is little evidence to back this claim. China's birth rate had been falling rapidly since the early 1970s with the help of little more than education campaigns. The birth rate continued to fall under the new policy, but other countries have seen similar declines without resorting to cruelty and oppression. Their experience suggests that the more important factors behind China's lower birth rate were rising female participation in the workforce, improvements in education, later marriages and the rapidly increasing cost of education and housing. The main effect of the one-child policy was to foster egregious human-rights abuses against the minority who ignored it.

**해석** 1979년 중국 공산당이 한 자녀 갖기 정책을 도입했을 때 공산당은 강압이 인구증가를 지속가능하지 않게 확실히 하는 유일한 방법이라고 믿었다. 그 이후로 공산당은 한 자녀 갖기 정책이 4억 명의 아기들이 탄생하는 것을 막는데 도움을 주었다고 주장했다. 사실을 말하자면, 이러한 주장을 지지해줄 수 있는 증거는 거의 없다. 중국의 출산율은 1970년대 초 이후 교육 캠페인에 불과한 것의 도움을 받아가며 급격하게 하락했다. 새로운 정책(한 자녀 갖기 정책) 아래서 출산율은 지속적으로 떨어졌다. 그러나 다른 나라들은 (한 자녀 갖기 정책 같은) 잔인함과 억압에 의존하지 않고서도 유사한 출생율의 감소를 목격했다. 그 나라들의 경험은 중국의 낮은 출산율 뒤에 있는 중요한 요소들이, 일터에서의 여성 참여의 증가, 교육의 향상, 만혼, 그리고 빠르게 증가하는 교육비용과 주택비용 등이라는 사실을 나타내 보여주고 있다. 한 자녀 갖기 정책의 주된 효과는 한 자녀 갖기 정책을 무시하는 소수의 인민들을 대상으로 한 악명 높은 인권 유린을 조장하는 것이었다.

Q 1. 다음 중 글의 구조 중 적당한 것은? [LC]
Q 2. [TOPIC] 중국의 출산율은 강압 정책이 아니라 교육 캠페인과 다양한 사회적 요소 때문에 감소했다.

**Rudy's tip** in fact에 유의하자. in fact은 '1) 앞 내용을 요약 2) 앞 내용을 부정' 하는 두 가지 역할을 수행한다. 여기서는 논리전환의 연결어로 등장했다. IT주장을 in fact 이하에서 뒤집고, 다른 인구 감소의 내용을 제시하는 LC구조이다.

## [23] 글의 구조를 파악하고 주제를 찾아보자.

For centuries the idea of two men facing each other in a duel has seemed anachronistic. Guy de Maupassant, a 19th-century writer, declared it to be "the last of our unreasonable customs". Two centuries before that Louis XIV, king of France, tried to outlaw it as a feudal archaism. Yet despite this, the literature of the 19th and even the early 20th century is peppered with accounts of swashbuckling men. Why? In the early 18th century many writers depicted men who fought duels as hot-headed. By the 19th century, although it still seemed to spring from an older, medieval age, duelling was regarded as quite glamorous. In "The Memoirs of Barry Lyndon, Esq"(1844) by William Makepeace Thackeray the hero rails against "cowardly pistols" and harks back to the "honourable and manly weapon of gentlemen". And compared with the burgeoning violence at the start of the 20th century, duels could also seem remarkably measured. A character in a G.K. Chesterton novel from 1908 prevents a suspected anarchist from exploding a bomb by challenging him to a duel. After two world wars, though, the glamour had begun to fade. In Evelyn Waugh's "Officers and Gentlemen"(1955) one character admits he would laugh if he was challenged to a duel. [성균관대]

**voca** duel n) 결투 anachronistic a) 구시대의 outlaw v) 불법화시키다 feudal a) 봉건의 archaism n) 오래된 것, 고풍스러운 습관 pepper v) 뿌리다 swashbuckling a. 무모한, 허세의 hot-headed a) 성미 급한 explode v) 폭발시키다 rails against v) 욕하다, 비난하다 harks back to v) 상기하다, 떠올리다 burgeoning a) 급증하는

Q 1. 다음 중 글의 구조 중 적당한 것은? [T] [B] [D] [LC]

Q 2. [TOPIC]

[23] ★★

For centuries the idea of two men facing each other in a duel has seemed anachronistic. Guy de Maupassant, a 19th-century writer, declared it to be "the last of our unreasonable customs". Two centuries before that Louis XIV, king of France, tried to outlaw it as a feudal archaism. Yet despite this, the literature of the 19th and even the early 20th century is peppered with accounts of swashbuckling men. Why? In the early 18th century many writers depicted men who fought duels as hot-headed. By the 19th century, although it still seemed to spring from an older, medieval age, duelling was regarded as quite glamorous. In "The Memoirs of Barry Lyndon, Esq"(1844) by William Makepeace Thackeray the hero rails against "cowardly pistols" and harks back to the "honourable and manly weapon of gentlemen". And compared with the burgeoning violence at the start of the 20th century, duels could also seem remarkably measured. A character in a G.K. Chesterton novel from 1908 prevents a suspected anarchist from exploding a bomb by challenging him to a duel. After two world wars, though, the glamour had begun to fade. In Evelyn Waugh's "Officers and Gentlemen"(1955) one character admits he would laugh if he was challenged to a duel.

해석 수세기 동안 결투에서 서로가 마주보고 결투를 한다는 생각은 시대착오적인 것처럼 보였다. 19세기 작가인 Guy de Maupassant는 결투가 마지막 남은 우리의 비이성적인 관습이라고 선언했다. 그로부터 두세기 전, 프랑스의 왕 루이 16세는 결투를 봉건적인 고풍으로서 불법화시키고자 노력했다. 그럼에도 불구하고 19세기의 문학은 물론이고 심지어 20세기 초의 문학까지도 무모한(결투하는) 사람들에 대한 이야기는 소설에 가득 차 있다. 18세기 초, 많은 작가들은 결투하는 사람들을 성미 급한 인물로 묘사했다. 비록 대결이 낡은 중세 시대로부터 튀어나온 것이었지만, 19세기까지 대결은 매우 매력적인 것으로 여겨졌다. William Makepeace Thackeray가 쓴 소설인 The Memoirs of Barry Lyndon, Esq(1844)에서 주인공은 "비겁한 권총들"을 비난하며 명예롭고 남자다운 신사의 무기를 상기시킨다. 20세기의 초반에 시작된 급증하는 폭력과 비교했을 때 결투는 놀랄 만큼 신중해 보인다. 1908년 쓰인 G.K. Chesterton의 소설에 등장하는 등장인물은 미심쩍은 무정부주의자에게 대결을 신청하는 것을 통해서 미심쩍은 무정부주의자가 폭탄을 터뜨리는 것을 막는다. 그럼에도 불구하고 양 대전이 끝난 후, 결투가 품고 있는 매력은 희미해진다. Evelyn Waugh가 쓴 Officers and Gentlemen(1955)이라는 소설 속의 한 등장인물은 만일 그가 결투 신청을 받게 된다면 웃을 것이라고 말한다.

Q 1. 다음 중 글의 구조 중 적당한 것은? [D]
Q 2. [TOPIC] 문학에서의 결투에 대한 묘사, 평가

Rudy's tip IT에 이어 다양한 S진술들이 열거되어 있는데, 공통점은 모두 문학작품에서 결투에 대한 묘사, 평가들이다. 전형적인 전개구조로 문학 작품을 통해서 결투에 대한 어떤 이미지, 평가가 있었는지 알 수 있다는 글이다.

## [24] 글의 구조를 파악하고 주제를 찾아보자.

There hasn't always been quite such optimism about love's longevity as there is today. For the Greeks, inventors of democracy and a people not amenable to being pushed around by despots, love was a disordering and thus preferably brief experience. Later, during the reign of courtly love, love was illicit and usually fatal. Passion meant suffering; the happy ending didn't yet exist in the cultural imagination. The innovation of happy love didn't even enter the vocabulary of romance until the 17th century. Before the 18th century – when the family was primarily an economic unit of production rather than a hothouse of Oedipal tensions – marriages were business arrangements between families; participants had little to say on the matter. Some historians consider romantic love a learned behavior that really only took off in the late 18th century along with the new fashion for reading novels, though even then affection between a husband and wife was considered to be in questionable taste. Historians disagree, of course. Some tell the story of love as an eternal and unchanging essence; others, as a progress narrative over stifling social conventions. But has modern love really set us free? No. We feel like failures when love dies. [한국외대]

**voca** amenable a) 순종하는 push around v) 괴롭히다 despot n) 독재자 preferably ad) 오히려 reign n) 시대, 기간 courtly love n) 기사도적인 사랑 hothouse n) 온실 Oedipal a) 오이디푸스의(이성에 대한 애착) questionable a) 의심스러운 take off v) 시작되다 stifling a) 숨 막히는

Q 1. 다음 중 글의 구조 중 적당한 것은? [T]  [B]  [D]  [LC]

Q 2. [TOPIC]

[24] ★★

There hasn't always been quite such optimism about love's longevity as there is today. For the Greeks, inventors of democracy and a people not amenable to being pushed around by despots, love was a disordering and thus preferably brief experience. Later, during the reign of courtly love, love was illicit and usually fatal. Passion meant suffering; the happy ending didn't yet exist in the cultural imagination. The innovation of happy love didn't even enter the vocabulary of romance until the 17th century. Before the 18th century – when the family was primarily an economic unit of production rather than a hothouse of Oedipal tensions – marriages were business arrangements between families; participants had little to say on the matter. Some historians consider romantic love a learned behavior that really only took off in the late 18th century along with the new fashion for reading novels, though even then affection between a husband and wife was considered to be in questionable taste. Historians disagree, of course. Some tell the story of love as an eternal and unchanging essence; others, as a progress narrative over stifling social conventions. But has modern love really set us free? No. We feel like failures when love dies.

해석 오늘 날과 같은 사랑의 영속성에 대한 상당정도의 낙관주의가 항상 존재했던 것은 아니다. 민주주의의 발명가이고, 전제군주의 폭정에 대해서 고분고분하지 않았던 민족인 그리스인들의 경우, 사랑은 무질서하고 그에 따라 오히려 짧은 경험이었다. 훗날, 기사도적인 사랑이 지배하던 시대 동안, 사랑은 불법적이고 죽음을 초래할 정도로 치명적인 것이었다. 열정은 고통을 의미했다. 이 시대만 해도 해피엔딩은 문화적 상상력 속에 존재하지 않았다. 17세기까지 행복한 사랑의 혁신은 로맨스의 어휘 안에 심지어 들어가지도 못했다. 18세기 – 가족이 오이디푸스적인 긴장의 온상이라기보다는 주로 생산을 위한 경제적인 단위가 되는 – 이전까지, 결혼은 가문들 간의 사업협정이었다. 정작 결혼 당사자들은 결혼 문제에 대한 발언권이 거의 없었다. 일부 역사가들은 낭만적인 사랑이 소설 읽기라는 새로운 유행과 더불어 18세기 후반에 발생한 학습된 행동이라고 생각한다. 그러나 심지어 그런 이후(낭만적인 사랑이라는 개념이 등장한 이후)에도 남편과 아내 사이의 애정은 미심쩍은 취향으로 여겨졌다. 물론 (모든)역사가들이 이런 주장에 동의하는 것은 아니다. 일부 역사가들은 영원하고 변치 않는 본질로서의 러브 스토리에 대해서 말한다. 다른 역사가들은 숨 막히는 사회적 관습을 넘어서고자 하는 진보적인 이야기로서의 러브 스토리에 대해서 말한다. 그런데 현대적인 사랑은 우리를 정말로 해방시킨 것일까? 아니다. 사랑이 끝났을 때 우리는 실패했다는 느낌에 사로잡힌다.

Q 1. 다음 중 글의 구조 중 적당한 것은? [T]
Q 2. [TOPIC] 사랑이 영원하다는 믿음이 항상 있었던 것은 아니다.

Rudy's tip 전형적인 T구조의 영문으로 첫 줄을 주제로 파악하는 것이 중요하다. 이어지는 재진술 내용들은 모두 사랑의 영원성을 부정하는 시대별 이야기들이 주류를 이루고 있다.

[25] 글의 구조를 파악하고 주제를 찾아보자.

Women have realized advances in the twentieth century. We have seen women involved politically, seeking — and obtaining — political office. In addition, women today are better educated than their sisters of the 19th century, a far greater number attending college. As a result, more and more women are entering the labor force. The relationship between men and women is undergoing profound changes as a result of the rise in women's status. A number of career women delayed marriage until they achieved professional success. Based on a recent study, these women have a greatly decreased chance of getting married after they reach thirty. Men are not willing to wait for women to finish their education and establish their careers. This is having a profound effect on the shape of modern marriage as well as the relationship between men and women. The change in women's status has made a drastic change in the way we live our lives today. While many of these changes are without doubt for the better of all, many feel a profound sense of loss, as the old realities give way to new truths. [가톨릭대]

voca realize v) ~을 실현하다 political office n) 공직 profound a) 근본적인, 심오한 status n) 지위 drastic a) 과감한, 근본적인 for the better a) 향상된 give way to v) 양보하다

Q 1. 다음 중 글의 구조 중 적당한 것은? [T] [B] [D] [LC]

Q 2. [TOPIC]

[25] ★★

Women have realized advances in the twentieth century. We have seen women involved politically, seeking — and obtaining — political office. In addition, women today are better educated than their sisters of the 19th century, a far greater number attending college. As a result, more and more women are entering the labor force. The relationship between men and women is undergoing profound changes as a result of the rise in women's status. A number of career women delayed marriage until they achieved professional success. Based on a recent study, these women have a greatly decreased chance of getting married after they reach thirty. Men are not willing to wait for women to finish their education and establish their careers. This is having a profound effect on the shape of modern marriage as well as the relationship between men and women. The change in women's status has made a drastic change in the way we live our lives today. While many of these changes are without doubt for the better of all, many feel a profound sense of loss, as the old realities give way to new truths.

해석 20세기에 여성들은 진보를 실현해 왔다. 우리는 공직을 추구하고 획득하는 여성들의 정치 참여를 보아 왔다. 그 뿐만 아니라 오늘날 여성들은 많은 수가 대학에 들어가는 등, 19세기 여성들보다 더 나은 교육을 받고 있다. 그 결과 더 많은 여성들이 노동력으로 진입하고 있다. 여성의 지위향상으로 남녀관계는 근본적인 변화를 겪고 있다. 수많은 직업여성들이 직업적 성공을 성취할 때까지 결혼을 미루었다. 최근의 연구에 의하면 이러한 직업여성들의 결혼 확률은 30세 이후 급속히 감소했다. 남성들은 여성이 교육을 마치고 안정된 경력을 쌓을 때까지 기다리려 하지 않는다. 이는 남녀 관계뿐만 아니라 현대 결혼의 양상에도 근본적 영향을 미치고 있다. 여성의 지위 변화로 인해 오늘날 우리 삶의 방식이 급변하고 있다. 이들 변화 중 대부분은 확실히 모두에게 진전이자 향상이지만 많은 이들은 근본적인 상실감을 느끼고 있다. 옛 진실(기존에 익숙한 것들)이 새로운 진실(새로운 것들)에 자리를 내 주고 있기 때문이다.

Q 1. 다음 중 글의 구조 중 적당한 것은? [D]
Q 2. [TOPIC] 여성의 사회적 지위 향상은 남녀 간의 관계와 우리 삶의 방식에 큰 영향을 주고 있다.

Rudy's tip IT에 유의하자. 사회적 진출로 여성들의 사회적 지위가 향상 되었다는 내용이다. 이것을 IT로 제시한 것은 이것을 계기로 일어나는 남녀 간의 변화와 우리 삶의 변화를 소개하기 위한 것이다.

There are Jane Austen fans in all corners of the globe, and even special Jane Austen discussion groups on the Internet. What makes her worldwide success so surprising is the narrowness of the world her stories portray. However, according to Nigel Nicolson, author of The World of Jane Austen, the explanation for her enduring success is very simple: "Her novels are love stories, always ending in a wedding. They show a wonderful understanding of the little moves that young people made then, and still do make, towards and away from each other. They are also very funny." Or, as the author P. D. James wrote, "All the books have the same basic plot — searching for and finding the right mate." Just as in most romantic novels you may say, but the difference is that these were written by a genius. [가톨릭대]

**voca** narrowness n) 협소, 편협  portray v) 그려내다, 묘사하다  enduring a) 영원한, 불후의 plot n) 줄거리, 구상 mate n) 단짝

Q 1. 다음 중 글의 구조 중 적당한 것은? [T] [B] [D] [LC]
Q 2. [TOPIC]

[26] ★

There are Jane Austen fans in all corners of the globe, and even special Jane Austen discussion groups on the Internet. What makes her worldwide success so surprising is the narrowness of the world her stories portray. However, according to Nigel Nicolson, author of *The World of Jane Austen*, the explanation for her enduring success is very simple: "Her novels are love stories, always ending in a wedding. They show a wonderful understanding of the little moves that young people made then, and still do make, towards and away from each other. They are also very funny." Or, as the author P. D. James wrote, "All the books have the same basic plot — searching for and finding the right mate." Just as in most romantic novels you may say, but the difference is that these were written by a genius.

해석 세계의 방방곡곡에 제인 오스틴의 팬들이 있고 인터넷에는 심지어 제인 오스틴 전문 토론 그룹들이 있다. 그녀의 이야기들이 그려내고 있는 세계의 협소함을 보면, 그녀의 세계적인 성공은 매우 놀라울만한 일이다. 그러나 The World of Jane Austen의 작가인 Nigel Nicolson에 의하면, 그녀가 불후의 성공을 거둔 것에 대한 설명은 아주 간단하다. 즉 "그녀의 소설은 항상 결혼으로 끝이 나는 연애 소설이다. 그 소설들은 그 당시 젊은이들이나 지금의 젊은이들이 서로를 향하거나, 혹은 서로에게서 멀어지는 소소한 행위들에 대한 훌륭한 이해를 보여준다. 그 소설들은 또한 매우 재미있다." 아니면 작가 P. D. James가 썼듯이, "모든 책들은 진정한 짝을 탐색해서 찾아낸다는 동일한 기본 줄거리를 가지고 있다."는 점이 이유일 수 있다. 대부분의 연애소설에서도 그렇다고 말할지 모르겠지만, 그녀의 소설들은 천재에 의해 쓰였다는 것이 차이점이다.

Q 1. 다음 중 글의 구조 중 적당한 것은? [T]
Q 2. [TOPIC] 제인 오스틴 소설의 성공 비결

Rudy's tip IT는 제인 오스틴이 인기가 많다는 것으로 제인 오스틴을 등장시키는 역할을 하고 있다. 두 번째 진술이 전형적인 G진술로 주제이다. 유의할 점은 주제문 뒤에 등장하는 However는 SC이기에 논리의 흐름을 전환하지 않는다는 것이다.

[27] 글의 구조를 파악하고 주제를 찾아보자.

Plato considers the sophists to be one of the primary enemies of virtue, and he is merciless in his attacks on them. The sophists, who were relatively new in Plato's day, were a class of itinerant teachers who instructed young statesmen in the arts of rhetoric and debate for a fee. They taught that values are relative, so that the only measure of who is right is who comes out on top. Their teachings capitalized on a void left by the ancient myths and religion, which were falling out of fashion as Greek civilization moved toward a more rational world-view. The old values were losing their relevance, and there were no new values to replace them. Plato could see the danger this moral relativism posed for the state and for the people who lived in it, and his attacks on the sophists show up their hollow bravado that so many took for wisdom. Plato's Theory of Forms, and the whole enterprise of The Republic, can be read as an attempt to find a solid grounding for moral values in rational principles. [서강대]

**voca** sophist n) 궤변가, 궤변론자  itinerant a) 떠돌아다니는, 순회하는 rhetoric n) 미사여구, 수사법  bravado n) 허세 come out on top v) 이기다 capitalize on v) ~을 이용하다 void n) 빈 공간 relevance n) 타당성 show up v) 폭로하다 solid a) 굳건한 grounding n) 토대 Theory of Forms n) 이데아론 The Republic n) 국가론 enterprise n) 계획

Q 1. 다음 중 글의 구조 중 적당한 것은? [T]  [B]  [D]  [LC]

Q 2. [TOPIC]

[27] ★

Plato considers the sophists to be one of the primary enemies of virtue, and he is merciless in his attacks on them. The sophists, who were relatively new in Plato's day, were a class of itinerant teachers who instructed young statesmen in the arts of rhetoric and debate for a fee. They taught that values are relative, so that the only measure of who is right is who comes out on top. Their teachings capitalized on a void left by the ancient myths and religion, which were falling out of fashion as Greek civilization moved toward a more rational world-view. The old values were losing their relevance, and there were no new values to replace them. Plato could see the danger this moral relativism posed for the state and for the people who lived in it, and his attacks on the sophists show up their hollow bravado that so many took for wisdom. Plato's *Theory of Forms*, and the whole enterprise of *The Republic*, can be read as an attempt to find a solid grounding for moral values in rational principles.

해석 플라톤은 궤변가들을 선의 주된 적이라 보며, 그들을 향한 공격에 있어 아주 무자비하다. 플라톤의 시대에 새롭게 등장했다고 볼 수 있었던 궤변가들은 젊은 정치인들에게 돈을 받고 수사법이나 토론기술을 가르치며 떠돌아다니는 선생들이었다. 그들은 가치라는 것은 상대적이기 때문에 누가 옳은가를 가릴 수 있는 유일한 척도는 '누가 이기는가' 라고 가르쳤다. 그들의 가르침은 고대 신화와 종교가 보인 틈새를 이용한 것이었는데 이러한 신화와 종교는 그리스 문명이 좀 더 이성적인 세계관을 가지게 되면서 시대에 뒤떨어져 가고 있었다. 오래된 가치관들은 그 타당성을 잃어가고 있었으며, 이들을 대체할만한 새로운 가치가 없었다. 플라톤은 이런 도덕적 상대주의가 국가와 국민들에게 미치는 위험을 볼 수 있었다. 그리고 궤변가들을 향한 그의 공격은 많은 이들이 지혜라고 여겼던 소피스트들의 공허한 허세를 폭로하는 것이었다. 플라톤의 *이데아론(Theory of Forms)*과 방대한 **국가론(The Republic)**은 이성적 원칙 안에서 도덕적 가치의 확고한 기반을 찾으려는 시도로 읽혀질 수 있다.

Q 1. 다음 중 글의 구조 중 적당한 것은? [T]
Q 2. [TOPIC] 플라톤은 소피스트들을 강하게 반대했다.

Rudy's tip 첫 문장이 주제이다. 이후에는 소피스트들의 주장과 그것에 대한 플라톤의 강한 비판 내용이 전개되어 있다.

Now that we know the importance of breakfast for children, the next step is to find out what exactly should be eaten for breakfast. Though carbohydrates that provide energy to the body are one of the most important parts of breakfast, it is necessary to make sure that the breakfast is not just an only carb meal. A complete breakfast should include all the necessary nutrients, including proteins, calcium, vitamin B6, vitamin A, zinc and iron. Also, make sure that it contains very less sodium, salt and sugar. A basic breakfast should be nothing less than cereal, milk and fruits. There also are plenty of healthy and easy breakfast recipes to make delicious dishes that children will surely love. [명지대]

**voca** now that con) ～ 때문에 carbohydrate n) 탄수화물(carb) protein n) 단백질 zinc n) 아연 iron n) 철분 sodium n) 나트륨 sodium n) 나트륨 nothing less than ad) 적어도 ～이상 recipe n) 요리법

Q 1. 다음 중 글의 구조 중 적당한 것은? [T] [B] [D] [LC]
Q 2. [TOPIC]

[28] ★

Now that we know the importance of breakfast for children, the next step is to find out what exactly should be eaten for breakfast. Though carbohydrates that provide energy to the body are one of the most important parts of breakfast, it is necessary to make sure that the breakfast is not just an only carb meal. A complete breakfast should include all the necessary nutrients, including proteins, calcium, vitamin B6, vitamin A, zinc and iron. Also, make sure that it contains very less sodium, salt and sugar. A basic breakfast should be nothing less than cereal, milk and fruits. There also are plenty of healthy and easy breakfast recipes to make delicious dishes that children will surely love.

해석 이제 우리는 아이들에게 아침이 얼마나 중요한지 알았으므로, 다음 단계는 정확히 무엇을 아침으로 먹어야 하는지를 알아내는 것이다. 신체에 에너지를 공급하는 탄수화물이 아침식사에서 가장 중요한 부분 중 하나가 되어야 하지만, 아침이 그냥 탄수화물 음식으로만 끝나지 않도록 하는 게 중요하다. 완전한 아침은 단백질, 칼슘, 비타민 B6, 비타민 A, 아연, 철분 등의 필수 영양분 전부를 포함해야 한다. 또한 반드시 나트륨, 소금, 설탕을 적게 포함하도록 해야 한다. 기본적인 아침은 적어도 시리얼, 우유, 과일은 반드시 포함해야 한다.

Q 1. 다음 중 글의 구조 중 적당한 것은? [T]
Q 2. [TOPIC] 아이들을 위한 아침 식단으로 적절한 것을 찾자.

Rudy's tip 전형적인 T구성으로 첫 줄에서 주제를 명확하게 부각시키고 있다.

## [29] 글의 구조를 파악하고 주제를 찾아보자.

New York state is calling on schools to get tough against bullying and, judging from local school districts, the call is being heeded. In fact, many anti-bullying efforts have been in practice for years. But administrators and educators say it's difficult, if not impossible, to gauge their effectiveness. "This is hard to quantify because it is difficult to track instances that have been averted due to these programs," said Tom Phillips. "What we can say is the climate of the school through use of discipline referral data has been much more positive in that a smaller percentage of the student population is being dealt with through the formal discipline procedure. This also speaks to the commitment of staff to deal with student issues as they arise rather than to simply write up a student and refer it to the school administration. The impact of teacher intervention and involvement cannot be overstated," he said in an e-mail. [숙명여대]

**voca** bullying n) 학교폭력  school district n) 학군  heed v) 유의하다  gauge v) 측정하다  quantify v) 계량화하다  avert v) 피하다  discipline referral n) 처벌여부 의뢰  in that con) ~점에 있어서  commitment n) 헌신  deal with v) 다루다  write up v) 평가하다  intervention n) 개입

Q 1. 다음 중 글의 구조 중 적당한 것은? [T]  [B]  [D]  [LC]

Q 2. [TOPIC]

[29] ★★

New York state is calling on schools to get tough against bullying and, judging from local school districts, the call is being heeded. In fact, many anti-bullying efforts have been in practice for years. But administrators and educators say it's difficult, if not impossible, to gauge their effectiveness. "This is hard to quantify because it is difficult to track instances that have been averted due to these programs," said Tom Phillips. "What we can say is the climate of the school through use of discipline referral data has been much more positive in that a smaller percentage of the student population is being dealt with through the formal discipline procedure. This also speaks to the commitment of staff to deal with student issues as they arise rather than to simply write up a student and refer it to the school administration. The impact of teacher intervention and involvement cannot be overstated," he said in an e-mail.

해석 뉴욕 주는 학교들에게 학교폭력에 대해 엄격한 조치를 취하라고 요구하고 있고, 지역의 학군들을 볼 때, 이러한 요구가 제대로 지켜지고 있다. 사실, 많은 학교폭력을 퇴치하려는 노력은 몇 년째 실천에 옮겨지고 있다. 하지만 관리자들과 교육자들의 말에 따르면 그 효과를 측정하기가 불가능한 정도까지는 아니지만, 매우 어렵다고 한다. "이러한 프로그램으로 인해 피할 수 있었던 사례들을 추적하기란 어렵기 때문에, 효과 측정을 계량화하긴 힘들다"라고 톰 필립스는 말했다. "우리가 말할 수 있는 것은 처벌여부 의뢰 자료를 통해서 살펴본 바에 따르면 학교 환경이 훨씬 긍정적으로 바뀌고 있다는 점인데, 자료에 따르면 공식적인 처벌 절차를 통해 다루는 학생들의 비율이 줄어들고 있다. 또 이 자료에 의하면 문제가 생길 때, 그저 학생에 대해 평가하고 학교 당국에 보내버리는 대신 교직원들이 헌신적으로 학생들의 문제를 다루고 있다. 교사의 개입과 참여의 영향은 아무리 강조해도 지나치지 않다"라고 그는 이메일을 통해 말했다.

Q 1. 다음 중 글의 구조 중 적당한 것은? [B]
Q 2. [TOPIC] 학교 폭력을 줄이는데 있어 선생님들의 적극적 개입이 매우 중요하다.

Rudy's tip 뉴욕 주의 학교 폭력을 줄이는 운동이 성공하고 있는데, 명확한 이유를 수치화시키기 어렵다는 내용이다. 하지만 그 중에서 선생님들의 적극적인 개입이 가장 중요하다는 내용을 마지막에서 강조하고 있기에 B구조로 파악하는 것이 적절하다.

What is it about celebrities? We scrutinize their personal lives insatiably, report what they wear and where they shop. We follow their sexual and personal relationships, exploit their images openly and surreptitiously and read the tea leaves of their slightest predilection in very human realm save one — their thoughts on the social and political arrangements of the nation. When they venture opinions on these subjects, pious debates appear in the media — "Should celebrities speak out?" Media whisper campaigns converge to herd them back onto the commodious reservation where they are used solely for the serious business of selling products. This soft taboo against celebrities expressing political opinions leads me to speculate why the intellectual component of their lives has been deemed so unsuitable for public consumption. It is because celebrities with ideas create problems for two critical social classes: the corporate media conglomerates and the political class. The former uses celebrities shamelessly to leverage cross-selling and cross-promotion of products. And the political class is quick to round up celebrity endorsements, appearances at fund-raisers and public rallies, and is eager to craft its image by sharing the attention and glamour celebrities afford. [이화여대]

**voca** scrutinize v) 자세히 조사하다 read the tea leaves v) 점을 쳐보다 predilection n) 애호, 편애 realm n) 범위, 영역 save prep) ~을 제외하고 venture v) 과감히 ~해보다 pious a) 경건한, 위선적인 speak out v) 공개적으로 말하다 whisper campaign n) 중상모략 운동 converge v) 수렴하다 herd v) 모으다 commodious a) 넓은, 널찍한 speculate v) 추측하다, 투기하다 conglomerate n) 대기업 shamelessly ad) 파렴치하게 leverage v) 투기 하다 cross-selling n) 끼워 팔기 cross-promotion n) 상호 촉진 광고 round up v) ~모으다 endorsement n) 지지, 승인 fund-raiser n) 모금행사 rally n) 집회 rigorously ad) 가혹하게 inopportunely ad) 부적당하게, 시기를 놓쳐 insatiably ad) 만족을 모르게 surreptitiously ad) 비밀리에, 부정하게 fleetingly ad) 덧없이, 빠르게 pretentiously ad) 허세를 부리며 tidbit n) 토막 뉴스 exempt v) 면제하다 coverage n) 보도범위 deem v) ~으로 생각하다 ambivalent a) 반대 감정이 공존하는

Q 1. 다음 중 글의 구조 중 적당한 것은? [T] [B] [D] [LC]

Q 2. [TOPIC]

## [30] ★★★

What is it about celebrities? We scrutinize their personal lives insatiably, report what they wear and where they shop. We follow their sexual and personal relationships, exploit their images openly and surreptitiously and read the tea leaves of their slightest predilection in very human realm save one — their thoughts on the social and political arrangements of the nation. When they venture opinions on these subjects, pious debates appear in the media — "Should celebrities speak out?" Media whisper campaigns converge to herd them back onto the commodious reservation where they are used solely for the serious business of selling products. This soft taboo against celebrities expressing political opinions leads me to speculate why the intellectual component of their lives has been deemed so unsuitable for public consumption. It is because celebrities with ideas create problems for two critical social classes: the corporate media conglomerates and the political class. The former uses celebrities shamelessly to leverage cross-selling and cross-promotion of products. And the political class is quick to round up celebrity endorsements, appearances at fund-raisers and public rallies, and is eager to craft its image by sharing the attention and glamour celebrities afford.

**해석** 유명 인사란 무엇인가? 우리는 만족할 줄 모른 채 그들의 삶을 집요하게 파고들고, 그들이 무엇을 입는지 이야기하고, 그들의 이미지를 공개적으로 그리고 비밀에 이용하고, 한 가지만, 즉, 국가의 사회·정치적 상태에 대한 그들의 생각만을 제외하고, 인간 영역에서 그들의 모든 사소한 애호를 점쳐 보려한다. 그들이 사회·정치적 주제에 대해 그들의 견해를 과감히 표현하려할 때, 위선적인 논쟁들이 대중매체에 실린다. 즉 "유명 인사들이 공개적으로 자신의 생각을 피력해야 하는가?"같이 말이다. 대중매체들의 중상 선동 운동은 유명 인사들을 제품판매와 같은 중대한 일에 이용하는 널찍한 그들만의 구역으로 그들을 몰아넣어야 한다는 데 수렴된다. 정치적 견해를 표명하는 유명 인사들에 대한 이러한 조용한 금기사항은 나로 하여금 그들 삶의 지적인 요소에 대해 대중이 잘 받아들이지 못하고 있는 이유에 대해 곰곰이 생각하게 만들었다. 그것은 생각을 가진 유명 인사들은 두 개의 중대한 사회 부류, 즉 미디어 대기업과 정치집단에 문제를 유발시킬 수 있기 때문이다. 전자는 유명 인사들을 파렴치하게 이용해 끼워 팔기나 상호 촉진광고로 이용한다. 그리고 정치집단은 유명 인사들의 공개적인 지지를 얻거나, 정치기금 모임이나 정치집회에 출연케 하고, 유명 인사가 주는 매력과 관심을 공유함으로써 그 이미지를 교묘히 이용하려든다.

Q 1. 다음 중 글의 구조 중 적당한 것은? [D]
Q 2. [TOPIC] 유명인이 정치적 견해를 표명하는 것을 금지하는 것은 미디어 대기업과 정치집단 때문이다.

**Rudy's tip** 서론에 AG(의문문)이 등장하면 주제가 될 가능성이 높지만, 이 지문에서 AG는 IT 역할로 유명인을 소개하는데 활용되고 있다. 전개구조를 통해 유명인들이 정치적 견해를 표현할 때는 억압을 받기 마련이고, 이것은 두 개의 대표적인 사회 집단이 이것을 허용하지 않으려 한다는 것이 중심내용이다.

Claude Monet (1840-1926) was a famous French painter and a leader in the art movement called Impressionism. Monet and other Impressionist painters wanted to paint outdoors and show the effects of sunlight. Because he was fascinated with the changing effects of sunlight, Monet often painted the same subject at different times of the day in different light. For example, he spent several months in 1890 painting a series of pictures of haystacks. He wanted to show how the effects of light on the haystacks changed during the day. After he finished the Haystacks, he did a series of paintings of a famous church in France. Between 1892 and 1894, he painted twenty pictures of the church at different times from sunrise to sunset. [인천대]

**voca** Impressionism n) 인상주의 be fascinated v) 매혹되다 haystack n) 건초 더미

Q 1. 다음 중 글의 구조 중 적당한 것은? [T] [B] [D] [LC]
Q 2. [TOPIC]

Two common scenarios illustrate some of the differences between the sexes: A man awakens with chest pain and writes it off as indigestion. His wife urges him to go to the emergency room, where he is diagnosed as having a heart attack. In contrast, a woman awakens with chest pain and thinks she might be having a heart attack. She goes immediately to the emergency room, where all tests of her heart function are normal. Doctors throw up their hands and send her on her way. [인하대]

**voca** chest pain n) 흉통, 가슴통증 write off v) 무시하다 indigestion n) 소화불량 diagnose v) 진단하다

Q 1. 다음 중 글의 구조 중 적당한 것은? [T] [B] [D] [LC]
Q 2. [TOPIC]

[31] ★

Claude Monet (1840-1926) was a famous French painter and a leader in the art movement called Impressionism. Monet and other Impressionist painters wanted to paint outdoors and show the effects of sunlight. Because he was fascinated with the changing effects of sunlight, Monet often painted the same subject at different times of the day in different light. For example, he spent several months in 1890 painting a series of pictures of haystacks. He wanted to show how the effects of light on the haystacks changed during the day. After he finished the Haystacks, he did a series of paintings of a famous church in France. Between 1892 and 1894, he painted twenty pictures of the church at different times from sunrise to sunset.

해석 클로드 모네는 유명한 프랑스 화가이자 인상주의라는 미술 운동의 지도자였다. 모네와 다른 인상파 화가들은 풍경화를 그려 빛의 효과를 보여주고자 했다. 햇빛의 변화하는 효과에 매료된 모네는 하루 동안에 동일한 물체에 여러 시간대에 걸쳐 햇빛이 미치는 다른 효과를 그리고는 했다. 예를 들어, 1890년 모네는 건초더미 연작을 몇 개월에 걸쳐 그렸는데, 건초더미에 비추는 빛의 효과가 하루 동안 어떻게 달라지는 지를 표현하고자 했다. 건초더미 연작을 완성한 후, 모네는 프랑스에 있는 유명한 성당의 연작을 시작했는데, 1892년에서 1894년 사이에 새벽부터 해질녘까지의 서로 다른 시간대에 그린 20개의 성당 그림을 그렸다.

Q 1. 다음 중 글의 구조 중 적당한 것은? [T]
Q 2. [TOPIC] 인상파 화가인 모네는 빛의 효과를 보여주는 그림을 그렸다.

Rudy's tip IT에서 모네를 소개하고, 모네로 대표되는 인상파 화가들의 특징을 G진술로 제시하고 있다. 이후 내용은 G진술에 대한 재진술들이다.


[32] ★

Two common scenarios illustrate some of the differences between the sexes: A man awakens with chest pain and writes it off as indigestion. His wife urges him to go to the emergency room, where he is diagnosed as having a heart attack. In contrast, a woman awakens with chest pain and thinks she might be having a heart attack. She goes immediately to the emergency room, where all tests of her heart function are normal. Doctors throw up their hands and send her on her way.

해석 두 개의 시나리오가 남녀 간의 차이를 보여준다. 흉통으로 자다가 깬 남성은 그냥 소화불량이겠거니 무시하고, 부인이 응급실을 가보라고 재촉해서 도착해보면 심장마비로 판명난다. 이와는 반대로, 흉통 때문에 깨어난 여성은 심장마비가 왔다고 생각을 해서는 바로 응급실로 향하는데, 그곳에서 받은 검사는 모든 것이 정상임을 보여준다. 의사들은 완전 두 손을 들고선 집으로 돌려보낸다.

Q 1. 다음 중 글의 구조 중 적당한 것은? [T]
Q 2. [TOPIC] 고통에 대한 남녀 간의 차이점

Rudy's tip 전형적인 T구성으로 주제에 이어 바로 남녀 사이의 예시가 이어지고 있다.

## [33] 글의 구조를 파악하고 주제를 찾아보자.

Music is an important part of our school curriculum. Studies have shown that access to music eduction has many benefits to the development of individuals. Music helps to improve critical thinking habits and reinforces basic math and reading skills. Also students involved in music tend to be more self-disciplined, have higher self-esteem and are more likely to graduate from high school. The school board should not eliminate costs by cutting the funding for the music program. This would be a mistake and would hurt our community in the long run. [인하대]

**voca** critical thinking n) 비판적 사고 reinforce v) 강화하다 self-disciplined a) 자기 절제력이 있는 board n) 위원회 eliminate v) 제거하다 fund n) 자금 in the long run ad) 결국에는

> Q 1. 다음 중 글의 구조 중 적당한 것은? [T] [B] [D] [LC]
> Q 2. [TOPIC]

## [34] 글의 구조를 파악하고 주제를 찾아보자.

Chemical weapons were originally developed for non-military uses and there are two types: dual-purpose and binary. Dual-purpose weapons are composed of chemicals that were originally developed for other purposes, such as cyanide, which is often used in fertilizers. They are relatively harmless when used in small amounts but are deadly when used in large amounts. Binary weapons are composed of two or more chemicals, each of which is harmless by itself but when used in combination with other chemicals becomes lethal. These chemicals are often used for agricultural, pharmaceutical, or industrial purposes. The 1992 Chemical Weapons Convention forbids states to divert chemicals produced for peaceful uses to the manufacture of chemical weapons and includes a strict verification process. More than 120 states have signed this convention. [한국외대]

**voca** chemical weapon n) 화학무기 originally ad) 처음에는 dual-purpose a) 이중목적의 (인마살상 및 대전차용) binary a) 이원의 be composed of v) ~구성되다 cyanide n) 청산가리 fertilizer n) 비료, 거름 deadly ad) 치명적인 combination n) 조합 lethal a) 치명적인 agricultural a) 농업의 pharmaceutical a) 제약의 divert v) 전환하다 strict a) 엄격한 verification n) 검증 convention n) 조약

> Q 1. 다음 중 글의 구조 중 적당한 것은? [T] [B] [D] [LC]
> Q 2. [TOPIC]

[33] ★

Music is an important part of our school curriculum. Studies have shown that access to music eduction has many benefits to the development of individuals. Music helps to improve critical thinking habits and reinforces basic math and reading skills. Also students involved in music tend to be more self-disciplined, have higher self-esteem and are more likely to graduate from high school. The school board should not eliminate costs by cutting the funding for the music program. This would be a mistake and would hurt our community in the long run.

해석 음악은 우리 학교 교과과정의 중요한 부분이다. 음악 교육을 접하는 것은 개인의 발달에 많은 이로움이 된다고 연구 결과가 보여준다. 음악은 비판적 사고 습관을 향상시키는 것을 돕고 기본적인 수학 및 독서 능력을 향상시킨다. 또한 학생들은 음악에 관련된 활동에 참여하여 더욱 자기 절제력을 가지는 경향이 있으며, 높은 자부심을 가지고, 고등학교를 졸업할 가능성이 높다. 교육 위원회는 음악수업을 위한 자금을 삭감하는 방법으로 비용을 없애려 해서는 안 된다. 이것은 잘못일 수 있고 결국에는 우리 사회 공동체를 해칠 수 있다.

Q 1. 다음 중 글의 구조 중 적당한 것은? [T]
Q 2. [TOPIC] 음악 교육은 많은 이점이 있다.

Rudy's tip IT이어서 음악의 이점을 강조하는 글이다. 이후에 음악의 장점들에 무엇들이 있는지 재진술들이 이어지고 있다.

[34] ★

Chemical weapons were originally developed for non-military uses and there are two types : dual-purpose and binary. Dual-purpose weapons are composed of chemicals that were originally developed for other purposes, such as cyanide, which is often used in fertilizers. They are relatively harmless when used in small amounts but are deadly when used in large amounts. Binary weapons are composed of two or more chemicals, each of which is harmless by itself but when used in combination with other chemicals becomes lethal. These chemicals are often used for agricultural, pharmaceutical, or industrial purposes. The 1992 Chemical Weapons Convention forbids states to divert chemicals produced for peaceful uses to the manufacture of chemical weapons and includes a strict verification process. More than 120 states have signed this convention.

해석 화학무기는 본래 비군사적 용도를 위해 개발되었고, 이중목적 폭탄과 이원화 화학무기 두 종류가 있다. 이중목적 폭탄은 비료로 주로 사용되는 시안화물처럼 다른 용도를 위해 개발된 화학물질들로 구성되어 있다. 이들은 적은 양으로 사용할 경우 상대적으로 무해하지만, 다량으로 사용되면 치명적이다. 이원화 화학무기는 2개 혹은 그 이상의 화학물질로 구성되었는데, 각각의 화학물질들은 그 자체로는 무해하지만 다른 화학물질과 혼합하여 사용되면 치명적이게 된다. 1992년 화학무기 금지 조약은 국가들이 평화를 위한 목적으로 생산된 화학물질들은 화학무기 개발로 돌리는 것을 금지시켰고, 엄격한 인증 절차를 포함시켰다. 120개 이상의 국가들이 이 조약에 서명하였다.

Q 1. 다음 중 글의 구조 중 적당한 것은? [T]
Q 2. [TOPIC] 화학 무기는 비군사용으로 개발되었고, 두 가지 종류가 있다.

Rudy's tip T구조의 영문으로 본문의 내용은 두 가지 화학 무기에 대한 열거식 구성으로 이루어져 있다.

[35] 글의 구조를 파악하고 주제를 찾아보자.

Researches in the Netherlands report that children who get more exercise tend to have higher GPAs and better scores on standardized tests. Their claim is that the more children move the better their grades. Although students need about one hour of physical activity every day to remain healthy and do well in school, only 18% of high school students in the U.S. meet that requirement, while 23% do not exercise at all. Still, many school administrators and parents believe that students need to spend more time in the classroom and less on the playground. The Dutch researchers are trying to convince them that exercise and academics are not mutually exclusive. Physical activity can improve blood flow to the brain, fuelling memory, attention and creativity. Furthermore, it releases hormones that can improve mood and suppress stress, which can facilitate learning. When kids are running around during recess, they are not only exercising their bodies, but their brains, as well. [한성대]

**voca** GPA n) 평균평점 mutually exclusive a) 상호배타적인  fuel v) 증진하다  facilitate v) 촉진시키다  recess n) 휴식시간 grade n) 성적 requirement n) 필요조건 convince v) 설득하다 release v) 방출하다 as well ad) 또한

Q 1. 다음 중 글의 구조 중 적당한 것은? [T]  [B]  [D]  [LC]

Q 2. [TOPIC]

[35] ★

Researches in the Netherlands report that children who get more exercise tend to have higher GPAs and better scores on standardized tests. Their claim is that the more children move the better their grades. Although students need about one hour of physical activity every day to remain healthy and do well in school, only 18% of high school students in the U.S. meet that requirement, while 23% do not exercise at all. Still, many school administrators and parents believe that students need to spend more time in the classroom and less on the playground. The Dutch researchers are trying to convince them that exercise and academics are not mutually exclusive. Physical activity can improve blood flow to the brain, fuelling memory, attention and creativity. Furthermore, it releases hormones that can improve mood and suppress stress, which can facilitate learning. When kids are running around during recess, they are not only exercising their bodies, but their brains, as well.

해석 운동을 많이 하는 아이들이 좀 더 높은 평점평균을 받고, 표준화된 시험들에서 높은 성적을 받는다고 네덜란드의 과학자들이 보고했다. 이들의 주장에 따르면 아이들이 많이 움직이면 움직일수록 성적도 좋아진다는 것이다. 학생들은 건강을 유지하고, 학교에서 잘 해 나가기 위해 한 시간 가량의 신체활동이 매일 필요하지만, 미국 고등학생 중에서는 겨우 18%만이 이러한 요건을 충족시키고 있고, 한편 23%는 전혀 운동을 하지 않는다. 그럼에도 불구하고 많은 학교 관리자들과 교사들은 학생들이 좀 더 많은 시간을 강의실에서 보내고, 좀 더 적은 시간을 운동장에서 보내야 한다고 믿고 있다. 네덜란드의 과학자들은 운동과 학문이 상호배타적이 아니라는 사실을 설득하려고 애쓰고 있다. 운동은 뇌로 가는 혈류를 개선시켜 주어, 기억력과, 주의력, 창의력을 증진시킬 수 있다. 게다가 운동은 기분을 좋게 만들어 주고, 스트레스를 줄여주는 호르몬을 배출하여 학습을 용이하게 해 줄 수 있다. 아이들이 쉬는 시간 동안에 뛰어 다닐 때, 아이들은 육체 운동만 하고 있는 게 아니라, 두뇌 운동도 하고 있는 것이다.

Q 1. 다음 중 글의 구조 중 적당한 것은? [T]
Q 2. [TOPIC] 운동은 성적에 도움이 된다.

Rudy's tip 전형적인 T구조로 운동을 하는 학생들과 하지 않는 학생들의 대조를 통해 운동이 성적에 도움이 된다는 재진술이 이어지고 있다.

## [36] 글의 구조를 파악하고 주제를 찾아보자.

The current economic recession has been a severe one, but not all businesses have been hurting. Some small businesses have been increased sales because of the economic downturn, giving new life to the old saying, "One man's misfortune is another man's opportunity." Two businesses that have been booming are pawn shops and thrift stores. Pawn shops are stores where people sell their personal things, and thrift stores usually deal with used clothing. Repair men are also doing good business during this recession. Many people are finding that they cannot buy new cars, home appliances, or even shoes. So, auto mechanics, appliance repair men, and shoe repair shop owners are seeing more customers come in while other businesses are downsizing or are going out of business completely. [한양대]

**voca** recession n) 경기침체  hurting a) 고통 받는  downturn n) 경기침체  saying n) 속담 booming a) 호경기의 pawn shop n) 전당포 thrift store n) 중고품 가게 appliance n) 가전제품 downsize v) 축소하다 go out of business v) 파산하다

Q 1. 다음 중 글의 구조 중 적당한 것은? [T]  [B]  [D]  [LC]

Q 2. [TOPIC]

[36] ★

The current economic recession has been a severe one, but not all businesses have been hurting. Some small businesses have been increased sales because of the economic downturn, giving new life to the old saying, "One man's misfortune is another man's opportunity." Two businesses that have been booming are pawn shops and thrift stores. Pawn shops are stores where people sell their personal things, and thrift stores usually deal with used clothing. Repair men are also doing good business during this recession. Many people are finding that they cannot buy new cars, home appliances, or even shoes. So, auto mechanics, appliance repair men, and shoe repair shop owners are seeing more customers come in while other businesses are downsizing or are going out of business completely.

해석 현재의 경기 침체는 심각하지만, 모든 기업들이 고통 받고 있는 것은 아니다. 몇몇 소기업들은 경기 침체로 인해 오히려 판매가 증가하고 있어서, 오래된 속담인 "어떤 사람에게는 불행인 것이 다른 사람에겐 기회가 될 수 있다"는 말에 새로운 생명력을 부여하고 있다. 경기가 좋은 두 사업체는 전당포와 중고품 할인점이다. 전당포는 사람들이 그들의 개인적인 물건을 파는 상점이고, 중고품 할인점은 보통 중고의류를 판다. 수리공들 역시 이 경기침체에서 호황을 누리고 있다. 많은 사람들은 새로운 차, 가전제품, 심지어 구두도 살 수 없다. 따라서 자동차 수리공, 전자제품 수리공, 신발 수선점 소유주들은 다른 기업들은 규모를 줄이거나 완전히 망하고 있음에도 불구하고 좀 더 많은 손님들을 맞고 있다.

Q 1. 다음 중 글의 구조 중 적당한 것은? [LC]

Q 2. [TOPIC] 불경기에도 어떤 기업들은 호경기를 누리고 있다.

Rudy's tip 전형적인 LC구조의 영문으로 주제문에 이후에 재진술이 이어지고 있다.

## [37] 글의 구조를 파악하고 주제를 찾아보자.

Citizens who are able to set out on the road to see their country are also at liberty to remain home and have their country. Indeed, much of the world is transmitted to them by television. There is much to admire in this remarkable invention and more than a little cause for concern. On the one hand, television unites in common perceptions a disparate people spreading across a broad continent. Such an immediate and inclusive forum would seem an unquestioned boon to democracy. Such is not entirely the case. Although television appears to reflect marvelous diversity, it in fact fosters uniformity by the examples of what millions of Americans watch. Television achieves part of its power by appealing to human weaknesses. The habit of viewing it does not encourage reflection. The eye is trained to crave novelty, while the brain slumbers. Political debate has shrunk to brief bursts of pleasant images. Television's ascent has coincided with a measurable decline in the ability of young people to read. Democracy cannot function without an informed citizenry. [한양대]

voca set out on the road v) 길을 떠나다 disparate a) 종류가 다른 inclusive a) 포괄적인 boon n) 혜택 marvelous a) 놀라운 crave v) 갈망하다 slumber v) 깜박 졸다 ascent n) 상승, 향상

Q 1. 다음 중 글의 구조 중 적당한 것은? [T] [B] [D] [LC]

Q 2. [TOPIC]

[37] ★★

Citizens who are able to set out on the road to see their country are also at liberty to remain home and have their country.  Indeed, much of the world is transmitted to them by television. There is much to admire in this remarkable invention and more than a little cause for concern. On the one hand, television unites in common perceptions a disparate people spreading across a broad continent. Such an immediate and inclusive forum would seem an unquestioned boon to democracy. Such is not entirely the case. Although television appears to reflect marvelous diversity, it in fact fosters uniformity by the examples of what millions of Americans watch. Television achieves part of its power by appealing to human weaknesses. The habit of viewing it does not encourage reflection. The eye is trained to crave novelty, while the brain slumbers. Political debate has shrunk to brief bursts of pleasant images. Television's ascent has coincided with a measurable decline in the ability of young people to read. Democracy cannot function without an informed citizenry.

해석 자기 나라를 관광하기 위해서 길을 떠날 수 있는 사람들은 또한 집에 머물며 자기 나라를 경험해볼 수 있다. 사실, 세계 전역은 텔레비전을 통해 우리에게 전송된다. 이 놀랄만한 발명품에는 감탄할 것이 많고 염려할 이유도 적지 않다. 한편으로, 텔레비전은 광대한 대륙에 퍼져있는 이질적인 사람들을 공통의 인식으로 결합시킨다. 이렇게나 직접적이고 포괄적인 공개 토론의 장은 민주주의에 의심할 여지없는 혜택으로 보인다. 이것이 전적으로 그러한 것은 아니다. 비록 텔레비전이 놀라운 다양성을 반영하는 것처럼 보이지만, 텔레비전은 사실 수백만의 미국인들이 보는 전형들을 통해 획일성을 조장한다. 텔레비전은 그 영향력의 일부를 인간의 약점에 호소함으로서 얻는다. 텔레비전을 보는 습성은 깊이 있는 사고를 촉진하지 않는다. 눈은 새로운 것을 갈망하도록 훈련받고, 반면 뇌는 활동을 멈춘다. 정치 토론은 줄어들어 아주 짧은 시간 동안의 유쾌한 영상에만 관심을 가지게 된다. 텔레비전의 상승은 젊은이들의 독서 능력의 무시 못 할 감소와 동시에 일어난다. 민주주의는 견문이 넓은 시민 없이는 기능할 수 없다.

Q 1. 다음 중 글의 구조 중 적당한 것은? [D]

Q 2. [TOPIC] TV의 장단점

Rudy's tip 전형적인 대조의 구성으로, TV의 장점과 단점을 균형 있게 전개시키고 있다. 만약 TV의 장점을 서론에서 제시했지만, 후반부에서 장점을 뒤집고 단점을 강하게 부각시켰다면 LC구조가 되겠지만 이 영문은 장단점이 균형 있게 제시되어 있기에 전개구조로 보는 것이 적절하다. 'Such is not entirely the case'는 부분부정으로 장점도 있지만, 단점도 있다는 의미이다.

## [38] 글의 구조를 파악하고 주제를 찾아보자.

People born between 1946 and 1964 are called baby boomers in America. Many baby boomers are now over 50, but they still cling to their youth. Most continue to live a very active life. This group cherishes convenience, which has resulted in a growing demand for home delivery of large appliances, furniture, groceries, and other items. In addition, the spreading culture of convenience explains the tremendous appeal of prepared take-out foods, portable telephones, and the Internet.

Baby boomers' parents raised their children to think for and of themselves. Studies of child-rearing practices show that parents of the 1950s and 1960s consistently ranked "to think for themselves" as the number-one trait they wanted to nurture in their children. Postwar affluence also enabled parents to indulge their children as never before. They invested in their children's skills by sending them to college. They encouraged their children to succeed in a job market that rewarded competitive drive more than cooperative spirit and individual skills more than teamwork.

In turn, the sheer size of the generation encouraged businesses to play to the emerging individuality of baby boomers. Even before the oldest baby boomers started earning a living more than two decades ago, astute business people anticipated their profits that could come from giving millions of young people what they wanted. Business offered individualistic baby boomers a growing array of customized products and services.
[항공대]

Q 1. 다음 중 글의 구조 중 적당한 것은? [T]  [B]  [D]  [LC]

Q 2. [TOPIC]

[38] ★★★

People born between 1946 and 1964 are called baby boomers in America. Many baby boomers are now over 50, but they still cling to their youth. Most continue to live a very active life. This group cherishes convenience, which has resulted in a growing demand for home delivery of large appliances, furniture, groceries, and other items. In addition, the spreading culture of convenience explains the tremendous appeal of prepared take-out foods, portable telephones, and the Internet.

Baby boomers' parents raised their children to think for and of themselves. Studies of child-rearing practices show that parents of the 1950s and 1960s consistently ranked "to think for themselves" as the number-one trait they wanted to nurture in their children. Postwar affluence also enabled parents to indulge their children as never before. They invested in their children's skills by sending them to college. They encouraged their children to succeed in a job market that rewarded competitive drive more than cooperative spirit and individual skills more than teamwork.

In turn, the sheer size of the generation encouraged businesses to play to the emerging individuality of baby boomers. Even before the oldest baby boomers started earning a living more than two decades ago, astute business people anticipated their profits that could come from giving millions of young people what they wanted. Business offered individualistic baby boomers a growing array of customized products and services.

**해석** 1946년에서 1964년 사이에 태어난 사람들은 흔히 미국에서 베이비붐 세대로 불린다. 많은 베이비붐 세대는 이제 50이 넘었지만, 여전히 젊음을 유지하고 있다. 대부분은 계속해서 아주 활기찬 삶을 살아가고 있다. 이 집단은 편의성을 소중히 여겼고, 이러한 경향이 커다란 가전제품, 가구, 식품, 그리고 그 밖의 물건들을 가정에 배달하도록 하는 수요가 늘어나는 결과를 낳았다. 게다가 편의 문화의 확산은 조리된 포장 음식, 휴대전화, 인터넷이 엄청난 인기가 있는 이유를 설명해 주고 있다.

베이비붐 세대의 부모들은 그들의 아이들이 혼자 힘으로, 스스로 생각하도록 길렀다. 육아 방식에 대한 연구들에 따르면 1950년대와 60년대의 부모들은 '혼자 힘으로 생각하기'를 그들의 아이들에게 가르치기 원했던 가장 중요한 특성으로 꼽았다. 전후의 풍요 또한 부모들로 하여금 그 어느 때보다도 아이들을 만족시켜 줄 수 있게 하였다. 이들은 아이들을 대학에 보내어 아이들의 능력에 투자하였다. 이들은 협동 정신보다는 경쟁 욕구를, 팀워크보다는 개인 능력에 보상하는 인력 시장에서 성공할 수 있도록 아이들을 격려했다.

한 편, 베이비붐 세대의 엄청난 규모는 기업들로 하여금 베이비붐 세대들에게서 새롭게 나타난 개성에 맞춰 움직이게 만들었다. 20년 전 가장 나이가 많은 베이비붐 세대들이 돈을 벌기 시작하기 이전부터 이미, 영리한 기업인들은 수백만 명의 젊은이들에게 그들이 원하는 것을 제공함으로써 이익을 얻을 수 있으리라는 것을 예견했다. 기업들은 개인주의적인 베이비붐 세대들에게 점점 늘어나는 일련의 맞춤형 제품과 서비스들을 제공하였다.

Q 1. 다음 중 글의 구조 중 적당한 것은? [D]

Q 2. [TOPIC] 베이비붐 세대의 성향, 특징 or 베이비붐 세대의 성향과 기업들의 전략

**Rudy's tip** 총 3개의 단락으로 구성된 것에 유의하자. 이처럼 여러 개의 단락으로 구성된 글은, 대체로 단락의 첫 줄이 각 단락의 주제가 되는 경우가 일반적이다. 이 지문 또한 각 단락의 첫 줄을 주제로 보는 것이 합리적인데, 첫 번째, 두 번째 단락은 베이비붐 세대의 특징으로 묶을 수 있는데, 세 번째 단락은 베이비붐 세대들에 대한 기업들의 전략으로 요약할 수 있다. 따라서 베이비붐 세대의 성향을 주제로 볼 수도 있고, 세 번째 단락의 요지를 포함시킨 내용을 요지로 볼 수도 있다.

## [39] 글의 구조를 파악하고 주제를 찾아보자.

They are buried behind cushions, spit out by parking meters, and cursed by cashiers, yet pennies apparently, are still loved by Americans. Hence the Treasury is issuing four new designs to honor the bicentennial of Lincoln's birth. Yet all is not satisfied with the Lincoln cent, as it is officially known. The coins barely contain copper. Since 1982 they've been 97.5 percent zinc. With demand for zinc spiking, the seven billion pennies minted annually now cost well more than a cent each. Analysts say most pennies don't circulate after their first transaction, ending up in drawers and jars, and that millions of tax dollars could be saved by abolishing the coin. Economists contend that rounding prices to the nearest nickel would be a wash for consumers, citing Australia and other nations that have dumped their smallest coins. So who's led the lobbying effort to protect the penny? School kids? Lincoln loyalists? Guess again. It's the zinc industry. [중앙대]

voca spit v) 뱉어내다 parkin meter n) 주차 계량기 curse v) 저주하다 the Treasure n) 재무부 issue v) 발행하다 honor v) 기념하다 bicentennial a) 2백년의 copper n) 구리, 동 zinc n) 아연 spike v) 급증하다 mint v) 주조하다 circulate v) 유통하다 transaction n) 거래, 교류 end up v) 결국 ∼이 되다 abolish v) 폐기하다 contend v) 주장하다 round v) 반올림하다 nickel n) 5센트 동전 cite v) 인용하다 dump v) 내버리다

Q 1. 다음 중 글의 구조 중 적당한 것은? [T] [B] [D] [LC]

Q 2. [TOPIC]

[39] ★★

They are buried behind cushions, spit out by parking meters, and cursed by cashiers, yet pennies apparently, are still loved by Americans. Hence the Treasury is issuing four new designs to honor the bicentennial of Lincoln's birth. Yet all is not satisfied with the Lincoln cent, as it is officially known. The coins barely contain copper. Since 1982 they've been 97.5 percent zinc. With demand for zinc spiking, the seven billion pennies minted annually now cost well more than a cent each. Analysts say most pennies don't circulate after their first transaction, ending up in drawers and jars, and that millions of tax dollars could be saved by abolishing the coin. Economists contend that rounding prices to the nearest nickel would be a wash for consumers, citing Australia and other nations that have dumped their smallest coins. So who's led the lobbying effort to protect the penny? School kids? Lincoln loyalists? Guess again. It's the zinc industry.

해석 그것들은 방석 밑에 파묻혀 있거나, 주차 계량기에서 튕겨 나오거나 계산원의 욕을 먹기도 한다. 그럼에도 1센트짜리 페니 동전은 여전히 미국인들의 사랑을 받고 있다. 그래서 재무부가 링컨(Lincoln) 탄생 200주년을 기념하여 4가지 새로운 디자인을 발행하는 것이다. 그러나 모두가 다 링컨(의 얼굴이 새겨진) 센트에 대해 공식적으로 알려진 것처럼 만족해하는 것은 아니다. 그 동전은 구리를 거의 함유하고 있지 않다. 1982년 이후로 그것들은 97.5% 아연이었다. 아연에 대한 수요가 솟구치면서, 해마다 70억 개씩 주조되는 페니 동전은 지금 개당 생산비용이 1센트보다 훨씬 더 높다. 분석가들은 대부분의 페니가 첫 거래 후엔 유통되지 않고, 결국 서랍 속이나 병 속에 처박히게 되어서, 그 동전을 폐기하게 되면 수백만 달러의 세금이 절약될 수 있다고 말한다. 경제학자들은 오스트레일리아와 다른 나라들이 가장 작은 단위의 동전을 폐기한 것을 인용하면서, 가장 가까운 5센트 동전으로 가격을 반올림하는 것이 소비자들에게도 손해인 일이 아닐 것이라고 주장한다. 그렇다면 누가 페니를 보호하려는 로비 노력을 해왔을까? 학생들? 링컨 추종자들? 다시 추측해보라. 그것은 아연 업계이다.

Q 1. 다음 중 글의 구조 중 적당한 것은? [D]+[B]
Q 2. [TOPIC] 아연 업계가 폐지 위기에 놓인 1센트 동전을 보호하고 있다.

Rudy's tip 첫 진술부터 S로 시작해서 다양한 예시들이 열거되어 있다. 본문의 주된 내용은 1센트 동전은 경제적 효용성이 없기에 폐지되는 것이 당연하다는 것인데, 마지막에서 그것을 보호하는 것은 다름 아닌 아연산업이라고 강조하고 있다. 전개와 Bottom-up 방식이 혼재되어 있는 구조의 영문이다.

**[40] 글의 구조를 파악하고 주제를 찾아보자.**

Work — the very word calls up to many of us a picture of sheer boredom; meaningless routines; tiresome activity done only to earn enough money so that existence is possible; something that goes on all day and from which at 5 P.M. escape is offered, so that at least there is a chance to "live." Yes, despite this picture — perhaps the biblical depiction of work as "the curse of Adam" has some responsibility — not all work, nor work at all times, is so deadly and dull, so lacking in purpose and value. For work can provide not only an escape from the worry and loneliness that so many suffer but also material for the realization of our human possibilities. It can be an opportunity to develop toward genuine wholeness also. [성균관대]

voca call up v) 떠올리다 sheer a) 완전한 routine n) 반복적인 일상 biblical a) 성서의 depiction n) 묘사, 서술 curse n) 저주 deadly ad) 치명적인 genuine wholeness n) 진정한 완벽함

Q 1. 다음 중 글의 구조 중 적당한 것은? [T] [B] [D] [LC]

Q 2. [TOPIC]

[40] ★★

Work — the very word calls up to many of us a picture of sheer boredom; meaningless routines; tiresome activity done only to earn enough money so that existence is possible; something that goes on all day and from which at 5 P.M. escape is offered, so that at least there is a chance to "live." Yes, despite this picture — perhaps the biblical depiction of work as "the curse of Adam" has some responsibility — not all work, nor work at all times, is so deadly and dull, so lacking in purpose and value. For work can provide not only an escape from the worry and loneliness that so many suffer but also material for the realization of our human possibilities. It can be an opportunity to develop toward genuine wholeness also.

해석 일이라는 그 단어는 많은 사람들에게 완전한 따분함, 의미 없는 일상, 오로지 삶이 가능할 수 있을 정도의 충분한 돈을 벌기 위해 수행되는 지루한 활동, 적어도 생존할 수 있는 기회가 있기 위해 하루 종일 계속 되고 오후 다섯 시가 되어서야 벗어나는 것이라는 이미지를 떠올린다. 맞다. 그런데 일에 대한 이러한 이미지는 아마도 성경에서 일을 '아담의 저주'라고 묘사한 것 때문이겠지만, 이러한 이미지에도 불구하고, 모든 일이, 그리고 항상, 그렇게 몹시 지루하고 재미없지도, 그렇게 목적과 가치가 없는 것도 아니다. 일은 매우 많은 사람들이 겪고 있는 걱정과 고독으로부터의 탈출 뿐 아니라 인간의 가능성을 실현하기 위한 수단도 제공하기 때문이다. 일은 또한 진정한 완벽함으로 발전하기 위한 기회가 될 수도 있다.

Q 1. 다음 중 글의 구조 중 적당한 것은? [D]

Q 2. [TOPIC] 일의 다양한 의미 or 일의 긍정적, 부정적 의미

Rudy's tip 전형적인 D구조의 영문으로 일의 부정적 의미를 열거하고, 이어서 일의 긍정적 의미를 제시하고 있다. 일의 긍정적, 부정적 의미를 균형 있게 제시하고 있는 전개구조의 영문이다.

Determined to prove the doctors wrong, Rocket began rigorous physiotherapy. If he made his left foot move over and over again, he figured, eventually the undamaged cells of his brain would find a way to tell the foot what to do. After he learned to stand, he strapped his left foot to the pedal of a stationary bike at the gym, then started pedalling. On the first day, he lasted only 30 seconds — but he persisted. It was like doing sit-ups for the brain. Twelve years later, after thousands of hours in the gym, Rocket danced on both feet. His doctors were amazed. "It was dramatic," says Dr Robert Willinsky, the neuroradiologist who saved Rocket's life with the clot-buster. "He's a poster child, for sure."

It turned out Rocket's hunch was right. It is possible to retrain your brain to make up for the part that's out of order. A generation ago, that idea was dismissed as folly by most medical practitioners. They thought the adult brain was like a machine. It couldn't change or grow ; all it could do was break down. But over the past few decades, brain scans such as the PET and functional MRI have allowed scientists to observe this organ in action. Now they can see that the conventional thinking about the brain was wrong.

[서강대]

**voca** rigorous a) 엄격한 physiotheraphy n) 물리치료 strap v) 고정시키다 stationary a) 정지된 sit-up n) 윗몸일으키기 neuroradiologist n) 신경 방사선 학자 clot-buster n) 혈전 제거제 poster child n) 본보기 hunch n) 예감 turn out v) 입증되다 make up for v) 보충하다 out of order a) 고장난 break down v) 붕괴하다 stigmatize v) 오명을 씌우다

Q 1. 다음 중 글의 구조 중 적당한 것은? [T] [B] [D] [LC]
Q 2. [TOPIC]

[41] ★★

Determined to prove the doctors wrong, Rocket began rigorous physiotherapy. If he made his left foot move over and over again, he figured, eventually the undamaged cells of his brain would find a way to tell the foot what to do. After he learned to stand, he strapped his left foot to the pedal of a stationary bike at the gym, then started pedalling. On the first day, he lasted only 30 seconds — but he persisted. It was like doing sit-ups for the brain. Twelve years later, after thousands of hours in the gym, Rocket danced on both feet. His doctors were amazed. "It was dramatic," says Dr Robert Willinsky, the neuroradiologist who saved Rocket's life with the clot-buster. "He's a poster child, for sure."

It turned out Rocket's hunch was right. It is possible to retrain your brain to make up for the part that's out of order. A generation ago, that idea was dismissed as folly by most medical practitioners. They thought the adult brain was like a machine. It couldn't change or grow ; all it could do was break down. But over the past few decades, brain scans such as the PET and functional MRI have allowed scientists to observe this organ in action. Now they can see that the conventional thinking about the brain was wrong.

해석 의사들이 틀렸다고 증명하고자 결심하고, 로켓은 엄격한 생리학적 치료를 시작하였다. 그가 왼쪽 발을 반복하여 움직이게 한다면, 결국 뇌의 손상되지 않은 세포가 발에게 무엇을 할 것인지를 말해 줄 방법을 찾을 거라고 그는 생각하였다. 서 있는 방법을 알고 나서, 그는 체육관의 정지된 자전거 페달에 자신의 왼쪽 발을 묶고, 페달을 밟기 시작했다. 첫날은 단지 30초만 지속되었지만, 그는 끈질기게 계속했다. 그것은 뇌를 위한 윗몸 일으키기와 같은 것이었다. 12년 뒤에, 체육관에서 수 천 시간을 보낸 뒤에, 로켓은 두 발로 춤을 추게 되었다. 그의 의사들은 경탄하였다. 혈전 제거제로 로켓의 목숨을 구했던 신경 방사선과 의사 로버트 윌린스키는, "그것은 드라마틱했다. 그는 틀림없이 귀감이 되는 사람이다."라고 말한다. 로버트의 예감이 맞는 것으로 입증되었다. 고장 난 부분을 보충하기 위해 당신의 뇌를 재훈련시키는 것이 가능하다는 것이다. 한 세대 전에는, 그런 생각은 어리석은 것으로 대부분의 개업의들에 의해 무시되었다. 그들은 성인의 뇌는 마치 기계와 같아서 변하거나 성장할 수 없으며 오로지 고장 날 수 있을 뿐이라고 생각하였다. 그러나 지난 몇 십 년 동안, PET와 기능성 MRI와 같은 뇌 정밀촬영은 과학자들이 이 기관(두뇌)이 활동하는 것을 관찰하도록 허용해 주었다. 이제 그들은 뇌에 관한 전통적 생각은 틀렸다는 것을 이해할 수 있다.

Q 1. 다음 중 글의 구조 중 적당한 것은? [B]
Q 2. [TOPIC] 전통적인 두뇌에 대한 의학계의 견해는 틀렸다.

Rudy's tip 전형적인 B구조로 첫 진술 S를 시작으로 구체적인 개인의 예가 전개되어 있다. 결론부에서 본문의 내용을 종합해서 주제문인 G진술을 도출하고 있다.

Husband: Let's go visit my boss tonight.
Wife: Why?
Husband: All right, we don't have to go.

Both husband and wife agreed that the husband's initial proposal was an indication that he wanted to visit his boss. However, they disagreed on the meaning of the wife's question, "Why?" The wife explained that she meant it as a request for information. Therefore she was confused and frustrated and couldn't help wondering why she married such an erratic man who suddenly changed his mind only a moment after making a request. The husband, for his part, explained that his wife's question clearly meant that she did not want to go, and he therefore reclined his request. He was frustrated, however, and resentful of her for refusing. In discussion, the wife reported that she systematically confronted his strange reaction to her asking "Why?" Certainly, the use of this question can be either a request for information or an indirect way of stalling or resisting compliance with a perceived request. The key here is which meaning of "why" is likely to be used in this context. [성균관대]

**voca** initial a) 최초의 erratic a) 괴짜의, 이상한 recline v) 눕히다 resentful a) 분개한 systematically ad) 일관되게 confront v) 직면하다 stall v) 지연시키다 compliance n) 순응 perceive v) 지각하다

Q 1. 다음 중 글의 구조 중 적당한 것은? [T] [B] [D] [LC]
Q 2. [TOPIC]

[42] ★★

Husband: Let's go visit my boss tonight.

Wife: Why?

Husband: All right, we don't have to go.

Both husband and wife agreed that the husband's initial proposal was an indication that he wanted to visit his boss. However, they disagreed on the meaning of the wife's question, "Why?" The wife explained that she meant it as a request for information. Therefore she was confused and frustrated and couldn't help wondering why she married such an erratic man who suddenly changed his mind only a moment after making a request. The husband, for his part, explained that his wife's question clearly meant that she did not want to go, and he therefore reclined his request. He was frustrated, however, and resentful of her for refusing. In discussion, the wife reported that she systematically confronted his strange reaction to her asking "Why?" Certainly, the use of this question can be either a request for information or an indirect way of stalling or resisting compliance with a perceived request. The key here is which meaning of "why" is likely to be used in this context.

해석

남편 : 오늘 밤에 나의 상사를 방문하러 갑시다.

부인 : 왜요?

남편 : 좋아. 갈 필요 없어.

이남편과 부인 둘 모두 남편의 최초의 제안이 그가 상사를 방문하기를 원한다는 의미라는 것에는 의견이 일치했다. 그렇지만, 그 부인의 "왜요?"라는 질문의 의미에 대하여는 그들은 의견이 일치하지 않았다. 부인은 그녀가 정보의 요구로서(방문해야 할 이유를 정말 몰라서) 그 질문을 한 것이라고 해명하였다. 그러므로 그녀는 혼란스럽고 좌절하였으며 요청을 하자마자 갑자기 마음을 바꾸는 그런 변덕스런 남자와 왜 결혼했을까 하는 생각이 들지 않을 수 없었다. 남편 쪽에서는 그의 부인의 질문이 명백히 가고 싶지 않다는 것을 의미하였고 그래서 앞서 한 요청을 거두어 들였다고 해명하였다. 그렇지만, 그는 좌절하였고, 그녀의 거절에 분개하였다. 토의 중에, 그녀는 자신의 "왜요?"라는 질문에 대한 남편의 이상한 반응에 일관되게 직면하였다고 말하였다. 틀림없이, 그 질문은 정보의 요구(몰라서 묻는 질문)일 수도 있고, 들은 요청에 순응하기를 지연하거나 저항하는 간접적인 방법일 수도 있다. 여기서 중요한 것은 "왜요?"가 이 상황에서는 어느 의미로 사용될 가능성이 높은가 하는 것이다.

Q 1. 다음 중 글의 구조 중 적당한 것은? [B] + [D]

Q 2. [TOPIC] 맥락 안에서 하나의 단어가 다르게 해석되는 것

Rudy's tip 남편과 아내의 대화를 통해 같은 단어를 서로 다르게 받아들이는 상황을 보여 주고 있다. 마지막 문장을 주제로 해서 B 구조로 파악할 수도, Why라는 단어에만 한정되기 보다는 '같은 단어를 다르게 받아들이는 상황'으로 확장해서 D구조로 파악하는 것도 적절하다.

## [43] 글의 구조를 파악하고 주제를 찾아보자.

It is clear that the decline of a language must ultimately have political and economic causes. It is not due simply to the bad influence of this or that individual writers. But an effect can become a cause, reinforcing the original cause and producing the same effect in an intensified form, and so on indefinitely. A man may take to drink because he feels himself to be a failure, and then fail all the more completely because he drinks. It is rather the same thing that is happening to the English language. It becomes ugly and inaccurate because our thoughts are foolish but the slovenliness of our language makes it easier for us to have foolish thoughts. The point is that the process is reversible.
[서강대]

**voca** decline n) 감소, 쇠퇴 ultimately ad) 궁극적으로 reinforce v) 강화하다 intensified a) 강화된 indefinitely ad) 무한히 slovenly a) 초라한 reversible a) 가역적인

Q 1. 다음 중 글의 구조 중 적당한 것은? [T] [B] [D] [LC]

Q 2. [TOPIC]

[43] ★★

It is clear that the decline of a language must ultimately have political and economic causes. It is not due simply to the bad influence of this or that individual writers. But an effect can become a cause, reinforcing the original cause and producing the same effect in an intensified form, and so on indefinitely. A man may take to drink because he feels himself to be a failure, and then fail all the more completely because he drinks. It is rather the same thing that is happening to the English language. It becomes ugly and inaccurate because our thoughts are foolish but the slovenliness of our language makes it easier for us to have foolish thoughts. The point is that the process is reversible.

해석 한 언어의 쇠퇴에 궁극적으로 정치적, 경제적 원인이 있다는 것은 분명하다. 언어가 쇠퇴하는 것은 단지 이런 저런 개별 작가들의 나쁜 영향 때문만은 아니다. 그러나 결과가 원인이 되어서 원래의 원인을 강화하고 똑같은 결과를 더 강화된 형태로 낳을 수 있으며 이는 무한히 계속된다. 사람은 자신이 실패자라고 느껴서 술을 마시고 술을 마시기 때문에 더 실패자가 될 수도 있다. 영어에 벌어지고 있는 일도 이와 마찬가지이다. 영어는 우리의 생각이 아둔하기 때문에 추해지고 부정확해지지만, 우리 언어(영어)의 단정치 못함 때문에 우리는 바보 같은 생각을 더 쉽게 하게 된다. 요점은 이 과정을 돌이킬 수 있다는 것이다.

Q 1. 다음 중 글의 구조 중 적당한 것은? [B]
Q 2. [TOPIC] 영어에서 일어나고 있는 악순환은 되돌릴 수 있다.

Rudy's tip IT에서 언어의 쇠퇴를 이야기 한다. 이어서 알코올 중독자의 예시를 통해 영어에서도 동일한 악순환이 일어나고 있다는 것이 본문의 내용이다. 하지만 결론에서는 본론의 내용과는 상반되는 영어의 악순환을 돌이킬 수 있다는 G진술이 등장하기에 이것을 주제로 보는 것이 타당하다.

## [44] 글의 구조를 파악하고 주제를 찾아보자.

Every day more than 100 million people hear the sound of background music. They hear it while they are working in offices, shopping in stores, and eating in restaurants. They even hear it while they are sitting in the dentist's chair. Why is background music played in so many places? The answer is easy. Music is such a powerful force that it can affect people's behavior.

Studies show that background music can affect the sales of business. Ronald Milliman, a marketing professor, measured the effects that fast music, slow music and no music had in customers in a supermarket. He found that fast music did not affect sales very much when compared with no music. However, slow music made a big difference. Listening to music played slowly made shoppers move more slowly. When slow music was played, shoppers bought more and sales increased 38 percent. Milliman also found that restaurant owners can use music to their advantage. In the evening, playing slow music lengthens the amount of time customers spend in the restaurant. At lunch time, restaurants want people to eat more quickly so that they can serve more customers. Playing lively music at lunchtime encourages customers to eat quickly and leave.

[서강대]

**voca** background music n) 배경음악 affect v) 영향을 미치다 measure v) 측정하다, 재다 truncate v) 자르다 elongate v) 물건을 길게 연장하다

---

Q 1. 다음 중 글의 구조 중 적당한 것은? [T] [B] [D] [LC]

Q 2. [TOPIC]

[44] ★★

Every day more than 100 million people hear the sound of background music. They hear it while they are working in offices, shopping in stores, and eating in restaurants. They even hear it while they are sitting in the dentist's chair. Why is background music played in so many places? The answer is easy. Music is such a powerful force that it can affect people's behavior.

Studies show that background music can affect the sales of business. Ronald Milliman, a marketing professor, measured the effects that fast music, slow music and no music had in customers in a supermarket. He found that fast music did not affect sales very much when compared with no music. However, slow music made a big difference. Listening to music played slowly made shoppers move more slowly. When slow music was played, shoppers bought more and sales increased 38 percent. Milliman also found that restaurant owners can use music to their advantage. In the evening, playing slow music lengthens the amount of time customers spend in the restaurant. At lunch time, restaurants want people to eat more quickly so that they can serve more customers. Playing lively music at lunchtime encourages customers to eat quickly and leave. [서강대]

**해석** 날마다 1억이 넘는 사람들이 배경음악소리를 듣는다. 이들은 사무실에서 일을 하면서, 상점에서 쇼핑을 하면서, 식당에서 식사를 하면서도 배경음악을 듣고 있다. 심지어는 치과 병원 의자에 앉아있는 동안에도 듣는다. 왜 배경음악이 이렇게 많은 장소에 깔리는 것일까? 답은 쉽다. 음악은 너무나 강력한 요소라서 사람들의 행동에 영향을 미치는 것이다.
연구에 의하면 배경음악은 판매에 영향을 미칠 수 있다. 마케팅 학과 교수 로날드 밀리만은 빠른 음악과 느린 음악, 음악이 없는 상태가 슈퍼마켓의 고객들에게 미치는 영향을 측정했다. 그가 발견한 바에 따르면 빠른 음악은 음악이 없는 상태에 비해 판매가 그다지 많은 영향을 미치지 않았다. 그러나 느린 음악은 큰 차이를 낳았다. 느리게 연주되는 음악은 쇼핑객들을 느리게 움직이게 했다. 느린 음악이 연주될 때 쇼핑객들은 더 많이 샀고 판매는 38퍼센트 증가했다. 밀리만은 또한 식당주인도 음악을 자신의 이익에 맞게 이용할 수 있다는 점을 발견했다. 저녁때 느린 음악을 연주하는 것은 고객이 식당에서 보내는 시간을 연장시킨다. 점심시간에는 식당은 사람들이 식사를 빨리 하게 하여 더 많은 손님들을 받고 싶어 한다. 생기 있는 음악을 점심시간에 연주하면 손님들은 빨리 식사를 하고 식당을 떠나게 된다.

Q 1. 다음 중 글의 구조 중 적당한 것은? [T]
Q 2. [TOPIC] 음악은 사람들의 행동에 큰 영향을 끼친다.

**Rudy's tip** 전형적인 T구조의 영문이다. AG인 의문문을 통해서 음악은 사람들의 행동에 큰 영향을 끼친다는 주제를 제시한 후, 본문에서 구체적인 식당의 매출 사례를 논거로 제시하고 있다.

## [45] 글의 구조를 파악하고 주제를 찾아보자.

The authority of government, even such as I am willing to submit to, is still an impure one; to be strictly just, it must have the sanction and consent of the governed. It can have no pure right over my person and property but what I concede to it. The progress from an absolute to a limited monarchy, from a limited monarchy to a democracy, is a progress toward a true respect for the individual. Even the Chinese philosopher was wise enough to regard the individual as the basis of the empire. There will never be a really free and enlightened State until the State comes to recognize the individual as a higher and independent power, from which all its own power and authority are derived, and treats him accordingly. I please myself with imagining a State which can be just to all men and treat the individual with respect ; which even would not think it inconsistent with its own repose if a few were to live aloof from it, not meddling with it, who fulfilled all the duties of fellow men. [이화여대]

**voca** authority n) 권위 submit v) 복종하다 impure a) 부도덕한, 불순한 concede v) 인정하다 limited monarchy n) 입헌군주제 empire n) 제국 enlightened a) 계몽된, 문명의 derive v) 기인하다 inconsistent a) 모순된 repose n) 휴식, 평온 aloof ad) 멀리 떨어져서 meddling a) 간섭하는 fulfill v) 완수하다

Q 1. 다음 중 글의 구조 중 적당한 것은? [T]  [B]  [D]  [LC]

Q 2. [TOPIC]

[45] ★★★

The authority of government, even such as I am willing to submit to, is still an impure one; to be strictly just, it must have the sanction and consent of the governed. It can have no pure right over my person and property but what I concede to it. The progress from an absolute to a limited monarchy, from a limited monarchy to a democracy, is a progress toward a true respect for the individual. Even the Chinese philosopher was wise enough to regard the individual as the basis of the empire. There will never be a really free and enlightened State until the State comes to recognize the individual as a higher and independent power, from which all its own power and authority are derived, and treats him accordingly. I please myself with imagining a State which can be just to all men and treat the individual with respect ; which even would not think it inconsistent with its own repose if a few were to live aloof from it, not meddling with it, who fulfilled all the duties of fellow men.

해석 정부의 권위는 설령 그것이 내가 기꺼이 복종하고 싶은 것이라 하더라도 여전히 불순한 것이다. 즉, 정부가 완전히 정당하기 위해서, 정부는 국민의 승인과 동의를 받아야 한다. 정부는 내가 용인하는 것을 제외한 나의 신체와 재산에 대해 순수한 권리를 가질 수 없다. 절대군주제에서 입헌군주제로, 또 입헌군주제에서 민주주의로의 발전은 개인에 대한 진정한 존중을 향한 진보였다. 중국의 철학자도 개인을 제국의 근본이라고 여길 정도로 지혜로웠다. 국가의 모든 권력과 권위의 기원이 되는 개인을 더 높고 독립적인 힘을 가진 존재로 인식하고 그에 부합하는 대접을 해주기 전까지는 진정 자유롭고 계몽된 국가는 존재하지 않을 것이다. 나는 모든 국민들에게 공정하고 개인을 존중해 주는 그런 국가를 상상하며 즐거워한다. 그런 나라는 소수의 사람들이 국민의 의무는 다하되 국가로부터 초연한 채 나랏일에 개입하지 않고 산다 해도 국가의 안녕에 배치된다고 여기지 않을 것이다.

Q 1. 다음 중 글의 구조 중 적당한 것은? [D]
Q 2. [TOPIC] 개인의 존엄성과 권리를 최대한 존중하는 국가가 최고이다.

Rudy's tip IT에서 국가의 정통성이 확보되기 위해서는 국민들의 동의가 반드시 필요하다고 시작하고 있다. 이어서 절대군주, 입헌군주제를 거쳐 민주주의로 발전한다는 것은 개인의 권리를 최대한 존중한다는 것이 본문으로, 국가는 개인의 권리를 존중해야 한다는 것을 주제로 추론할 수 있다.

# Chapter 3

# SR (SNIPER READING)

Chapter3에서는 앞서 학습한 MSG, 직진&전환, 글의 구조들을 적용하는 장이다.

Chapter1&2에서 학습한 내용은 결국 '어떤 글이든 가장 경제적으로 핵심적인 내용을 파악하는 것'이다. 먼 거리를 이동해야 할 때, 배 보다는 자동차가, 자동차 보다는 비행기가, 비행기에서도 경유보다는 직항이 빠른 것처럼 한 편의 글을 읽고 이해할 때, 가장 효과적으로 이해하는 우리의 목적이다. 이제 'Snipper Reading'을 통해서 완성하자

## Sniper Reading

적의 핵심적인 요인 또는 시설을 파괴하는 스나이퍼처럼 많은 정보가 담겨있는 지문을 읽을 때, 저자의 주장이나 핵심적인 정보만을 파악하는 것이 SR이다. SR이 가능하기 위해선 가장 전제가 되는 능력이 다름 아닌 '개별 문장에 대한 정확한 해석' 능력(독한독해1.0)이다. 뛰어난 스나이퍼가 되기 위해선 자신이 목표로 하는 대상을 정확하게 명중시킬 수 있는 능력이 전제가 되는 것처럼, 장문에서 SR을 하기 위해선 핵심적인 문장을 추려내고, 정확하게 이해하는 능력이 필수적이다. 앞서 학습한 MSG를 통한 문장 분류와 개별 문장에서의 KEYWORD, 문장 상호간에 직진&전환의 논리 구조를 적용하는 종합적인 독해 능력을 통해서 SR은 완성된다.

## 1

### SR SKILL

SR을 원활히 할 수 있는 우리가 기억해야 할 Reading Skill은 다음과 같다.

#### [0단계 Reading]

지문을 보기에 앞서 보기문항들을 먼저 살펴보자. 개별 문항들을 꼼꼼하게 해석할 필요는 없으나 생소한 단어들이나 표현들이 많아서 한 눈에도 이해가 어렵다면, 해당 지문을 득점하는 것은 어렵기에 바로 다음 지문으로 건너가야 한다. 너무나 많은 수험생들이 보기 문항 자체를 이해하지 못하는 상황에서도 '어떻게든 되겠지'라는 막연함을 가지고 지문을 읽는 경우가 많은데, **보기문항 자체를 이해하지 못하면 정답을 선별할 수가 없다는 점을 명심**하자.

#### [1단계 Reading]

1) 모든 영문을 꼼꼼하게 읽는 것이 아니라 꼼꼼하게 읽어야 하는 지문과 속독으로 독해할 수 있는 지문이 있다는 것을 기억하자.

2) 개별 문장을 읽기에 앞서 지문 전체를 전반적으로 조망해 보자.
   (1) 지문의 난이도는 높은가? ex) 어휘의 난이도, 개별 문장들의 길이
   (2) 무슨 내용을 다루는 지문인가? ex) 과학, 경제, 인문 철학, 시사....
   (3) 본문에 전환의 연결어들이 등장하는가? ex) but, however, in contrast....

3) 지문의 처음과 마지막 문장을 살펴보자.

처음과 마지막 문장에 G진술이 등장하는 경우에는 T or B 구조인 경우가 빈번하기 때문이다.

이 때, G인지 M인지 애매한 경우에는 언제나 전후 문장들과의 관계를 살펴보자. 만약 2단락 이상으로 구성된 지문이라면 각 단락의 첫 문장을 살펴보자.

4) 1)~3)을 통해서 핵심 정보 위주로 속독해도 되는 지문인지, 전반적인 내용을 모두 파악해야 하는 지문인지? 즉, 얼마나 꼼꼼하고 강하게 읽어야 하는 지문인지 독해의 강도를 선정한다.

※ 실전에서 [1단계 Reading]을 통해 매우 높은 난이도로 측정되어, 득점이 여의치 않다면 다음 지문으로 건너가는 것이 요령이다. 반복적 연습을 통해서 [1단계 Reading]은 통상 30초 내외로 이루어져야 한다.


## [2단계 Reading]

1) 언제나 서론은 강하게 읽자. 서론의 기준은 통상적으로 처음 3줄 정도를 생각하면 된다.

이 때 T구조로 파악이 된다면, 보기문항에서 정답이 될 수 있는 것을 짐작해 보자. 이후에 재진술 내용을 통해 정답을 선별하면 된다.

2) 서론에 IT가 등장하고 이후에 G진술이 등장하는 구조도 기억하자.

첫 문장부터 직접적인 주제문이 등장하는 T구조도 있지만, IT를 통해 중심화재를 제시하고 이후에 G진술이 등장해서 주제를 부각시키는 영문 또한 빈출된다.

3) 서론부터 본문까지 MS 진술이 반복된다면 마지막 진술을 살펴보자. 결론에 G진술이 등장한다면 B구조일 가능성이 높다.

4) 전반적인 문장 구성이 MS로 이루어져 있고 서론과 결론에 눈에 띄는 G진술이 없다면 D구조일 가능성이 높기에, 다양한 재진술 내용들에서 공통된 화재를 추론해야하는 문제일 가능성이 높다.

5) 전환 연결어가 등장했을 때, LC구조에 유의해야 한다. LC or SC는 전후 문장들의 관계를 통해서 파악하고, LC구조라면 LC 진술 이후에 재진술 구조가 전개된다.

[EX] Choose a description that best sums up the main point of the passage.

Although the modern public museum — a space to generate and police narratives regarding all objects, images and information — found its ideal form at the end of the nineteenth century, the tangled roots of museological culture reach back much further into history. With its stock of relics satisfying a public curiosity for tangible, authenticated objects, the early Church is often cited as the origin of the drive that establishes museum culture. At the heart of the experience of pilgrimage was the guided tour, during which artefacts and relics were revealed as part of a sequence of stories and theatrical unveilings told and performed by a member of local clergy. Throughout this process of narration, people were able to comprehend an individual object in all its sumptuousness and freakish wonder, while simultaneously, things were deployed symbolically in relation to their mutual fulcrum, faith.
[이화여대]

**voca** police v) 유지하다 narrative n) 이야기 tangled a) 얽힌 museological a) 박물관학의 reach back v) 기억을 더듬어 가다 relic n) 유물 authenticate v) 인증하다 underpin v) 지지하다 pilgrimage n) 성지순례(여행) artefact n) 인공 유물 theatrical a) 연극적인 unveiling n) 초연 sumptuousness n) 화려함 freakish a) 별난 simultaneously ad) 동시에 deploy v) 배치하다 fulcrum n) 받침대 authoritarian n) 권위주의자 trace back v) 더듬어 올라가다

(A) The modern museum was shaped in reaction against the ideology of regulating object narratives.
(B) The desire for collecting objects can be traced back to old Christian culture.
(C) Religious aspects of the modern museum were not recognized until the end of the nineteenth century.
(D) The early Church did not allow people to form attachment to religious relics.


1) 보기문항을 먼저 살펴보자. 박물관, 기독교 문화, 종교 등의 단어들을 파악해 보자.
2) 본문에서 BUT, HOWEVER가 눈에 띄지는 않는다. 따라서 T, B, D 구조를 예상해 볼 수 있다.
3) 첫 문장에는 대쉬를 통한 삽입이 있어 길어졌고, 마지막 문장은 다소 추상적이기에 전후 문맥을 알지 못한다면 이해가 어렵다.
4) 서론에 roots와 origin이 등장하고 이후에 pilgrimage을 통한 재진술(예시)이 등장하고 있기에 T 구조임을 유추할 수 있다.
5) 보기문항에서 origin과 소통하는 것은 (B)의 'be traced back'이라는 표현이기에 정답을 선별할 수 있다.

---

근대의 공공 박물관은 모든 물체, 이미지, 그리고 정보에 대한 이야기들을 만들어내고 보존하던 공간인데, 이런 박물관은 19세기 말 무렵 그 이상적인 형태가 발견되긴 했지만, 박물관학 문화의 뒤얽힌 기원들은 이보다 훨씬 더 이전의 역사로 거슬러 올라간다. 초기 교회가 소장했던 유물들은 실제로 만질 수 있는 진품 물건들에 대한 대중의 호기심을 충족시켰기에, 초기 교회는 자주 박물관 문화를 형성한 원동력의 기원으로 일컬어지고 있다. 성지 순례 경험의 핵심에는 안내원이 동행하는 여행이 있었는데, 이 여행 동안 여러 가공물과 자연 유물들은 현지의 성직자들이 전해주는 이야

기와, 이들이 공연하는 연극의 일환으로 공개되었다. 이러한 해설을 통해 사람들은 각 물품의 화려함과 기이한 놀라움을 이해할 수 있었고, 이와 동시에 물품들은 상호간의 지지대라 할 수 있는 신념과 연관 지어 상징적으로 배치되었다.

(A) 근대 박물관은 객관적 서술을 통제하려는 이데올로기에 저항해서 형성되었다.

(B) 물건을 수집하는 욕구는 원시 기독교 문화로 거슬러 올라간다.

(C) 근대 박물관의 종교적 역할들은 19세기까지 인정받지 못했다.

(D) 초기 기독교는 사람들이 종교적 유산에 애착을 느끼는 것을 허용하지 않았다.

## [1] What is the main idea of this passage?

The space shuttle Challenger had just taken off for its tenth flight in January 1986 when it exploded in the air and killed all seven people inside. Millions of people around the world were watching the lift-off because schoolteacher Christa McAuliffe was on board. McAuliffe, who had been chosen to be the first teacher in space, was planning to broadcast lessons directly to schools from the shuttle's orbit around Earth. This Challenger disaster led NASA to stop all space shuttle missions for nearly three years while they looked for the cause of the explosion and fixed the problem. They soon discovered that the shuttle had a faulty seal on one of the rocket boosters. Unfortunately, the teacher-in-space program was indefinitely put on hold. So were NASA's plans to send musicians, journalists, and artists to space.

**voca** take off v) 이륙하다 lift-off n) 발사 순간, 상승 on board ad) 탑승해 있는 orbit n) 궤도 look for v) 찾다 explosion n) 폭발 faulty a) 결점이 있는 seal n) 봉인, 마개 indefinitely ad) 무기한으로 put on hold v) 연기되다

(A) Schoolteacher Christa McAuliffe's pioneering participation in the space program

(B) The reason why the American space program was put on hold

(C) The importance of the space research and training of astronauts

(D) A satire on the unsuccessful or tragic space missions

## [1] (B) ★

**Rudy's tip** D+B
전형적인 D구조의 서론, 본론에 마지막에서 주제를 제시하는 B구조의 영문으로 우주왕복선 발사와 사고에 따른 여파를 순차적으로 진술하고 결론에서 우주계획이 중단되었다는 주제를 제시하고 있다. '우주왕복선 사고와 그에 따른 여파' 정도를 주제로 추론해 볼 수 있고, 가장 부합되는 것은 (B)이다.

The space shuttle Challenger had just taken off for its tenth flight in January 1986 when it exploded in the air and killed all seven people inside. Millions of people around the world were watching the lift-off because schoolteacher Christa McAuliffe was on board. McAuliffe, who had been chosen to be the first teacher in space, was planning to broadcast lessons directly to schools from the shuttle's orbit around Earth. This Challenger disaster led NASA to stop all space shuttle missions for nearly three years while they looked for the cause of the explosion and fixed the problem. They soon discovered that the shuttle had a faulty seal on one of the rocket boosters. Unfortunately, the teacher-in-space program was indefinitely put on hold. So were NASA's plans to send musicians, journalists, and artists to space.

**해석** 우주왕복선 챌린저호가 1986년 1월 10번째 비행에 나서기 위해 이륙하는 바로 그때 우주왕복선은 공중에서 폭발했고, 안에 있던 7명 모두 사망했다. 학교선생인 Christa McAuliffe가 타고 있어 전 세계 수백만 명이 이를 지켜보고 있었다. 우주왕복선에 탑승하는 최초의 교사였던 McAuliffe는 왕복선이 지구를 공전할 때 학교로 직접적으로 수업을 중계할 예정이었다. 이 챌린저호의 참사는 나사가 거의 3년 동안 모든 우주왕복선 운항을 중단하게 했고, 동시에 폭발의 원인을 찾아 문제를 해결하게 했다. 나사는 곧 우주왕복선의 로켓 추진체 중 하나에 접합 결함이 있는 것을 알아냈다. 불행하게도 우주교사 프로그램은 무기한 연기되었다. 음악가, 기자 그리고 예술가들을 우주로 보내려던 나사의 계획 또한 무기한 연기되게 되었다.

(A) 교사 Christa McAuliffe의 선구자적인 우주 프로그램 참여
[오답 피하기] 우주 프로그램에 참여했다는 내용만 있고, 폭발에 대한 참사는 없기에 적절하지 않다.

(B) 미국 우주 프로그램이 연기된 이유
(C) 우주 비행사의 우주 연구와 훈련의 중요성
(D) 실패하거나 비극으로 끝난 우주 임무에 대한 풍자
[오답 피하기] 풍자는 비유적으로 표현하는 것으로 적합하지 않다.

A team of researchers has found that immunizing patients with bee venom instead of with the bee's crushed bodies can better prevent serious and sometimes fatal sting reactions in the more than one million Americans who are hypersensitive to bee stings. The crushed-body treatment has been standard for fifty years, but a report released recently said that it was ineffective. The serum made from the crushed bodies of bees produced more adverse reactions than the injections of the venom did. The research compared results of the crushed-body treatment with results of immunotherapy that used insect venom and also with results of a placebo. After six to ten weeks of immunization, allergic reactions to stings occurred in seven of twelve patients treated with the placebo, seven of twelve treated with crushed-body extract, and one of eighteen treated with the venom.

**voca** immunizing a) 면역의 venom n) 독액 crushed a) 짓눌린 fatal a) 치명적인 hypersensitive a) 과민반응의 adverse reaction n) 부작용 immunotherapy n) 면역요법 placebo n) 가짜약 효과 extract n) 추출물

(A) A new treatment for people allergic to bee stings

(B) A more effective method of preventing bee stings

(C) The use of placebos in treating hypersensitive patients

(D) Bee venom causing fatal reactions in hypersensitive patients

## [2] (A) ★

**Rudy's tip** T

전형적인 T구조로 두 개의 치료법들을 비교하며 기존의 방법 보다 벌독으로 치료하는 것이 더 효과적이라는 주장을 하고 있다. 첫 문장이 장문으로 등장했기에, 수험생이 느끼는 난이도가 상대적으로 높게 느껴질 수 있지만, 전반적인 문단의 구조는 '주제+논거'의 간명한 구성으로 이루어져 있어 쉽게 주제를 파악할 수 있다.

A team of researchers has found that immunizing patients with bee venom instead of with the bee's crushed bodies can better prevent serious and sometimes fatal sting reactions in the more than one million Americans who are hypersensitive to bee stings. The crushed-body treatment has been standard for fifty years, but a report released recently said that it was ineffective. The serum made from the crushed bodies of bees produced more adverse reactions than the injections of the venom did. The research compared results of the crushed-body treatment with results of immunotherapy that used insect venom and also with results of a placebo. After six to ten weeks of immunization, allergic reactions to stings occurred in seven of twelve patients treated with the placebo, seven of twelve treated with crushed-body extract, and one of eighteen treated with the venom.

**해석** 과학자들은 벌을 짓이겨 만든 가루 대신 벌의 독으로 환자에게 면역 치료를 하는 것이 벌침에 과민 반응을 보이는 백만 명이 넘는 미국인들에게 심각하고 때로는 치명적인 독 반응을 예방할 수 있다는 사실을 밝혀냈다. 벌 가루 치료가 50년간 표준이었지만 최근에 발표된 한 보고서에 따르면 이는 비효율적이라는 것이다. 벌의 가루로 만들어진 혈청은 벌의 독을 주사하는 것 보다 더 부작용을 일으켰다. 과학자들은 벌 가루 치료 결과와 곤충의 독을 이용한 면역 요법 결과와 그리고 플라시보의 결과와 비교해 보았다. 6~10주간의 면역 치료 후에 벌침의 알레르기 반응이 플라시보로 치료를 받은 12명의 환자 중 7명에게서, 벌 가루 추출물로 치료를 받은 사람 12명 중 7명이, 그리고 독으로 치료를 받은 18명 중의 1명에게서 나타났다.

(A) 벌침에 알레르기가 있는 사람들을 위한 새로운 치료법
(B) 벌침을 예방할 수 있는 보다 효과적인 방법
[오답 피하기] 예방할 수 있는 방법이 아니라, 효과적인 치료법에 대한 글이다.
(C) 벌침에 극도로 민감한 환자들을 위한 위약효과의 활용
(D) 극도로 민감한 환자들에게 벌침이 일으키는 치명적 작용

## [3] What is the title of this passage?

Late one night, Catherine Ryan Hyde was driving in Los Angeles. In a dangerous neighborhood, her car caught on fire. She got out. Three men ran toward her. She immediately felt afraid of them. They didn't hurt her, though. They put out the fire and called the fire department. When she turned to thank them, they were gone. Years later, that event became the subject of her novel called "Pay It Forward". She never forgot that event. In the book, a teacher asks his students "to think of an idea for world change and put it into action." A boy named Trevor suggested doing kind acts for others. They used his ideas. Trevor's idea works like this. Someone chooses three people and does something nice for each one. In return, the recipients of that favor must do favors for three more people. In 2000, the novel inspired a movie.

**voca** put out v) 불을 끄다  subject n) 주제 pay it forward v) 자신이 받은 은혜를 타인에게 베풀다 put into action v) 실천하다 recipient n) 수혜자

(A) The Kindness of Strangers

(B) A Trauma in Early Childhood

(C) A Movie which Influences Real Life

(D) An Unintended Violation of Someone's Idea

## [3] (A) ★

**Rudy's tip** D

전형적인 D구성으로 구체적인 사건을 통해 그것의 결과로 일어난 일들을 제시하고 있다. 이처럼 구체적 일화를 중심으로 제시된 글들은 언제나 주제문 추론 성격이 강하기에 가장 중심이 되는 사건을 중심으로 주제문을 뽑아내야 한다. 낯선 동네에서 받은 친절함을 계기로 소설을 쓰고 추후에 영화로까지 연결되었다는 내용을 토대로 주제를 추론할 수 있다.

Late one night, Catherine Ryan Hyde was driving in Los Angeles. In a dangerous neighborhood, her car caught on fire. She got out. Three men ran toward her. She immediately felt afraid of them. They didn't hurt her, though. They put out the fire and called the fire department. When she turned to thank them, they were gone. Years later, that event became the subject of her novel called "Pay It Forward". She never forgot that event. In the book, a teacher asks his students "to think of an idea for world change and put it into action." A boy named Trevor suggested **doing kind acts for others**. They used his ideas. Trevor's idea works like this. Someone chooses three people and does something nice for each one. In return, the recipients of that favor must do favors for three more people. In 2000, the novel inspired a movie.

**해석** 어느 날 밤늦게 Catherine Ryan Hyde는 로스앤젤레스에서 차를 몰고 가고 있었다. 위험한 지역에서 그녀 차에 불이 붙었다. 그녀는 차 밖으로 나왔다. 세 명이 그녀에게 달려왔다. 그녀는 즉각적으로 이들에게서 두려움을 느꼈다. 그러나 그들은 그녀를 해치지 않았다. 그들은 불을 끄고 소방서에 전화를 걸어 주었다. 그녀가 돌아서서 감사를 표하려 했을 때 이들은 이미 가고 없었다. 수 년 뒤 이 사건이 그녀의 소설 'Pay It Forward'(자신이 받은 은혜를 타인에게 베풀다)의 주제가 되었다. 그녀는 그 사건을 잊지 않았다. 그 책 속에서 한 교사가 학생들에게 세계 변화를 위한 아이디어를 생각해서 그것을 행동에 옮겨 줄 것을 요구한다. Trevor라는 한 아이가 남들을 위한 선행을 할 것을 제안했다. 이들은 그의 아이디어를 받아들였다. Trevor의 아이디어는 다음과 같았다. 어떤 사람이 세 명을 골라 이들 각자에게 선행을 하게 된다. 이에 대한 보답으로 그 선행을 받은 사람은 다른 세 사람에게 선행을 해야 한다. 2000년에 이 소설이 한 영화의 모티브가 되었다.

(A) 낯선 이의 선행
(B) 어린 시절의 트라우마
(C) 현실에 영향을 주는 영화
(D) 의도치 않게 타인의 생각을 왜곡

[4] What is the main idea of this passage?

It's long been part of folk wisdom that birth order strongly affects personality, intelligence and achievement. However, most of the research claiming that firstborns are radically different from other children has been discredited, and it now seems that any effects of birth order on intelligence or personality will likely be washed out by all the other influences in a person's life. In fact, the belief in the permanent impact of birth order, according to Toni Falbo, a social psychologist at the University of Texas at Austin, comes from the psychological theory that your personality is incorrect. The better, later and larger studies are less likely to find birth order a useful predictor of anything. When two Swiss social scientists, Cecile Ernst and Jules Angst, reviewed 1,500 studies a few years ago, they concluded that "birth order differences in personality are nonexistent in our sample. In particular, there is no evidence for a firstborn personality."

voca folk wisdom n) 민간의 지혜 firstborn n) 장남, 장녀 radically ad) 급진적으로 discredit v) 불신하다 wash out v) 제거하다 birth order n) 출생순서 predictor n) 예언자

(A) A firstborn child is kind to other people.

(B) Birth order influences a person's intelligence.

(C) An elder brother's personality is different from that of his younger brother.

(D) Birth order has nothing to do with personality.

## [4] (D) ★

**Rudy's tip** LC

첫 문장에서 일반론을 제시하고, 바로 however을 통해 기존 주장을 반박하며 자신의 주장을 부각시키는 전형적인 LC구조이다.

It's long been part of folk wisdom that birth order strongly affects personality, intelligence and achievement. However, most of the research claiming that firstborns are radically different from other children has been discredited, and it now seems that any effects of birth order on intelligence or personality will likely be washed out by all the other influences in a person's life. In fact, the belief in the permanent impact of birth order, according to Toni Falbo, a social psychologist at the University of Texas at Austin, comes from the psychological theory that your personality is incorrect. The better, later and larger studies are less likely to find birth order a useful predictor of anything. When two Swiss social scientists, Cecile Ernst and Jules Angst, reviewed 1,500 studies a few years ago, they concluded that "birth order differences in personality are nonexistent in our sample. In particular, there is no evidence for a firstborn personality."

**해석** 출생 순서가 성격, 지능 그리고 성취에 상당한 영향을 끼친다는 것이 오랫동안 일반 사람들이 갖는 생각이었다. 그러나 대부분의 연구가 첫 자녀가 다른 자녀들과 근본적으로 다르다는 주장이 의심을 받게 되었고 이제는 출생 순서가 지능이나 성격에 미치는 어떤 영향도 한 사람의 인생에서 모든 다른 영향력 있는 요소에 의해서 약화되는 것처럼 보인다. 사실 오스틴 텍사스 대학의 사회 심리학자인 토니 팔도에 따르면 출생 순서의 영구적 영향에 대한 믿음은 성격이 부정확하다는 심리적 이론에서 유래한다. 더 나은, 더 향후의 그리고 더 광범위한 연구가 출생 순서가 어떤 것도 유용하게 예측할 수 있게 해주는 가능성이 낮다는 것을 알아낼 것이다. 두 명의 사회학자 Cecile Ernst 그리고 Jules Angst가 몇 년 전 1,500건의 연구를 검토해 본 결과, 이들은 "성격의 출생 순서 차이가 우리의 샘플에서는 존재하지 않았으며 특히 첫 아이의 성격이라는 것에 대한 증거는 없다."는 결론을 내렸다.

(A) 첫 아이는 다른 사람들에게 친절하다.
(B) 출생 순서는 사람의 지능에 영향을 미친다.
(C) 형의 성격은 동생의 성격과는 다르다.
(D) 출생 순서는 성격과 아무런 관계가 없다.

[5] The title below that best expresses the ideas of this passage is _____ .

In trying to learn the meaning of books, we can dip into the books themselves, for men have vied with each other through the generations in eloquent praise for literary creation. Plato looks upon books as immortal sons deifying their sires, Bovee calls them embalmed minds, Channing refers to them as the voices of the distant and the dead, making us heirs of the spiritual life of past ages. Books are lighthouses erected in the great sea of time, says Whipple. In the words of Addison, they are the legacies that genius leaves to mankind. Their value for us? Channing answers: Books are standing counselors and preachers, always at hand and always disinterested, ready to repeat their lesson as often as we please. And Bulwer cautions, they are but wastepaper unless we spend in action the wisdom we get from thought.

**voca** dip into v) 푹 빠지다 vie with v) 경쟁하다 immortal a) 불멸의 deifying a) 신성한 sire n) 신, 폐하 embalmed a) 썩지 않는 at hand ad) 곁에 있는 wastepaper n) 쓰레기

(A) Admiration for Books

(B) Why Plato Endures

(C) The Values of Contemporary Books

(D) Thought vs. Action in Books

## [5] (A) ★

**Rudy's tip** T

주제문인 첫 문장 이후에, 다양한 예시들을 제시하고 있다.

In trying to learn the meaning of books, we can dip into the books themselves, for men have vied with each other through the generations in eloquent praise for literary creation. Plato looks upon books as immortal sons deifying their sires, Bovee calls them embalmed minds, Channing refers to them as the voices of the distant and the dead, making us heirs of the spiritual life of past ages. Books are lighthouses erected in the great sea of time, says Whipple. In the words of Addison, they are the legacies that genius leaves to mankind. Their value for us? Channing answers: Books are standing counselors and preachers, always at hand and always disinterested, ready to repeat their lesson as often as we please. And Bulwer cautions, they are but wastepaper unless we spend in action the wisdom we get from thought.

**해석** 우리는 책이 지닌 의미를 파악하려고 노력하는 중에 책 자체에 몰입할 수 있다. 왜냐하면 과거에서 현재에 이르기까지 사람들은 앞 다투어 글로 쓰인 서적들을 유창한 말로 예찬해 왔기 때문이다. 플라톤은 책을 자신의 선조를 신성시하는 불사의 지식들로 생각했으며, 보비는 부패하지 않는 정신이라 불렀고, 채닝은 우리를 지난 시대의 정신적 삶의 계승자로 만들어 주는 아득한 과거의 죽은 자들의 목소리라고 책들을 칭했다. 휘플의 말에 따르면 책은 거대한 시간의 바다에 세워진 등대이다. 그리고 에디슨의 말에 따르면 책은 천재가 인류에게 물려주는 유산이다. 우리에게 있어서 책이 지니는 가치는 항시 곁에 가까이 있으면서 아무런 사심 없이 우리가 원할 때는 언제든지 반복해서 교훈을 알려주고자 하는 고정 상담자이자 설교자의 역할을 하는 것이 바로 책이라고 채닝은 대답하고 있다. 그런데 벌워는 우리가 사고를 통해서 얻은 지혜를 실제의 행동으로 활용하지 못한 경우 책은 휴지에 불과하다고 경고하고 있다.

(A) 서적들에 대한 찬양
(B) 플라톤이 지속되는 이유(플라톤 저작들이 여전히 읽히는 이유)
(C) 최신 서적들의 가치
(D) 책 속에 있는 생각과 행동의 대립

[6] What is the main idea of this passage?

Among the linguistic varieties, regional varieties are probably the type most familiar to you. Regardless of our native language, we can identify almost immediately if a stranger is not from our part of the country by the person's accent or regional pronunciation. In the United States, for example, the Standard American English pronunciation of the words "car" and "park" is KAR and PARK. Natives of Massachusetts, however, like many speakers in the United Kingdom drop the "r" when it is not followed by a vowel and pronounce the words as KA and PAK. Regional differences are also reflected, but less frequently, in grammar and the lexicon. For example, speakers in the United Kingdom say, "We haven't got today's post," while U.S. speakers say, "we don't have today's mail."

**voca** linguistic a) 언어의 variety n) 변화, 종류 drop v) 생략하다 vowel n) 모음 lexicon n) 사전

(A) How to identify a stranger

(B) Causes for linguistic variation

(C) Regional differences in language

(D) Dropping "r" among English native speakers

## [6] (C) ★

Rudy's tip T

T구조의 영문으로, 언어의 변형들 중에서 사투리가 가장 익숙하다고 주장하고, 이후에 이것에 대한 예시와 논거들을 제시하고 있다. 서론에 AG인 최상급 표현에 주의하자.

Among the linguistic varieties, regional varieties are probably the type most familiar to you. Regardless of our native language, we can identify almost immediately if a stranger is not from our part of the country by the person's accent or regional pronunciation. In the United States, for example, the Standard American English pronunciation of the words "car" and "park" is KAR and PARK. Natives of Massachusetts, however, like many speakers in the United Kingdom drop the "r" when it is not followed by a vowel and pronounce the words as KA and PAK. Regional differences are also reflected, but less frequently, in grammar and the lexicon. For example, speakers in the United Kingdom say, "We haven't got today's post," while U.S. speakers say, "we don' have today's mail."

해석 지역적 변형(사투리)이 언어의 변형들 중 사람들에게 가장 잘 알려진 것이다. 모국어와 상관없이 우리는 낯선 사람의 억양이나 지역적 발음으로 어느 지방 출신인지를 구분할 수 있다. 예를 들어, 'car'와 'park'라는 단어의 표준 미국 영어 발음은 KAR와 PARK이다. 그러나 영국의 많은 화자들처럼 매사추세츠 지역 사람들도 뒤에 모음이 오지 않으면 'r'을 빼고 KA와 PAK처럼 단어를 발음한다. 지역적 차이는 문법과 사전(어휘)에도 반영되어 있지만 빈번하지는 않다. 예를 들어 영국의 화자는 "We haven't got today's post"라고 하는 반면 미국 화자들은 "We don't have today's mail"이라고 한다.

(A) 수상한 사람을 알아보는 방법
(B) 지역적 방언이 생기는 원인들
(C) 언어에서 지역적 사투리들
(D) 영어 원어민들 사이에서 'r'를 생략하는 것

[7] The title that best expresses the ideas of the passage is _____ .

Democratic theory is in a condition today akin to that of theoretical physics when Einstein began his speculations at the turn of the century. The accepted doctrine at that time was in the main what Newton had enunciated two centuries earlier. Fundamental to his thinking were the concepts of space and time. Newton had conceived of each as distinct from the other. Both, in his view, were absolutes. Though 19th-century research had yielded results which Newtonian doctrine did not satisfactorily explain, Newton's image of the universe had not yet been reformulated. That reformulation was what Einstein achieved. His inspiration lay in treating space and time not as separate concepts, but as one, fused by him into space-time. Furthermore, this integrated concept was considered relative, not absolute. What space and time have been to physics, liberty and equality have been, and still are, to democratic theories. More than any others, these twin ideals serve as our basic concepts. If one tries to compress the ethos of democracy into the briefest summary, it will run something like this: democracy is the form of government which combines for its citizens as much freedom and as much equality as possible.

voca akin a) 유사한 speculation n) 숙고, 추론 enunciate v) 발표하다 conceive of v) 상상하다, 생각하다 yield v) 낳다 reformulate v) 재정립하다 integrated a) 통합된 compress v) 압축하다 ethos n) 특징

(A) Newton vs. Einstein

(B) Physics and the Philosophy of Democracy

(C) The Relativity of democracy

(D) Democratic Theory: Liberty & Equality

## [7] (D) ★★

**Rudy's tip** B

서론부터 중간까지 등장하는 이론물리학의 역사에 대한 내용은 민주주의 이론에서 자유와 평등을 설명하기 위한 예시이다. 물리학에서 시간과 공간에 대한 개념이 핵심인 것처럼, 민주주의 이론에서도 자유와 평등의 개념이 핵심이라는 것이 주제이다.

Democratic theory is in a condition today akin to that of theoretical physics when Einstein began his speculations at the turn of the century. The accepted doctrine at that time was in the main what Newton had enunciated two centuries earlier. Fundamental to his thinking were the concepts of space and time. Newton had conceived of each as distinct from the other. Both, in his view, were absolutes. Though 19th-century research had yielded results which Newtonian doctrine did not satisfactorily explain, Newton's image of the universe had not yet been reformulated. That reformulation was what Einstein achieved. His inspiration lay in treating space and time not as separate concepts, but as one, fused by him into space-time. Furthermore, this integrated concept was considered relative, not absolute. What space and time have been to physics, liberty and equality have been, and still are, to democratic theories. More than any others, these twin ideals serve as our basic concepts. If one tries to compress the ethos of democracy into the briefest summary, it will run something like this : democracy is the form of government which combines for its citizens as much freedom and as much equality as possible.

**해석** 민주주의 이론이 오늘날 놓여 있는 상황은 아인슈타인이 현 세기로 바뀌는 시점에 연구를 시작했을 때의 이론 물리학의 상황과 유사하다. 그 당시 받아들여진 이론은 주로 뉴턴이 2세기 전에 발표한 것이었다. 그의 이론에 근본을 이루는 것은 공간과 시간에 대한 개념이었다. 뉴턴은 이들이 각각 별개라고 생각했다. 그의 견해에 의하면, 시간과 공간은 절대적인 것이었다. 19세기의 연구는 뉴턴의 이론이 만족스럽게 설명하지 못하는 결과들을 낳았지만, 뉴턴의 우주관은 아직 재정립되지 않았다. 그것을 재정립한 것은 아인슈타인이 이룬 것이었다. 그의 영감은 공간과 시간을 별개의 개념으로 취급하지 않고, 시공간이라는 하나의 개념으로 통합한 것이다. 더 나아가, 이 통합된 개념을 그는 절대적인 것이 아닌 상대적인 것으로 보았다. 공간, 시간과 물리학의 관계는, 자유, 평등과 민주주의 이론의 관계와 동일하다. 다른 어떤 것보다도, 이 한 쌍의 이상(자유와 평등)은 민주주의의 기본 개념 역할을 한다. 만일 누군가가 민주주의 정신을 함축해서 가장 간단하게 요약하려 한다면, 그것은 다음과 비슷한 것이 될 것이다 : 즉, 민주주의는 시민들에게 최대한의 자유와 평등을 함께 제공하는 정치 형태이다.

(A) 뉴턴 vs 아인슈타인
(B) 물리학과 민주주의 철학
(C) 민주주의의 상대성
(D) 민주주의 이론 : 자유와 평등

[8] The best title of the passage would be _____.

It is a safe assumption that the first time five thousand male human beings were ever gathered together in one place, they belonged to an army. That event probably occurred around 7,000 BC. The first army almost certainly carried weapons no different from those that hunters had been using on animals for thousands of years previously. Its strength did not lie in mere numbers. The multitude of men obeyed a single commander and killed his enemies to achieve his goals. It was the most awesome concentration of power the human world had ever seen, and nothing except another army could hope to resist it. The battle that occurred when two such armies fought has little in common with the clashes of primitive warfare. When the packed formations of well-drilled men collided on the forgotten battlefields of the earliest kingdoms, what happened was quite impersonal. It was not the traditional combat between individual warriors. The soldiers were pressed forward by the ranks behind them against the anonymous men in that part of the enemy line facing them.

**voca** multitude n) 다수 awesome a) 경이로운 resist v) 저항하다 have little in common with v) 공통점이 없다 clash n) 충돌 packed a) 꽉 찬 formation n) 대열 well-drilled a) 숙련된 collide v) 충돌하다 anonymous a) 무명의

(A) Innate Aggressiveness in Human Beings

(B) The Origin of War

(C) Decline of Ancient Civilization

(D) The Psychology of Heroism

## [8] (B) ★★

Rudy's tip D

D구조로 특정 주제문이 등장하지 않고, 전쟁의 기원을 군대의 형성을 통해서 설명하고 있다.
첫 문장과 마지막 문장이 모두 S진술이기에 전개구성임을 한 눈에 알 수 있다.

It is a safe assumption that the first time five thousand male human beings were ever gathered together in one place, they belonged to an army. That event probably occurred around 7,000 BC. The first army almost certainly carried weapons no different from those that hunters had been using on animals for thousands of years previously. Its strength did not lie in mere numbers. The multitude of men obeyed a single commander and killed his enemies to achieve his goals. It was the most awesome concentration of power the human world had ever seen, and nothing except another army could hope to resist it. The battle that occurred when two such armies fought has little in common with the clashes of primitive warfare. When the packed formations of well-drilled men collided on the forgotten battlefields of the earliest kingdoms, what happened was quite impersonal. It was not the traditional combat between individual warriors. The soldiers were pressed forward by the ranks behind them against the anonymous men in that part of the enemy line facing them.

해석 오천 명의 남성이 처음으로 한 자리에 모였을 때, 그들은 한 군대에 소속되었다고 해도 크게 틀리지 않을 것이다. 그러한 일은 아마도 기원전 7,000년경이었을 것이다. 최초의 군대는 거의 확실하게 사냥꾼들이 그 이전 수천 년 간 동물에게 사용해왔던 무기들과 별 차이가 없는 무기들을 갖고 있었다. 그 군대의 힘은 단순한 숫자가 아니었다. 다수의 병들이 한 명의 지휘관에 복종했으며 그의 목적을 성취하기 위해 적을 살해하였다. 그것은 인류가 그때까지 목격하였던 가장 엄청난 힘의 집중이었고, 오로지 다른 군대만이 그 군대에 대적할 수 있었다. 두 군대가 격돌할 때 일어났던 전투는 원시적인 전투와는 공통점이 거의 없었다. 잘 훈련된 병사들로 이루어진 꽉 찬 대형들이 고대 왕국들의 잊힌 전장에서 격돌했을 때 벌어진 일은 지극히 비개인적인 것이었다. 그것은 개인적으로 전사들 사이에서 일어났던 전통적인 전투는 아니었다. 병사들은 그들 뒤의 대열에 밀려 그들을 마주하는 적진속의 익명의 사람들을 향하여 앞으로 밀려 나갔던 것이었다.

(A) 인간의 내재적인 공격성
(B) 전쟁의 기원
(C) 고대 문명의 쇠퇴
(D) 영웅주의 심리학(영웅에 대해서 영웅 본인 또는 일반인들이 지니고 있는 심리를 분석하는 것)

[9] Which is the most best summary to the above passage?

China is launching a national online marriage database to fight bigamy, a move that has raised concerns among millions of Chinese about protection of privacy. The Chinese government's announcement that it plans to make the database available next year comes amid reports that hackers gained access to the personal information of 6 million users of the China Software Developer Network. The hacking triggered widespread panic in China, and some Chinese citizens raised questions about the safety of the anticipated marriage database. The Ministry of Civil Affairs dismissed concerns, saying more than 20 provinces have already digitized local marriage registrations. The ministry says a centralized database will make it harder for people to commit bigamy.

**voca** launch v) 시작하다 bigamy n) 중혼(이중결혼) raise concern v) 우려를 낳다 dismiss v) 무시하다, 해산시키다 trigger v) 촉발시키다 panic n) 공포 civil affair n) (행정부) 민정부서

(A) China is developing a huge scale association of software developers.

(B) Marriage database raises privacy concerns among Chinese.

(C) Chinese hackers are causing international problems worldwide.

(D) China has had no database of marriage till now.

## [9] (B) ★★

**Rudy's tip** T

전형적인 두괄식 구성의 영문이다. 서론에서 중국 정부가 중혼을 금지하기 위해 온라인 데이터베이스를 구축하고 있고, 이것은 많은 사람들의 사생활 침해에 대한 우려를 일으키고 있다고 한다. 이어서 중국 정부의 데이터베이스 구축을 위한 과정과 이 과정에서 발생하는 해커 등의 침입, 이것에 대한 사람들의 우려 등의 예시와 부연 문장들이 연결되는 구조이다.

China is launching a national online marriage database to fight bigamy, a move that has raised concerns among millions of Chinese about protection of privacy. The Chinese government's announcement that it plans to make the database available next year comes amid reports that hackers gained access to the personal information of 6 million users of the China Software Developer Network. The hacking triggered widespread panic in China, and some Chinese citizens raised questions about the safety of the anticipated marriage database. The Ministry of Civil Affairs dismissed concerns, saying more than 20 provinces have already digitized local marriage registrations. The ministry says a centralized database will make it harder for people to commit bigamy.

**해석** 중국은 중혼과 사우기 위해 전국적인 온라인 데이터베이스 사업을 시작하고 있다. 이 조치는 수백만 명의 중국인들에게 사생활 보호에 대한 걱정을 불러 일으켰다. 중국 정부의 내년까지 데이터베이스를 구축하겠다는 계획 발표는, 중국 소프트웨어 개발업자 네트워크(China Software Developer Network)의 6백만 이용자들에 대한 개인적인 정보에 해커들이 접근했다는 지난 주 발표들이 있었던 도중에 나왔다. 이 해킹은 중국에서 광범위한 패닉을 불러 일으켰고, 몇몇 중국 시민들은 예정된 결혼 데이터베이스의 안전에 대한 문제를 제기하였다. 민정부는 이러한 걱정을 무시하며, 20개 이상의 성(省)들이 이미 지역의 결혼 등록을 디지털화 했다고 말했다. 정부는 중앙화된 데이터베이스가 사람들로 하여금 중혼을 저지르는 일을 더욱 어렵게 만들 것이라고 말했다.

(A) 중국은 소프트 개발업자들과 광범위한 연합을 형성하고 있다.
(B) 결혼 데이터베이스는 중국인들 사이에서 사생활에 대한 우려를 낳고 있다.
(C) 중국 해커들은 국제적인 문제들을 야기하고 있다.
(D) 중국은 지금까지 결혼에 대한 데이터베이스가 없었다.
[오답 피하기] 내용은 맞지만 주제로 적절하지 않다.

The best title of the passage would be _____.

Environmental degradation and exploitation are feminist issues because an understanding of them contributes to an understanding of the oppression of women. In India, for example, both deforestation and reforestation through the introduction of monoculture species tree (e.g., eucalyptus) intended for commercial production are feminist issues because the loss of indigenous forests and multiple species of trees has drastically affected rural Indian women's ability to maintain a subsistence household. Indigenous forests provide a variety of trees for food, fuel, fodder, household utensils, dyes, medicines, and income-generating uses, while monoculture species forests do not. Looking at the global impact of environmental degradation on women' lives suggests important respects in which environmental degradation is a feminist issue.

**voca** degradation n) 악화, 타락 exploitation n) 개발, 착취 deforestation n) 산림벌채 reforestation n) 재식림 monoculture n) 단일 재배종 subsistence household n) 최저생계 indigenous a) 고유의 fodder n) 사료 utensil n) 용품

(A) The relationship between environmental change and women's lives

(B) The development plan of the rural areas in India

(C) The reason to support the women of the underdeveloped countries

(D) The global issue of deforestation in the underdeveloped countries

## [10] (A) ★

Rudy's tip T

T구조의 영문으로, 첫 문장에서 주제를 제시하고, 이어서 예시가 이어지고 있다. 환경문제가 여성들의 문제와 직결된다는 주제를 인도 여성들의 경우를 토대로 재진술하고 있는 구조이다.

Environmental degradation and exploitation are feminist issues because an understanding of them contributes to an understanding of the oppression of women. In India, for example, both deforestation and reforestation through the introduction of monoculture species tree (e.g., eucalyptus) intended for commercial production are feminist issues because the loss of indigenous forests and multiple species of trees has drastically affected rural Indian women's ability to maintain a subsistence household. Indigenous forests provide a variety of trees for food, fuel, fodder, household utensils, dyes, medicines, and income-generating uses, while monoculture species forests do not. Looking at the global impact of environmental degradation on women' lives suggests important respects in which environmental degradation is a feminist issue.

**해석** 환경 악화와 개발의 문제를 이해하는 것이 여성 억압을 이해하는 데 일조하기에, 그러한 문제들은 여권신장운동의 중요한 주제들이다. 예를 들면, 인도에서는 삼림벌채와 상업용 생산을 위해 단일재배종나무(예로 유칼리투스)를 식수하는 재조림이 여성 문제가 되고 있는데 이는 자생림과 다양한 수종의 상실이 자급자족으로 가족의 생계를 꾸려가는 시골지역 인도 여성들의 능력에 심각하게 영향을 끼쳤기 때문이다. 자생림은 식량, 연료, 사료, 가정용품, 염료, 약, 그리고 소득을 낳는 여러 용도로 쓰이는 다양한 나무를 제공하는 반면에 단종재배 산림은 그렇지 않다. 환경 악화가 여성의 삶에 끼치는 전 세계적인 영향을 한번 살펴보면 그것이 여권신장운동의 중요한 측면들을 보여준다.

(A) 환경의 변화와 여성들의 생활의 관계
(B) 인도에서 농촌 지역들의 발전 계획
(C) 저개발 국가들의 여성들을 원조해야 하는 이유
(D) 저개발 국가들에서 발생하는 산림벌채의 국제적인 문제

[11] What is the main topic of the passage?

One of the worst problems facing American women is that overall they earn about 75 cents for every dollar earned by American men. In spite of the ideal of equality of opportunity, women generally earn less money than men for doing the same work. Minorities often face similar discrimination in the workplace, earning less money than white workers with similar jobs. In the future, the white American male may no longer have advantages over other workers. The recent arrival of millions of new immigrants is changing the makeup of the American workforce. A study done in 1987 called Workforce 2000 provided the first predictions that more women and members of minority groups would be entering the workforce than white males. The study predicted that five-sixths of the net additions to the workforce by the year 2000 would be non-whites, women, and immigrants; only 15 percent would be white males.

voca  overall ad 전반적으로 discrimination n) 차별 makeup n) 구성 workforce n) 노동인구 net-addition n) 순수 유입(증가)

(A) The changing American Workforce

(B) The inequality of opportunity in American Workforce

(C) The makeup of American Workforce

(D) The problem facing American Women

## [11] (A) ★★

**Rudy's tip** D + LC

전개구성과 전환의 구조가 어우러진 구조의 글이다. In the future 앞에 'however'가 있었다면 쉽게 LC구조를 파악할 수 있지만, 역접의 연결어가 생략되었기에 한 눈에 주제문으로 보이지 않는다. IT에서는 여성들과 소수 민족들의 불평등, 남성 백인들의 이점을 제시하고, 이어서 (그러나) 향후에는 노동력의 구성이 변화하기에 이런 상황이 더 이상 유지되지 않을 것이라는 것이 요점이다. 대체로 LC 구조에서는 연결어가 등장하지만, 이 영문처럼 연결어를 생략했기에 전후 문맥을 통해서 파악해야 영문도 등장하고 있다. 본문의 'no longer'를 통해서 LC구성임을 유추할 수 있다.

One of the worst problems facing American women is that overall they earn about 75 cents for every dollar earned by American men. In spite of the ideal of equality of opportunity, women generally earn less money than men for doing the same work. Minorities often face similar discrimination in the workplace, earning less money than white workers with similar jobs. (However) In the future, the white American male may no longer have advantages over other workers. The recent arrival of millions of new immigrants is changing the makeup of the American workforce. A study done in 2015 called Workforce 2020 provided the first predictions that more women and members of minority groups would be entering the workforce than white males. The study predicted that five-sixths of the net additions to the workforce by the year 2020 would be non-whites, women, and immigrants; only 15 percent would be white males.

**해석** 미국 여성들이 직면한 최악의 문제들 중 하나는 전반적으로 미국 남성들이 1달러를 벌 때 그들은 75센트 가량을 번다는 것이다. 기회의 평등이라는 이상에도 불구하고, 여성들은 일반적으로 같은 일을 하고서도 남성보다 덜 번다. 소수인종들도 직장에서 대개 비슷한 차별에 직면하여, 비슷한 일을 하는 백인 노동자들보다 적게 번다. 앞으로는 더 이상 미국 백인 남성들이 다른 노동자들에 비해 유리한 이점을 갖지 못할 수도 있다. 최근 수백만의 새로운 이민자들의 출현은 미국 노동력의 구성을 변화시키고 있다. 「노동인구 2020(Workforce 2020)」이라 불리는 2015년에 행해진 연구는 백인 남성들보다 더 많은 여성과 소수인종출신들이 노동인구에 들어오게 될 것이라는 첫 예측을 내놓았다. 그 연구는 2020년까지 순수한 추가 노동인구의 6분의 5가 백인이 아닌 사람, 여성, 그리고 이민자들이고, 단지 15퍼센트만이 백인 남성들일 것이라고 예측했다.

(A) 변화하는 미국 노동력(노동시장)

(B) 미국 노동계에서 기회의 불평등

[오답 피하기] 기존에는 불평등했지만 향후에는 변화될 것이기에 적절하지 않다.

(C) 미국 노동력의 구성

[오답 피하기] 함정 문항으로 '변화'가 빠져있기에 적절하지 않다.

(D) 미국 여성들이 직면하고 있는 문제

[오답 피하기] IT로 이해해야 한다.

## [12] What is the main topic of the passage?

Can there be a godless morality? Can we assert a superiority for a godless morality over traditional, theistic, and religious morality? Yes, I think that this is possible. Unfortunately, few people even acknowledge the existence of godless moral values, much less their significance. When people talk about moral values, they almost always presume that they have to be talking about religious morality and religious values. The very possibility of godless, irreligious morality is ignored.

A popular claim among religious theists is that atheists have no basis for morality – that religion and gods are needed for moral values. Usually they mean their religion and god, but sometimes they seem willing to accept any religion and any god. The truth is that neither religions nor gods are necessary for morality, ethics, or values. They can exist in a godless, secular context, as demonstrated by all the godless atheists who lead moral lives every day.

**voca** morality n) 윤리, 도덕 theistic a) 유신론의 presume v) 가정하다 atheist n) 무신론자 secular a) 세속적인

(A) Moral values without gods

(B) Traditional views on morality

(C) Public lives with secular morality

(D) The presumption of religious morality

## [12] (A) ★

**Rudy's tip** T

서론이 AG(의문문)로 시작하고 있기에 주제일 가능성이 높다. 이 영문 또한 의문문에 대한 대답이 주제로 '신이 없는 도덕이 가능하다' 가 주제이다. 하반부에서 주제를 다시 한 번 반복적으로 강조하고 있다.

Can there be a godless morality? Can we assert a superiority for a godless morality over traditional, theistic, and religious morality? Yes, I think that this is possible. Unfortunately, few people even acknowledge the existence of godless moral values, much less their significance. When people talk about moral values, they almost always presume that they have to be talking about religious morality and religious values. The very possibility of godless, irreligious morality is ignored.

A popular claim among religious theists is that atheists have no basis for morality — that religion and gods are needed for moral values. Usually they mean their religion and god, but sometimes they seem willing to accept any religion and any god. The truth is that neither religions nor gods are necessary for morality, ethics, or values. They can exist in a godless, secular context, as demonstrated by all the godless atheists who lead moral lives every day.

**해석** 신의 존재를 부인하는 도덕이 있을 수 있을까? 신이 없는 도덕이 전통적이고, 유신론적이며, 종교적인 도덕보다 더 우월하다고 주장할 수 있을까? 그렇다. 내 생각에 그것은 가능한 일이다. 불행히도, 신을 배제한 도덕적 가치들의 중요성은 말할 것도 없고 그런 가치가 존재한다는 사실조차 받아들이고 있는 사람들은 거의 없다. 사람들은 도덕적 가치에 대해서 이야기할 때는 거의 항상 종교적 도덕과 종교적 가치들에 대해서 말해야 한다고 가정한다. 신이 없는, 비종교적인 도덕의 가능성 자체를 무시하는 것이다.

유신론자들의 일반적 주장은 무신론자들은 도덕이 성립할 수 있는 기반이 없다는 것이다. 즉, 도덕적 가치가 존재하기 위해서는 종교와 신이 있어야 한다는 것이다. 보통 그것들은 그들 자신의 종교와 신을 의미하지만, 때로는 어떠한 종교나 신이라도 기꺼이 받아들이는 것처럼 보이기도 한다. 실은 도덕, 윤리, 또는 가치를 위해서는 종교도 신도 필요하지 않다. 매일 윤리적인 삶을 살아가고 있는 모든 무신론자들에 의해 입증되고 있듯이 도덕과 윤리와 가치는 신이 없는, 세속적인 환경에서도 얼마든지 존재할 수 있다.

(A) 신을 배제한 도덕적 가치들
(B) 도덕에 대한 전통적인 견해들
(C) 세속적 도덕을 지닌 대중들의 생활
(D) 종교적 도덕성의 전제

## [13] Which of the following is the topic of the passage?

Intuition is not a quality which everyone can understand. As the unimaginative can not understand a work of fiction until they discover what flesh-and-blood individual served as a model for the hero or heroine, so even many scientists belittle scientific intuition. They cannot believe that a blind man can see anything that they cannot see. They rely utterly on the celebrated inductive method of reasoning; the facts are to be exposed, and we are to conclude from them only what we must. This is a very sound rule for mentalities that can do no better. But it is not certain that the really great steps are made in this plodding fashion. Dreams are made of quite other stuff, and if there are any left in the world who do not know that dreams have remade the world, then there is little that we can teach them.

> **voca** intuition n) 직관 fiction n) 허구, 소설 flesh-and-blood a) 살아 있는 belittle v) 경시하다 celebrated a) 저명한 inductive n) 귀납법의 sound rule n) 합리적인 원칙 plodding a) 단계적인 fashion n) 방식 stuff n) 요소, 성분 remake v) 개정하다

(A) Sound scientific reasoning

(B) The results of scientific intuition

(C) The weakness of dreamers

(D) The value of intuition

## [13] (D) ★★

D + LC

IT에서 직관은 모든 사람들이 이해할 수 있는 것은 아니고, 과학자들도 경시하는 경우가 있다는 내용이 전개된다. 하지만 중반부 이후에 BUT을 통해서 LC구조로 바뀌고 있다. 즉, 많은 이들이 직관을 경시하기도 하지만, 결론적으로 직관은 매우 중요하다는 것이 글의 주장이다.

Intuition is not a quality which everyone can understand. As the unimaginative can not understand a work of fiction until they discover what flesh-and-blood individual served as a model for the hero or heroine, so even many scientists belittle scientific intuition. They cannot believe that a blind man can see anything that they cannot see. They rely utterly on the celebrated inductive method of reasoning; the facts are to be exposed, and we are to conclude from them only what we must. This is a very sound rule for mentalities that can do no better. But it is not certain that the really great steps are made in this plodding fashion. Dreams are made of quite other stuff, and if there are any left in the world who do not know that dreams have remade the world, then there is little that we can teach them.

해석 직관이란 모든 사람이 이해할 수 있는 자질이 아니다. 상상력이 없는 사람들은 살아 있는 한 개인이 영웅의 모델로서 역할을 한다는 것을 발견할 때까지는 소설 작품을 이해할 수 없듯이, 많은 과학자들이 과학적 직관을 과소평가한다. 그들은 맹인이 자신들이 볼 수 없는 것을 볼 수 있다는 것을 믿지 못한다. 그들은 그 유명한 귀납적 추론에 절대적으로 의존한다. 사실이 나타나야 하며, 우리는 그러한 사실에서 우리가 결론 내릴 수 있는 것만 결론 내려야 한다. 더 이상 발전할 수 없는 정신의 소유자들에게 이것은 매우 바람직한 방법이다. 그러나 진정으로 위대한 발전이 이러한 차근차근한 방식으로 이루어지는 것인지는 분명치 않다. 꿈은 완전히 다른 요소에 의해 만들어지는 것이다. 만약 꿈들이 세상을 재창조해 왔다는 사실을 모르는 사람이 이 세상에 남아 있다면, 우리가 그들을 가르치기 위해 할 수 있는 것은 거의 없다.

(A) 합리적인 과학적 추론
[오답 피하기] 직관의 가치를 모르는 사람들이 중시하는 것이 합리적 추론이다.

(B) 과학적 추론의 결과물들
(C) 공상가의 약점
(D) 직관의 가치

The political activism of diverse religions, an increasingly influential factor worldwide, is taking shape as a broad and enduring phenomenon in the late 20th century. The emergence of religion in politics is a coincidental trend, and far from cohesive. Among various movements – such as resurgent Islam, liberation theology, fundamentalist Judaism, and Sikh activism – there are more differences than similarities in flash points, tactics, and goals. Yet the trend is evolving in similar ways and over some similar issues that suggest common themes with long-term consequences. Many of the movements, which generally grew up around intellectuals, theologians, or activist cells on the fringe of politics, are moving into the mainstream, even though now they remain in the minority.

voca diverse a) 다양한 take shape v) 모습을 띄다 enduring a) 지속적인 coincidental a) 동시에 발생하는, 우연한 cohesive a) 결합력이 있는 flash point n) 인화점 tactic n) 전략 theologian n) 신학자 fringe n) 가장자리

(A) Religion in Society

(B) Religions in the World

(C) Religious Movements

(D) Politicians and Theologians

## [14] (C) ★★

**Rudy's tip** T

전형적인 T구조의 영문이다. 다양한 종교의 정치적 행동주의(운동)가 지속적인 현상이라는 주제문을 제시하고, 이후에 주제문에 대한 재진술이 이어지고 있다. 중반부의 Yet은 LC가 아니라, 주제문에 대한 상반되는 측면을 보여주는 SC이다.

The political activism of diverse religions, an increasingly influential factor worldwide, is taking shape as a broad and enduring phenomenon in the late 20th century. The emergence of religion in politics is a coincidental trend, and far from cohesive. Among various movements – such as resurgent Islam, liberation theology, fundamentalist Judaism, and Sikh activism – there are more differences than similarities in flash points, tactics, and goals. Yet the trend is evolving in similar ways and over some similar issues that suggest common themes with long-term consequences. Many of the movements, which generally grew up around intellectuals, theologians, or activist cells on the fringe of politics, are moving into the mainstream, even though now they remain in the minority.

해석 세계적으로 점점 더 영향력 있는 요소가 되고 있는 다양하고 이질적인 종교들의 정치적 행동주의는 20세기 후반에 폭넓고 지속적인 현상의 모습을 띠고 있다. 정치에서 종교의 등장은 우연한 일치를 보이는 경향일 뿐이며 전혀 응집력이 없다. 부활하는 이슬람, 자유 신학, 유대 원리주의, 시크 행동파와 같은 다양한 운동 중에는 그 인화점들과 전술과 목표들에 있어서의 유사성보다는 차이점이 더 많다. 그러나 정치적 행동주의 운동의 경향은 유사한 방식과 논점들을 통해 전개되고 있는데, 이러한 방식과 논점들은 장기적인 중요성을 띠는 공통된 주제들을 제시한다. 많은 운동들이, 일반적으로 지식인들과 신학자들, 혹은 정치 주변에 있는 행동주의자 세포들(소수의 사람들) 사이에서 성장하는데, 비록 그들이 현재는 소수파로 남아 있긴 하지만 주류 속으로 움직여 오고 있다. (소수의 사람들이 정치적 행동주의 운동에 가담하고 있지만, 그 수가 점차 증가하고 있다는 내용)

(A) 사회 속에서 종교
(B) 세상에서 종교들
[오답 피하기] movement라는 표현이 없기 때문에 정답으로 적절하지 않다.

(C) 종교적 운동들
(D) 정치인들과 신학자들

Unit 02. TOPIC SR **221**

[15] The best theme of the passage is _____.

Human speech is after all a democratic product, the creation, not of scholars and grammarians, but of unschooled and unlettered people. Scholars and men of education may cultivate and enrich it, and make it flower into all the beauty of a literary language; but its rarest blooms are grafted on a wild stock, and its roots are deep-buried in the common soil. From that soil it must still draw its sap and nourishment, if it is not to perish, as the other standard languages of the past have perished, when, in the course of their history, they have been separated and cut off from the popular vernacular — from that vulgar speech which has ultimately replaced their outworn and archaic forms.

**voca** speech n) 언어, 연설, 말하기 product n) 제품, 결과물 unschooled a) 교육 받지 못한 unlettered a) 배우지 못한 cultivate v) 고양하다, 경작하다 enrich v) 풍요롭게 하다 bloom n) 싹, 결과물 graft v) 접목시키다 wild stock n) 야생 줄기 sap n) 수액, 영양분 cut off v) 절단되다 vernacular n) 사투리, 지방어 vulgar a) 천박한, 비속한 replace v) 대체하다 outworn a) 진부한 archaic a) 낡은

(A) The creation of new words in language

(B) Language in a democratic society

(C) The language of the common people

(D) New words and wild flowers: an analogy

## [15] (D) ★★★

**Rudy's tip** D

본문뿐만 아니라 특히 함정 문항들에 유의해야 하는 지문이다.

인간의 언어를 꽃에 비유해서 설명하고 있는 전형적인 은유 형식의 글이다. 꽃이 토양에 뿌리를 내리지 못하면 시들고 마는 것처럼, 새로운 언어 또한 대중들에게 뿌리를 내리지 못하면 소멸해 버린다는 것이 주제로, 전개구조를 통해 신조어의 탄생과 성장, 소멸을 꽃에 비유해서 표현한 글이다.

Human speech is after all a democratic product, the creation, not of scholars and grammarians, but of unschooled and unlettered people. Scholars and men of education may cultivate and enrich it, and make it flower into all the beauty of a literary language; but its rarest blooms are grafted on a wild stock, and its roots are deep-buried in the common soil. From that soil it must still draw its sap and nourishment, if it is not to perish, as the other standard languages of the past have perished, when, in the course of their history, they have been separated and cut off from the popular vernacular — from that vulgar speech which has ultimately replaced their outworn and archaic forms.

**해석** 결국 인간의 언어란 학자들과 문법가들이 아니라 제대로 교육을 받지 못하고 글자도 모르는 사람들의 민주적 산물, 창작물이다. 교육받은 사람들은 언어를 배양, 풍부하게 해서 문학적 언어라는 아름다운 꽃으로 피울 수 있다. 그러나 언어의 희귀한 꽃들은 거친 줄기에 접목되고, 대중적인 토양에 깊이 뿌리를 두어야 한다. 꽃은 시들지 않으려면 토양으로부터 수액과 자양분을 흡수해야만 한다. 마치 역사를 보았을 때, 과거의 표준어들이 대중의 언어들 – 진부하고 낡은 형태들을 대체했던 – 로부터 단절되었을 때 소멸된 것처럼.

(A) 신조어의 탄생
[오답 피하기] 탄생만을 언급했을 뿐, 성장, 소멸의 단계가 없기에 주제로 적절하지 않다.

(B) 민주사회 속에서의 언어

(C) 서민적인 언어
[오답 피하기] 언어가 탄생에서 정착, 소멸하는 과정에 대한 내용으로 서민적인 언어는 이와는 거리가 멀다.

(D) 신조어와 야생화 : 유사함
[오답 피하기] 신조어의 탄생과 정착, 소멸의 과정을 야생화에 비유해서 설명했기에 정답으로 적절하다. 야생화가 의미하는 것은 꽃 자체가 아니라, 탄생부터 소멸까지의 과정을 보여주는 신조어를 의미하는 은유적 표현으로 이해하는 것이 요점이다.

[16] Choose the best title for this passage.

The conception of the dignity of toil did not enter into Greek philosophy. It was considered beneath the dignity of a free-born citizen to undertake manual labor, just as in Victorian times 'trade' was beneath the dignity of a gentleman. Thus artists, who were regarded as a class of craftsmen, held no high place in the social scale. Arnold Hauser in The Social History of Art quotes Plutarch as saying: "No generous youth, when contemplating the Zeus of Olympia, will desire to become a Phidias." Classical scholars point out that this picture is somewhat exaggerated. The sculptor Phidias was the friend of the great statesman Pericles. The painter Apelles and the sculptor Lysippus were court artists to Alexander. The surviving anecdotes represent some of the more famous Greek artists as eccentrics, men of enormous wealth and notable for arrogance. By and large, however, the artist in antiquity was treated as a workman.

voca dignity n) 존엄성 toil n) 노동 undertake v) 담당하다 manual labor n) 육체노동 social scale n) 사회적 지위 quote v) 인용하다 contemplate v) 숙고하다 Phidias n) 페이디아스 (그리스의 조각가) Pericles n) 페리클레스 (그리스의 정치가) Apelles n) 아펠레스 (그리스의 화가) Lysippus n) 리시포스 (그리스의 조각가) anecdote n) 이야기, 일화 eccentric n) 괴짜 by and large ad) 대체로 workman n) 노동자

(A) Greek Artists and Craftsmen

(B) The Dignity of the Manual Labor

(C) The Social Position of the Greek Artists

(D) The Development of Art Theory in Greece

## [16] (C) ★★
**Rudy's tip** D

전형적인 예시를 통한 주제문 추론의 영문이다.

노동의 존엄성이 그리스 철학에서는 존재하지 않기에, 육체노동을 통해 예술 활동을 하는 예술가나 장인들은 높은 사회적 지위를 가지고 있지 않다고 말한다. 하지만 이어서 이러한 평가는 다소 과장되었다고 하고, 예시들을 제시하고 있다. 마지막에서는 그럼에도 불구하고 예술가들은 대체로 노동자로 대우받았다는 진술로 맺고 있다. 따라서 그리스에서 예술가들의 사회적 지위, 대우 정도를 주제로 추론할 수 있다.

The conception of the dignity of toil did not enter into Greek philosophy. It was considered beneath the dignity of a free-born citizen to undertake manual labor, just as in Victorian times 'trade' was beneath the dignity of a gentleman. Thus artists, who were regarded as a class of craftsmen, held no high place in the social scale. Arnold Hauser in The Social History of Art quotes Plutarch as saying: "No generous youth, when contemplating the Zeus of Olympia, will desire to become a Phidias." Classical scholars point out that this picture is somewhat exaggerated. The sculptor Phidias was the friend of the great statesman Pericles. The painter Apelles and the sculptor Lysippus were court artists to Alexander. The surviving anecdotes represent some of the more famous Greek artists as eccentrics, men of enormous wealth and notable for arrogance. By and large, however, the artist in antiquity was treated as a workman.

**해석** 노동의 존엄성에 대한 관념은 그리스의 철학 속에 등장하지 않았다. Victoria 시대에 '장사'라는 관념이 신사들의 존엄성을 훼손하는 것으로 생각되었던 것과 너무나 흡사하게, 육체노동을 한다는 것은 자유 시민의 위신을 해치는 것이었다. 그리하여 장인 계급으로 간주되었던 예술가들은 사회적 계층 면에서 결코 높은 지위를 차지하지 않았다. "그 어떠한 관대한 젊은이도 Olympus의 Zeus를 생각할 때, Phidias가 되기를 열망하려 들지 않았다."라고 The Social Study of Art 라는 작품 속에서 Hauser는 Plutarch가 한 말이라고 인용하고 있다. 고전 학자들은 이러한 묘사는 좀 과장된 점이 있다고 지적하고 있다. 조각가였던 Phidias는 위대한 정치가 Pericles의 친구였다. 화가 Apelles와 조각가 Lysippus는 Alexander 대왕의 궁정 예술가였다. 오늘까지 전해지는 일화들은 더욱 유명한 그리스 예술가들 중 일부를 괴짜, 엄청난 부를 가진 사람 및 건방짐으로 악명 높은 사람들로 기술하고 있다. 그러나 대체적으로 볼 때, 고대의 예술가는 노동자로서만 취급되었을 뿐이었다.

(A) 그리스의 예술가들과 장인들
(B) 육체노동의 가치
(C) 그리스 예술가들의 사회적 지위
(D) 그리스에서 예술 이론의 발전

Your interview starts as soon as you arrive at the interview destination - well before you begin to talk to the interviewer. From that moment on, you need to be on your toes. More than a few job candidates have knocked themselves out of the running, not because they didn't do well during the interview itself but because they acted inappropriately while they were waiting in the reception area. The larger and more organized the company is, the more likely it is that you will have to sign in at a reception desk, be announced, and then be directed to a waiting area. In some instances, you will be sent to the human resources department, which is usually set up for interviews. In smaller companies, everything is much more informal. The person greeting you may, in fact, be the person who will interview you and make the hiring decision. Whatever the circumstances may be, pay attention to the basics of what you may want to think of as arrival etiquette - the way you conduct yourself before the interview begins.

voca on your toes ad) 긴장한 out of the running ad) 승산이 없는 reception n) 접대, 수령 pay attention to v) 주의하다 conduct oneself v) 올바르게 행동하다

(A) Remember that your goal during a job hunting is to keep arrival etiquette.

(B) It is crucial to handle yourself well even prior to the official interview.

(C) It is important to give yourself more than enough time to arrive punctually.

(D) Try to keep your answers concise and direct during the job interview.

## [17] (B) ★
**Rudy's tip** D+B

IT에서 면접 장소에 도착하자마자 면접은 시작된다는 것을 강조한다. 이후에 반복적인 내용의 재진술을 거쳐 마지막에 arrival etiquette 를 강조하고 있는 구조이다. 전개를 거쳐 마지막 문장을 강조를 B구조로 파악하는 것이 적절하다.

Your interview starts as soon as you arrive at the interview destination - well before you begin to talk to the interviewer. From that moment on, you need to be on your toes. More than a few job candidates have knocked themselves out of the running, not because they didn't do well during the interview itself but because they acted inappropriately while they were waiting in the reception area. The larger and more organized the company is, the more likely it is that you will have to sign in at a reception desk, be announced, and then be directed to a waiting area. In some instances, you will be sent to the human resources department, which is usually set up for interviews. In smaller companies, everything is much more informal. The person greeting you may, in fact, be the person who will interview you and make the hiring decision. Whatever the circumstances may be, pay attention to the basics of what you may want to think of as arrival etiquette - the way you conduct yourself before the interview begins.

**해석** 당신이 면접 장소에 도착하자마자 즉 면접관에게 말을 하기도 전에 면접이 시작된다. 그 순간부터 당신은 긴장할 필요가 있다. 많은 지원자들이 가망성이 없을 정도까지 자신을 몰고 간다. 그것은 그들이 인터뷰 동안에 잘하지 못했기 때문이 아니고 대기 장소에서 기다리는 동안에 부적절하게 행동했기 때문이다. 크고 조직적인 기업일수록 안내 데스크에서 등록을 하고 이름이 불리면 대기 장소로 안내되게 된다. 어떤 경우에는 당신은 인사과에 보내질 것이고 대개 그곳에는 인터뷰 준비가 되어 있다. 보다 소규모 기업에서는 모든 것이 훨씬 더 비형식적이다. 당신을 맞는 사람이 사실상 당신을 인터뷰하여 채용을 결정하는 사람일 수도 있다. 어떤 상황에서도 면접 전에 올바르게 행동해야 하는 도착 예절(arrival etiquette)에 주의해라.

(A) 구직에서 당신의 목적은 도착 예절을 준수하는 것이다.
(B) 공식적인 면접 전부터 올바르게 행동하는 것이 매우 중요하다.
(C) 정각에 도착하기 위해서 충분한 시간을 갖는 것이 중요하다.
(D) 면접에서 정확하고 솔직한 답변을 하라.

[18] The main idea for the passage is _____ .

Because art is so deeply rooted in cultural traditions, it is difficult to talk about standards of beauty in any universal manner. What is beautiful in one culture may not be beautiful in another. Each culture has developed its own traditions of what is acceptable on artistic content and style. It is difficult to appreciate art whose content and style are different from our own. However, we can learn something about the cultural values behind a specific work of art to help us appreciate its value. For example, although some Western artists such as Pablo Picasso were inspired by African masks without knowing anything about African cultures, most of us can appreciate African art more if we study something about the society that produced a specific work.

**voca** rooted a) 뿌리를 박은 standard n) 기준 appreciate v) 평가하다 inspire v) 영감을 주다

(A) The variety of cultural traditions

(B) The acceptable standards of beauty

(C) The relation of art to cultural values

(D) The universal nature of artistic values

## [18] (C) ★

**Rudy's tip** LC

IT에서 예술은 문화에 기반 하기에 평가하기가 쉽지 않다고 한다. 하지만 중간에 LC구조를 통해서 문화적 맥락을 알면 예술을 이해할 수 있다고 주장하고, 바로 이어서 예시의 재진술이 이어지고 있다.

Because art is so deeply rooted in cultural traditions, it is difficult to talk about standards of beauty in any universal manner. What is beautiful in one culture may not be beautiful in another. Each culture has developed its own traditions of what is acceptable on artistic content and style. It is difficult to appreciate art whose content and style are different from our own. However, we can learn something about the cultural values behind a specific work of art to help us appreciate its value. For example, although some Western artists such as Pablo Picasso were inspired by African masks without knowing anything about African cultures, most of us can appreciate African art more if we study something about the society that produced a specific work.

해석 예술이라는 것이 문화적인 전통에 매우 깊이 뿌리를 내리고 있어서 보편적인 방식으로 미의 기준에 대하여 언급하기는 어렵다. 한 문화권에서는 아름다운 것이 다른 문화권에서는 아름답지 않을 수도 있다. 각각의 문화는 예술적인 내용과 형식에 있어서 수용 가능한 고유한 전통을 발전시켜 왔다. 그러므로 우리의 것과는 다른 내용과 형식을 가진 예술을 평가하기는 어렵다. 그러나 우리는 특정한 예술 작품의 가치를 평가하는 데 도움이 되는 그 이면의 문화적 가치에 대해 배울 수 있다. 예를 들면 파블로 피카소와 같은 서구 예술가들은 아프리카의 문화에 대해서 전혀 모른 채 아프리카 가면에서 영감을 받았지만, 우리들 대부분은 특정한 예술 작품을 만들어 낸 그 사회(즉 아프리카)에 대해서 공부한다면 아프리카 예술을 좀 더 잘 감상할 수 있다.

(A) 문화적 전통들의 다양성
(B) 미의 보편적(수용할 수 있는) 기준
(C) 예술과 문화적 가치와의 관계
(D) 예술적 가치의 보편적 특징

A child must learn some actions, but other actions are innate. All humans are born with the same innate actions. One innate action is sucking. All babies know how to suck when they are born. Babies do not have to learn how to suck. Smiling and frowning are also innate actions. All babies smile and frown, even babies who are blind and deaf. Likewise, all babies cry, although babies who are deaf cannot hear themselves cry. When people greet each other, they move their eyebrows up and down rapidly. Anthropologists believe that this movement of the eyebrows is an innate action. There is no proof that this movement of the eyebrow is innate, but all people that anthropologists have studied raise and lower their eyebrows when they greet each other. While anthropologists know that babies' actions are innate, they do not know if some adult actions are innate or not. Adults have learned many actions and there is no way to be certain that an adult action is innate.

**voca** innate a) 타고난, 본질적인 suck v) 빨다 frown v) 얼굴을 찡그리다  eyebrow n) 눈썹 anthropologist n) 인류학자  lower v) 낮추다 greet v) 인사하다

(A) a definition and examples of innate actions

(B) a contrast of babies' actions and adults' actions

(C) a description of an anthropologist's study

(D) an explanation of many childish actions

## [19] (A) ★

Rudy's tip T

IT가 자체가 주제문으로 전형적인 G진술로 시작해서 이후에 다양한 예시의 S진술들이 이어지고 있다.

A child must learn some actions, but other actions are innate. All humans are born with the same innate actions. One innate action is sucking. All babies know how to suck when they are born. Babies do not have to learn how to suck. Smiling and frowning are also innate actions. All babies smile and frown, even babies who are blind and deaf. Likewise, all babies cry, although babies who are deaf cannot hear themselves cry. When people greet each other, they move their eyebrows up and down rapidly. Anthropologists believe that this movement of the eyebrows is an innate action. There is no proof that this movement of the eyebrow is innate, but all people that anthropologists have studied raise and lower their eyebrows when they greet each other. While anthropologists know that babies' actions are innate, they do not know if some adult actions are innate or not. Adults have learned many actions and there is no way to be certain that an adult action is innate.

해석 아이는 어떤 행동들을 반드시 배워야 하지만, 또 다른 어떤 행동들은 선천적인 것이다. 모든 인간들은 동일한 선천적 행동들을 타고난다. 선천적인 행동 가운데 하나는 무엇인가를 빠는 것이다. 모든 아기들은 태어날 때 빠는 법을 알고 있다. 아기들은 빠는 법을 배울 필요가 없다. 웃는 것과 인상을 찌푸리는 것도 선천적인 행동이다. 모든 아기들은 웃고 인상을 찌푸리며, 심지어는 볼 수 없는 아이들과 들을 수 없는 그러하다. 마찬가지로, 모든 아이들은 울음을 운다. 비록 들을 수 없는 아이들은 그들 자신이 우는 것을 듣지는 못하지만 말이다. 사람들이 서로 인사할 때 그들은 눈썹을 위 아래로 빠르게 움직인다. 인류학자들은 눈썹을 움직이는 이런 동작도 선천적이라고 믿고 있다. 눈을 움직이는 이러한 동작이 선천적이라는 증거는 없지만, 인류학자들이 연구한 모든 사람들은 서로 인사할 때 눈썹을 올리고 내린다. 인류학자들은 아기들의 행동이 선천적이라는 것을 알고 있지만, 성인들의 어떤 행동들이 선천적인지는 알지 못한다. 성인들은 많은 행동들을 배워 왔으므로 어떤 성인의 행동이 선천적이라는 것을 확신할 방도가 없는 것이다.

(A) 선천적 행동들의 정의와 예시들
(B) 아기와 성인들의 행동들의 차이점
[오답 피하기] 본문은 선천적인 행동들에 대한 정의와 다양한 예시들을 진술하고 있다. 성인들의 후천적 행동은 본능적 행동들을 부각시키기 위한 예시일 뿐이다.

(C) 문화인류학자들의 연구에 대한 설명
(D) 많은 아이 같은 행동들에 대한 설명

**[20]** The most important information in paragraph above is _____.

Pat Schnabel looks tough, her brown, shoulder-length hair hangs limply. Her jeans are baggy, her construction boots are coated with mud, her blue work-shirt hangs loosely, denying any defined shape beneath it. While Miss Schnabel's appearance seems to lack arrangement, her "look" has been carefully conceived and calculated. "I always wear jeans, three shirts, no make-up," she said. "I de-emphasize my feminity. I have to. The men totally resented me, they totally resent the thought of any woman making as much money as a man."

voca limply ad) 기운 없게 baggy a) 헐렁헐렁한 boot n) 장화  lack v) ~이 없다, 결핍되다 arrangement n) 정돈, 배열 conceive v) 생각하다, 이해하다 calculate v) 계산하다 de-emphasize v) 감소시키다 feminity n) 여성다움 resent v) 분개하다

(A) the description of the clothes Pat wears when she works

(B) the explanation of why she dresses the way she does

(C) how she feels about her feminity

(D) how the men feel about her

## [20] (B) ★

**Rudy's tip** B

IT부터 S진술이 등장하고 있다. 남성처럼 옷을 입는다는 구체적인 옷차림에 대한 묘사가 등장한 후, 여성성을 줄이려고 한다는 G진술을 통해서 주제를 제시하고 있다. 보기문항에서는 여성성을 줄인다는 문항이 없기에, 그와 가장 유사한 옷을 입는 이유에 대한 문항이 정답으로 적절하다.

Pat Schnabel looks tough, her brown, shoulder-length hair hangs limply. Her jeans are baggy, her construction boots are coated with mud, her blue work-shirt hangs loosely, denying any defined shape beneath it. While Miss Schnabel's appearance seems to lack arrangement, her "look" has been carefully conceived and calculated. "I always wear jeans, three shirts, no make-up," she said. "I de-emphasize my feminity. I have to. The men totally resented me, they totally resent the thought of any woman making as much money as a man."

**해석** 팻 슈너벨은 강인해 보이고, 그녀의 어깨까지 내려오는 갈색의 머리카락은 유연하게 늘어져 있다. 그녀의 청바지는 헐렁하고, 건설인부용 장화는 진흙으로 덮여 있고, 파란 작업용 셔츠는 느슨하게 걸쳐져 있어, 그 속에는 어떤 체형이 들어 있는지 분명하게 보여주지 않았다. 슈네벨 양의 외모가 정돈되지 않은 것으로 보이는 반면에 그녀의 '용모'는 주의 깊게 고려되고 계산된 것이었다. "나는 항상 청바지에 세 벌의 셔츠를 입고 화장을 안 해요"라고 그녀는 말했다. "나는 내가 여성이라는 것을 강조하지 않으려고 합니다. 나는 그래야만 합니다. 남자들은 나에 대해 분개합니다. 남자들은 어떤 여자가 남자만큼 많은 돈을 번다는 생각에 분개하거든요."

(A) 회사에서 팻이 입는 옷들에 대한 설명
(B) 팻이 그런 식으로 옷 입는 이유에 대한 설명
(C) 어떻게 팻이 자신의 여성성에 대해서 느끼는지
(D) 어떻게 남성들이 팻에 대해서 느끼는지

There are also a number of traditional sex-role expectations for males in our society. A male is expected to be tough, fearless, logical, self-reliant, independent, and aggressive. He should have definite opinions on the major issues of the day and make authoritative decisions at work and at home. He is expected to be strong - a sturdy oak - and never to be depressed, vulnerable, or anxious. He is not supposed to be a "sissy" ; to cry or openly display emotions that suggest vulnerability. He is expected to be the provider, the breadwinner. He should be competent in all situations, physically strong, athletic, confident, daring, brave, and forceful. He should be in a position to dominate any situation — to be a "Rambo" or a "Clint Eastwood."

voca self-reliant a) 자립적인 sturdy a) 튼튼한 oak n) 오크나무 breadwinner n) 가장 daring a) 대담한 authoritative a) 권위 있는 intuitive a) 직관적인  passive a) 수동적인 vulnerable a) 상처를 입기 쉬운 sissy n) 여자 같은 사내 stereotype n) 고정 관념

(A) The respect for Working Man

(B) Stereotyping of Men

(C) Man's Stereotyping

(D) Women's expectations toward Males

## [21] (B) ★

Rudy's tip T

IT가 주제문으로 전형적인 T구조이다. 본문은 주제문에 대한 다양한 구체적 예시들로 구성되어 있다.

**There are also a number of traditional sex-role expectations for males in our society.** A male is expected to be tough, fearless, logical, self-reliant, independent, and aggressive. He should have definite opinions on the major issues of the day and make authoritative decisions at work and at home. He is expected to be strong – a sturdy oak – and never to be depressed, vulnerable, or anxious. He is not supposed to be a "sissy" ; to cry or openly display emotions that suggest vulnerability. He is expected to be the provider, the breadwinner. He should be competent in all situations, physically strong, athletic, confident, daring, brave, and forceful. He should be in a position to dominate any situation — to be a "Rambo" or a "Clint Eastwood."

**해석** 우리 사회에는 남자들에 대한 전통적인 성적인 역할 기대가 많다. 남자는 강인하고, 두려움이 없으며, 논리적이고 자립적일 뿐 아니라 독립적이고, 진취적이어야 한다고 기대된다. 그는 그 시대의 주요 문제들에 관한 명확한 의견을 가져야 하고 일하면서 그리고 가정에서 권위 있는 결정들을 내려야 한다. 그는 강해야 하며, 억센 떡갈나무처럼결코 낙담해서도, 상처받기 쉬워서도 혹은 불안해서도 안 된다. 그는 울거나 약함을 의미하는 감정들을 공공연히 드러내는 '여자 같은 사내'여서는 안 된다. 그는 가족의 부양자, 한 가정을 위해 벌이하는 사람으로 기대된다. 그는 모든 상황에서 유능해야하고, 육체적으로 강하며 체력이 있고, 자신감에 넘치며, 대담하고, 용감하고, 힘이 세야한다. 그는 '람보'나 '클린트 이스트우드'가 되어 어떤 상황도 지배하는 위치에 있어야 한다.

(A) 일하는 남성에 대한 예찬
(B) 남성다움에 대한 고정관념
(C) 남성이 지니고 있는 고정관념
[오답 피하기] B가 사회가 남성에 대해서 지니고 있는 고정관념인데 비해서, C는 남성들이 다른 대상에 대해서 지니고 있는 고정관념이라는 의미이다.
(D) 남성들에 대한 여성들의 기대

## [22] What is the topic of the passage?

More than fifty years ago the famous comic actor Charlie Chaplin appeared in a movie called Modern Times, which presented the modern factory worker in a series of comical situations. In one scene, he was shown trying desperately to keep in time with a rapid assembly line on which his job consisted of turning two bolts with a pair of pliers. After a while, dazed with boredom and frustration, he began running around trying to turn anything that looked like those bolts including two buttons on the blouse of a rather large lady who happened to pass by! Beneath the humor there seemed to be a sad and serious message: a picture of the modern worker, reduced and humiliated, a servant to the machine.

> **voca** assembly line n) 조립라인 plier n) 집게, 펜치 daze v) 현혹시키다. 멍하게 하다 boredom n) 권태 frustration n) 좌절 humiliate v) 창피를 주다, 굴복시키다

(A) The poverty - stricken workers

(B) The picture of the workers reflected in the movie

(C) Charlie chaplin's satire

(D) the occupational disease of workers

## [22] (B) ★★

Rudy's tip D+B

IT가 S진술로 시작해서 본문전체가 S진술로 이루어져 있다. 마지막 줄에서 본문의 내용을 정리하는 G진술이 등장하고, 주제문 역할을 하고 있다.

More than fifty years ago the famous comic actor Charlie Chaplin appeared in a movie called Modern Times, which presented the modern factory worker in a series of comical situations. In one scene, he was shown trying desperately to keep in time with a rapid assembly line on which his job consisted of turning two bolts with a pair of pliers. After a while, dazed with boredom and frustration, he began running around trying to turn anything that looked like those bolts including two buttons on the blouse of a rather large lady who happened to pass by! Beneath the humor there seemed to be a sad and serious message: a picture of the modern worker, reduced and humiliated, a servant to the machine.

해석 50년 전 유명한 희극 배우 찰리 채플린은 우스꽝스러운 일련의 상황에 처한 근대 공장 노동자가 나오는 『모던 타임스』라는 영화에 출연했다. 한 장면에서 그는 빠르게 돌아가는 조립 라인에 뒤쳐지지 않기 위해서 필사적으로 노력하고 있었다. 그 곳에서 그는 펜치로 두개의 나사를 돌리는 일을 했다. 잠시 후에 권태와 좌절로 멍해진 그는 마침 지나가는 다소 몸집이 큰 여인의 블라우스에 달린 두 개의 단추는 물론, 볼트와 비슷해 보이는 모든 것을 돌리면서 이리저리 돌아다니기 시작했다. 그 유머 뒤에는 슬프고 심각한 메시지가 담겨있는 듯했다. 그것은 기계의 노예가 된 근대 노동자의 영락하고 굴욕적인 모습이었다.

(A) 가난에 찌든 노동자들
(B) 영화에 비친 노동자들의 모습
(C) 찰리채플린의 풍자
[오답 피하기] 채플린의 풍자는 (B)에 비해서 너무 넓은 개념이다.
(D) 노동자들의 직업병

Choose the main topic of the passage.

It is horrifying to observe a brutal invasion in the middle of Europe 47 years after the end of the Second World War. The Serbian war of expansion has the same qualities as the heinous crimes of Hitler and Stalin. The inability of European and American politicians to initiate action to stop the war is intolerable. Western politicians have repeatedly extended the deadlines for the Serbian aggressors. The Serbs used these extensions to attain their military and ethnic goals. This genocide is an attack on the basic moral code and structures of our democracies. It is the moral obligation of Europeans and Americans to stop the crime in former Yugoslavia immediately by any means.

voca horrifying a) 무서운 brutal a) 잔인한 invasion n) 침입, 침략 Serbian a) 세르비아의 heinous a) 극악한 initiate v) 시작하다 deadline n) 최종 기한 genocide n) 대량 학살 code n) 관례, 암호 by any means ad) 어떤 수단을 통해서든 restoration n) 회복, 부활 exalted a) 고양된, 고상한 complacent a) 자기만족의

(A) The Second World War

(B) The Restoration of Democracy

(C) The Serbian War of Expansion

(D) The Military Goals of Western Politicians

## [23] (C) ★★

`Rudy's tip` D

2차 대전 후에 세르비아의 영토 확장에 대한 내용이다. IT에서 야만적인 침략을 언급하고, 이어서 세르비아의 영토 확장에 대한 재진술이 이어지는 전개 구조의 영문이다. 세르비아가 지속적으로 영토를 확장해 왔지만, 서방의 정치인들은 이것을 방어하지 못했다는 것이 중심내용이다.

It is horrifying to observe a brutal invasion in the middle of Europe 47 years after the end of the Second World War. The Serbian war of expansion has the same qualities as the heinous crimes of Hitler and Stalin. The inability of European and American politicians to initiate action to stop the war is intolerable. Western politicians have repeatedly extended the deadlines for the Serbian aggressors. The Serbs used these extensions to attain their military and ethnic goals. This genocide is an attack on the basic moral code and structures of our democracies. It is the moral obligation of Europeans and Americans to stop the crime in former Yugoslavia immediately by any means.

`해석` 제2차 세계대전이 막을 내린 지 47년 후에 유럽의 한 복판에서 벌어진 야만적인 침략을 지켜본다는 것은 소름끼치는 일이다. 세르비아의 영토 확장을 위한 전쟁은 히틀러와 스탈린의 극악한 범죄와 같은 성격을 지니고 있다. 그 전쟁을 멈추게 하는 조치를 취하지 못하는 유럽과 미국 정치가들의 무력함도 견딜 수 없는 것이다. 서방의 정치가들은 세르비아의 침략자들이 넘지 못하도록 하는 선을 반복적으로 확대시켜 주어 왔다. 세르비아인들은 그들의 군사적, 인종적 목적을 달성하기 위해 이 넘을 수 없는 선의 확장을 이용했다. 이런 대량학살은 기본적인 도덕규범과 우리의 민주주의라는 구조에 대한 공격이다. 이전에 유고슬라비아였던 곳에서 벌어지고 있는 범죄를 그 어떤 수단을 써서라도 즉시 막는 것은 유럽인들과 미국인들에게 주어진 도덕적 의무이다.

(A) 2차 세계대전
(B) 민주주의 복원
(C) 세르비아의 확장 전쟁
(D) 서구 정치인들의 군사적 목적들

**[24]** The main purpose of the author in writing this passage is to _____ .

Baseball's myth may be easier to identify since we have a greater historical perspective on the game. It was an instant success during the Industrialization, and most probably it was a reaction to the squalor, the faster pace and the dreariness of the new conditions. Baseball was old-fashioned from the start; it seemed conceived in nostalgia, in the resuscitation of the Jeffersonian dream. It established an artificial rural environment, one removed from the cold toil of an urban life, which spectators could be admitted to and temporarily breathe in. Baseball is a pastoral sport, and I think the game can be best understood as this kind of act. For baseball does what all good pastoral does — it creates an atmosphere in which everything exists in harmony.

`voca` perspective n) 전망, 관점 reaction n) 반작용 squalor n) 천박함 dreariness n) 쓸쓸함, 황량함 conceive v) 생각하다 nostalgia n) 과거를 그리워함, 향수 resuscitation n) 부활, 부흥 toil n) 수고 spectator n) 구경꾼 pastoral a) 양치기의, 전원생활의 dismissive a) 거부하는, 물리치는 condescending a) 겸손한, 속으로 깔보는

(A) praise the game of baseball

(B) gain a greater historical perspective on the game of baseball

(C) emphasize the importance of baseball

(D) create an atmosphere of complete harmony and satisfaction

## [24] (B) ★★

Rudy's tip T

IT가 주제문에 해당하는 T구조의 영문이다. 야구에 대해서 보다 큰 역사적 관점을 지닐 수 있기에 야구에 대해서 좀 더 쉽게 이해할 수 있다는 것이 주제로, IT이후에 야구가 등장하게 된 배경과 그것이 현대 사회에서 지니는 의미 등, 다양한 전개의 재진술이 이어지고 있다. 두 번째 문장부터 대부분 대명사로 시작하고 있기에, 선행 문장에 대한 재진술 구조임을 파악할 수 있고, 결국 첫 문장을 중심으로한 다양한 재진술이 이어지고 있다는 것을 파악할 수 있다.

**Baseball's myth may be easier to identify since we have a greater historical perspective on the game.** It was an instant success during the Industrialization, and most probably it was a reaction to the squalor, the faster pace and the dreariness of the new conditions. Baseball was old-fashioned from the start; it seemed conceived in nostalgia, in the resuscitation of the Jeffersonian dream. It established an artificial rural environment, one removed from the cold toil of an urban life, which spectators could be admitted to and temporarily breathe in. Baseball is a pastoral sport, and I think the game can be best understood as this kind of act. For baseball does what all good pastoral does — it creates an atmosphere in which everything exists in harmony.

해석 야구의 신화는 우리가 그 경기에 대해 역사적인 관점에서 더 넓은 시야로 볼 수 있기 때문에 확인하는 것이 더 쉬울지도 모른다. 야구는 산업화 기간 동안에 즉각적인 성공을 거두었는데, 아마도 천박함, 다시 말해 새로운 생활이 가져다 준 빠른 속도와 황량함에 대한 반작용이었을 것이다. 야구는 처음부터 낡은 것이었는데, 제퍼슨 드림의 부활과 향수(鄕愁)에서 만들어진 듯 해 보였기 때문이다. 야구는 인공적으로 전원환경을 만들어냈는데, 그것은 도시생활의 냉정한 일과에서 벗어난 것이었으며, 관객들은 그곳에 들어가는 것이 허락되어 잠시나마 휴식을 취했다. 야구는 목가적인 스포츠이며, 나는 야구를 이런 종류의 활동으로 가장 잘 이해할 수 있다고 생각한다. 모든 훌륭한 전원시가 하는 것을 야구 또한 하고 있다. 그것은 바로 모든 것이 조화 속에 존재하는 분위기를 만들어내는 것이다.

(A) 야구 게임을 극찬하는 것
(B) 야구 게임에 대한 보다 큰 역사적 관점(의미)을 제시하는 것
(C) 야구의 중요성을 강조하는 것
(D) 완벽한 조화와 만족스런 분위기를 만들어 내는 것

# Chapter 2

Choose the best title for the passage.

The competitive habit of mind easily invades regions to which it does not belong. Take, for example, the question of reading. There are two motives for reading a book: one, that you enjoy it; the other, that you can boast about it. It has become the thing in America for ladies to read (or seem to read) certain books every month; some read them, some read the first chapter, some read the reviews, but all have these books on their tables. They do not, however, read any old masterpieces. There has never been a month when Hamlet or King Lear has been selected by the book clubs. Consequently the reading that is done is entirely of modern books, which, of course, are seldom and never of masterpieces. This also is an effect of competition, not perhaps wholly bad, since most of the ladies in question, if left to themselves, so far from reading masterpieces, would read books even worse than those selected for them by their literary pastors and masters.

**voca** invade v) 침략하다, 침입하다 region n) 지방, 영역 pastor n) 사제, 목사 merit n) 가치, 장점 vogue n) (대)유행, 인기 affect v) 영향을 미치다 suppose v) 가정하다, 추측하다

(A) The bad effect of Book Clubs in America

(B) Two Motives for Reading Books

(C) Literary Merits of Old Masterpieces

(D) An Effect of Competition on Reading

## [25] (D) ★★

Rudy's tip T

IT가 주제문에 해당하는 T구조 영문이다. 인간의 경쟁심리가 그것이 필요하지 않은 분야인 독서에 까지 영향을 미친다는 것으로 IT에 이어서 독서를 예시로서 제시하고 있다. 이후에 독서 분야에 인간의 경쟁심리가 어떻게 작용하고 있는지에 대한 전개구조가 등장하고 있다.

The competitive habit of mind easily invades regions to which it does not belong. Take, for example, the question of reading. There are two motives for reading a book : one, that you enjoy it ; the other, that you can boast about it. It has become the thing in America for ladies to read (or seem to read) certain books every month ; some read them, some read the first chapter, some read the reviews, but all have these books on their tables. They do not, however, read any old masterpieces. There has never been a month when Hamlet or King Lear has been selected by the book clubs. Consequently the reading that is done is entirely of modern books, which, of course, are seldom and never of masterpieces. This also is an effect of competition, not perhaps wholly bad, since most of the ladies in question, if left to themselves, so far from reading masterpieces, would read books even worse than those selected for them by their literary pastors and masters.

해석 마음속에 있는 경쟁적인 습관은 경쟁이 아무런 필요가 없는 영역들에 까지 쉽게 침범한다. 독서의 문제를 예로 들어 보자. 책을 읽는 것에는 두 가지 동기가 있다. 하나는 즐기는 것이고, 나머지 하나는 그것에 대해 자랑하는 것이다. 미국에서는 여성들이 매달 특정한 책을 읽는 것이 유행이 되었다. 그리하여 일부는 그것들을 다 읽고, 일부는 첫 장(章)만 읽으며, 일부는 서평(書評)을 읽지만, 모두들 이 책들을 탁자 위에 올려놓고 있다. 하지만 그들은 명작은 한 권도 읽지 않는다. 독서 클럽에 의해 이 달의 읽을 책으로 『햄릿』이나 『리어왕』이 선정되었던 적은 한 번도 없었다. 그 결과 독서는 전적으로 현대의 책들에 대한 것이며, 물론 그런 것들에 명작은 전혀 없다. 이 또한 경쟁의 결과지만, 문제의 여성들 대부분은 혼자 있다면 명작을 읽는 것과는 너무나도 거리가 먼 탓으로 그들의 문학적 교사나 선생이 골라준 것들 보다 훨씬 나쁜 책들을 읽을 것이기 때문에 전적으로 나쁘다고 할 수는 없을 것이다.

(A) 미국에서 북클럽들의 안 좋은 영향
[오답 피하기] 북클럽들에 포커스를 두었기 때문에 적절하지 않다. 인간의 경쟁심리가 독서에 악영향을 미친다는 것이 주요 화제이다.
(B) 독서의 두 가지 이유들
(C) 고전의 문학적 가치들
(D) 독서에 미치는 경쟁의 영향

[26] Which is the most suitable title of the passage?

In the HBO movie "Game Change," about the 2008 campaign, John McCain's strategist Steve Schmidt was appalled when he realized that their vice presidential pick, Sarah Palin, thought Queen Elizabeth, rather than the prime minister, was actually running the show in Britain. But with David Cameron growing smaller and the queen growing larger, Palin seems prescient. In leading a reconciliation with Ireland, reaching a white-gloved hand across the bloodstained tide, the queen has restored a luster dimmed by her 1992 "annus horribilis" and her insensitivity after the death of Princess Diana.

Her elevation to Ireland's Prodigal Mother began last year when Liz, as The Irish Daily Star calls her, arrived for a four-day visit to the Irish Republic — the first by a British monarch in a century — wearing an emerald green suit, surrounded by ladies-in-waiting wearing 40 shades of green. The Irish immediately understood that the queen meant business. In this island of myth, superstition and symbol, where the past is always present, she urged both sides "to bow to the past but not be bound by it."

The mood was tentative at first, but the ice broke when the monarch bowed her head at the Garden of Remembrance, the sacred ground for Irish patriots who died battling for independence, spoke some Irish, and visited Croke Park, the site of the 1920 Bloody Sunday, when 14 Irish civilians died after British forces opened fire on them.

**voca** appall v) 깜짝 놀라게 하다 vice presidential pick n) 부통령 지명자 run the show v) 주도권을 행사하다 prescient a) 선견지명이 있는 reconciliation n) 화해, 조정 bloodstained a) 유혈의 restore v) 복원하다 luster n) 영광 dimmed a) 어두워진 annus horribilis n) 최악의 해 insensitivity n) 둔감함 elevation n) 향상, 승진 prodigal a) 풍요로운 bow v) 굴복하다, 인정하다 be bound v) 종속되다 tentative a) 임시적인, 어색한 unparalleled a) 유례가 없는 resurgence n) 부활

(A) Queen's Unparalleled Political Foresight

(B) Queen's Resurgence as a Political Leader

(C) the deep-rooted conflict between Ireland and Britain

(D) Queen's Power Struggle in British Politics

Chapter 1

Chapter 2

Chapter 3

## [26] (B) ★★★

**Rudy's tip** D

IT가 영화 이야기 S진술로 시작되기에 전개 구조임을 예상할 수 있다. 전반적인 내용은 영국의 엘리자베스 여왕이 아일랜드를 방문해서 화해의 제스처를 취하면서 정치 지도자로서의 위상이 올라갔다는 것이다.

In the HBO movie "Game Change," about the 2008 campaign, John McCain's strategist Steve Schmidt was appalled when he realized that their vice presidential pick, Sarah Palin, thought Queen Elizabeth, rather than the prime minister, was actually running the show in Britain. But with David Cameron growing smaller and the queen growing larger, Palin seems prescient. In leading a reconciliation with Ireland, reaching a white-gloved hand across the bloodstained tide, the queen has restored a luster dimmed by her 1992 "annus horribilis" and her insensitivity after the death of Princess Diana.

Her elevation to Ireland's Prodigal Mother began last year when Liz, as The Irish Daily Star calls her, arrived for a four-day visit to the Irish Republic — the first by a British monarch in a century — wearing an emerald green suit, surrounded by ladies-in-waiting wearing 40 shades of green. The Irish immediately understood that the queen meant business. In this island of myth, superstition and symbol, where the past is always present, she urged both sides "to bow to the past but not be bound by it." The mood was tentative at first, but the ice broke when the monarch bowed her head at the Garden of Remembrance, the sacred ground for Irish patriots who died battling for independence, spoke some Irish, and visited Croke Park, the site of the 1920 Bloody Sunday, when 14 Irish civilians died after British forces opened fire on them.

**해석** HBO의 "게임 체인지"라는 영화는 2008년 대선 캠페인에 관한 영화인데, 영화에서 존 맥케인의 전략가인 스티브 슈미트는 자신들이 부통령 후보로 결정한 사라 페일린이 영국을 총리가 아닌 엘리자베스 여왕이 실제로 다스리는 줄 알고 있다는 사실을 발견하고 경악했다. 그러나 데이비드 카메론의 영향력이 점점 더 작아지고 여왕의 영향력은 점점 커지면서 페일린은 선견지명이 있었던 것처럼 보이기도 한다. 아일랜드와의 화합을 주도하는 가운데, 피로 얼룩진 해협 건너로 하얀 장갑의 손을 내밀며, 여왕은 1992년, "최악의 해"와 다이애나 왕비의 죽음 이후 보여주었던 냉담함 이후로 떨어졌던 그녀의 위상을 다시 회복했다.

아일랜드의 돌아온 풍요의 어머니로 그녀의 위상이 높아진 것은, 아일랜드의 데일리 스타 신문에서 그녀를 지칭한 대로, 리즈(엘리자베스의 애칭)가 작년, 영국에서 100년 만에 처음으로 아일랜드 공화국에 4일간의 방문일정으로 머물렀을 때부터 시작된다. 그녀는 에메랄드 그린색의 정장을 입고 40가지 그린 색조의 옷을 입은 시녀들에게 둘러싸였다. 아일랜드 사람들은 즉각 여왕의 방문이 비즈니스를 위한 것임을 알아챘다. 신화와 미신, 상징의 나라이며, 과거가 항상 현재가 되는 아일랜드에서, 그녀는 양국이 서로 "과거를 존중하지만 거기에 묶이지 말자"고 말했다. 처음에는 분위기가 어색했지만, 그녀가 아일랜드를 사랑하던 사람들이 독립을 위해 싸우다 묻힌 숭고한 땅인 추모의 정원에서 머리를 숙이고 아일랜드 말을 하며, 1920년 피의 일요일에 영국군의 공격으로 14명의 아일랜드 민간인들이 목숨을 잃은 크로크 공원을 방문하면서 경직된 분위기는 사라졌다.

(A) 여왕의 뛰어난 정치적 선견지명
(B) 정치 지도자로서 여왕의 부활
(C) 아일랜드와 영국의 뿌리 깊은 갈등
(D) 영국 정치권에서의 여왕의 권력 투쟁

## [27] What is the message the writer wants to talk about ultimately?

As I raise my two-year-old son, I witness a basic truth familiar to parents through the ages and across the continents ; we begin life as uninhibited explorers with a boundless fascination for the ever growing world to which we have access. And what I find amazing is that if that fascination is fed, and if it's challenged, and if it's nurtured, it can grow to an intellect capable of grappling with such marvels as the quantum nature of reality, the energy locked inside the atom, the curved space-time of the cosmos, the elementary constituents of matter, the genetic code underlying life, the neural circuitry responsible for consciousness, and perhaps even the very origin of the universe. While we evolved to survive, once we have the luxury of taking such survival for granted, the ability of our species to unravel mysteries grand and deep is awe-inspiring. The world will increasingly value the power of such rational thought and will increasingly rely on its insights in making the most critical decisions.

**voca** boundless a) 무한한 fascination n) 매력, 흥미 grapple v) 겨루다, 노력하다 quantum n) (물리학)양자 curved a) 휘어 있는 genetic code n) 유전적인 암호 underlying a) 토대를 이루는 neural circuitry n) 신경회로 unravel v) 밝히다 awe-inspiring a) 숭고한 take ~ for granted v) 당연한 것으로 받아들이다 discerning a) 분별력 있는 savvy a) 경험이 풍부한, 전문가의

(A) Mankind is least likely to become extinct among all species.

(B) The power of intellectual curiosity will guide humans into the future.

(C) The more complex the world becomes, the less chances to survive mankind has.

(D) In terms of our species, a few discerning and savvy ones have led many ordinary ones

## [27] (B) ★★

Rudy's tip D+B

B구조에 본문이 D구조로 이루어진 영문이다. IT에서 육아문제를 언급하며, 아이를 키우면서 느끼는 점들을 열거하고 있다. 열거의 주된 내용은 많은 경이로운 것들을 접하면서 이런 경이로움의 근저에는 인간의 합리적 사고가 있다는 것이고, 마지막에서 이런 인간의 합리적 사고가 앞으로도 가장 중요한 의사결정을 하는데 큰 역할을 할 수 있다는 점을 강조하고 있다.

As I raise my two-year-old son, I witness a basic truth familiar to parents through the ages and across the continents ; we begin life as uninhibited explorers with a boundless fascination for the ever growing world to which we have access. And what I find amazing is that if that fascination is fed, and if it's challenged, and if it's nurtured, it can grow to an intellect capable of grappling with such marvels as the quantum nature of reality, the energy locked inside the atom, the curved space-time of the cosmos, the elementary constituents of matter, the genetic code underlying life, the neural circuitry responsible for consciousness, and perhaps even the very origin of the universe. While we evolved to survive, once we have the luxury of taking such survival for granted, the ability of our species to unravel mysteries grand and deep is awe-inspiring. The world will increasingly value the power of such rational thought and will increasingly rely on its insights in making the most critical decisions.

해석 두 살짜리 아들을 키우며 나는 시대와 대륙을 뛰어넘어 부모라면 누구나 경험할 기본적인 사실을 목도하고 있다. 우리는 우리가 접하고 있는, 끊임없이 성장하는 세계의 모습에 무한한 매력을 느끼며 자유분방한 탐험가로서 삶을 시작한다는 것이다. 또한 놀라운 것은 그 같은 매료상태에 영양분을 공급하고 자극을 주고 잘 기른다면, 실재를 구성하는 양자의 성질, 원자 내에 응축된 에너지, 우주의 구부러진 시공간, 물질의 기본적 구성성분, 생명의 밑바탕을 이루는 유전자 코드, 의식을 이루는 신경회로, 그리고 어쩌면 우주의 기원과 같은 불가사의마저 이해할 수 있는 지적 능력으로 성장할 수 있다는 사실이다. 우리는 살아남기 위해 진화했지만, 이러한 생존을 당연한 것으로 받아들일 수 있는 사치를 누리게 된 이후에, 거대하고 심오한 신비를 풀어내려는 인류의 능력은 경이로운 것이다. 세상은 갈수록 그 같은 이성적 사고력을 더욱 소중히 여기고, 점점 더 이성적 통찰에 의지해 가장 중요한 결정들을 해나갈 것이다.

(A) 인류는 모든 종들 중에서 멸종될 가능성이 가장 적다.
(B) 지적 호기심(이성적 사고)의 능력은 인류를 미래로 이끌 것이다.
(C) 세상이 복잡할수록, 인류가 생존할 가능성은 적어진다.
(D) 종의 관점에서 보았을 때, 소수의 분별 있고 현명한 종들이 많은 평범한 종들을 이끈다.

## [28] What is the main topic of the passage?

To define poverty, governments all over the world subscribe to the concept of poverty line. The poverty line is the minimum daily income that facilitates the survival of any person. The means of income, however, have to be legal and through economic activity. Hence, illegal income, donations, and income through begging is not considered as an income. The poverty line of every nation is defined on the basis of its national income, gross domestic produce and the net national product. The World Bank has also defined a poverty line that is applicable globally. The current international poverty line which is $1.25 per day, enables us to measure the volume of poverty globally. The international poverty line has revealed some shocking facts about poverty. The total population of all the countries, put together, is about 6.5 billion. Out of these about 3 billion people earn less than $1.25 per day (the international poverty line).

voca define v) 정의하다 subscribe v) 기부하다, 찬성하다 facilitate v) 가능하게 하다 on the basis of ad) ~근거를 두어 gross domestic produce n) GDP 국내 총생산 applicable a) 적용할 수 있는 put together v) 합치다 subside n) 보조금 on the way ad) 진행 중인 rank up v) 올리다 disparity n) 격차, 불평등 disturbing a) 충격적인

(A) Government Subsidies On the Way

(B) Steps to Rank up the Minimum Wage

(C) Global Income Disparity

(D) A Disturbing Statistic

## [28] (D) ★★

**Rudy's tip** B

IT에서 빈곤선을 제시하고 있다. 본문에서는 빈곤선에 대한 정의와 구체적인 설명을 하고, 결론에서 충격적인 통계치를 제시하고 있는 B구조의 영문이다.

To define poverty, governments all over the world subscribe to the concept of poverty line. The poverty line is the minimum daily income that facilitates the survival of any person. The means of income, however, have to be legal and through economic activity. Hence, illegal income, donations, and income through begging is not considered as an income. The poverty line of every nation is defined on the basis of its national income, gross domestic produce and the net national product. The World Bank has also defined a poverty line that is applicable globally. The current international poverty line which is $1.25 per day, enables us to measure the volume of poverty globally. The international poverty line has revealed some shocking facts about poverty. The total population of all the countries, put together, is about 6.5 billion. Out of these about 3 billion people earn less than $1.25 per day (the international poverty line).

**해석** 빈곤을 정의하기 위해 전 세계 각국 정부들은 빈곤선 개념에 대해 동의한다. 빈곤선이란 누구든지 생존하는데 필요한 최소한의 하루 소득을 일컫는다. 하지만 소득 수단은 합법적이고 경제 활동을 통한 것이어야만 한다. 따라서 불법적인 소득, 기부금, 구걸을 통한 소득은 소득으로 여겨지지 않는다. 각국의 빈곤선은 그 나라의 국민 소득, 국내 총생산, 순 국민 생산에 기초해 정의된다. 또한 세계은행 역시 세계적으로 적용 가능한 빈곤선을 정의해왔다. 하루 1.25 달러인 현재 국제 빈곤선은 전 세계 빈곤한 사람들의 수를 측정하게 해준다. 이 국제 빈곤선은 빈곤에 대한 충격적인 사실들을 밝혀준다. 전 세계 총인구는 모두 합쳐서 65억 명인데, 이들 중 약 30억 명의 사람들이 (국제 빈곤선인) 하루 1.25달러 미만을 벌어들인다는 것이 바로 그것이다.

(A) 진행 중인 정부의 보조금
(B) 최저 임금을 올리려는 조치들
(C) 전 세계적인 소득 불평등
[오답 피하기] 상당히 매력적인 함정 문항이다. 본문의 반복적인 내용은 최저 빈곤선에 대한 내용이다. 그런데 소득 불평등이란 개념에는 빈곤선뿐만 아니라, 다른 상류층과 중산층의 소득 격차 등, 다른 내용까지도 포함하고 있기에 본문의 빈곤선보다는 확장된 개념이다. 따라서 빈곤선에 직접적으로 표현하고 있는 D문항이 정답으로 더 적절하다.

(D) 충격적인 통계
[오답 피하기] 충격적인 통계가 의미하는 것은 본문 마지막의 통계치들이고, 이것은 최저 빈곤선을 의미하기에 정답으로 적절하다.

[29] What is the main idea of the passage?

As we mentioned earlier, bodybuilding or gaining muscle mass is all about breaking and repair of muscle tissues. When you resort to weight training, i.e. lift weights, your muscles are subjected to minor tears which are eventually repaired by protein. It is in course of this repair that your muscles start gaining mass when you are resting, and not when you are pumping weights in the gym as many people believe. While the protein that you take in as a part of your daily diet is sufficient for muscle tissue repair, there are two reasons why protein shakes are better than your daily diet protein intake. First of all, the amount of protein that you derive through these supplements tends to accelerate muscle repair process. Second – and perhaps more important – is that protein shakes don't add extra calories to your body as other constituents of your daily diet do.

**voca** muscle mass n) 근육량 muscle tissue n) 근조직 be subjected to v) ~영향을 받다 tear n) 찢어짐 protein n) 단백질 pump v) 들어 올리다 derive v) 얻다, 유래하다 supplement n) 보충제 calory n) 열량 constituent n) 구성요소

(A) How does muscle build by weight training?

(B) Why do we need protein for a healthy diet?

(C) What are the benefits of protein shakes?

(D) Do we gain weight by taking protein shakes?

## [29] (C) ★★

**Rudy's tip** D+T

IT에서 근육 형성에 대해서 제시하고, 이어지는 본문에서 근육이 형성되는 원리를 설명하고 있다. 이 영문은 아래처럼 총 2문단으로 분리해서 생각해 볼 수 있다.

첫 번째 문단은 IT로 근육 형성의 원리에 대해서 다소 길게 제시하고 있고, 두 번째 문단이 주제문을 제시하는 문단으로 단백질 셰이크의 이점에 대해서 소개하는 영문이다.

즉, IT가 다소 길게 등장했지만, 전형적인 T구조의 영문으로, IT에서 화제를 제시하고 이어서 주제를 제시하는 T구조로 파악하는 것이 실전적이다.

As we mentioned earlier, bodybuilding or gaining muscle mass is all about breaking and repair of muscle tissues. When you resort to weight training, i.e. lift weights, your muscles are subjected to minor tears which are eventually repaired by protein. It is in course of this repair that your muscles start gaining mass when you are resting, and not when you are pumping weights in the gym as many people believe.

While the protein that you take in as a part of your daily diet is sufficient for muscle tissue repair, there are two reasons why protein shakes are better than your daily diet protein intake. First of all, the amount of protein that you derive through these supplements tends to accelerate muscle repair process. Second – and perhaps more important – is that protein shakes don't add extra calories to your body as other constituents of your daily diet do.

**해석** 앞서 말했듯이 보디빌딩이나 근육량을 늘리는 것은 다름 아닌 근조직의 분해와 회복이다. 당신이 (예를 들면 역기 들어올리기와 같은) 웨이트 훈련을 할 때 당신의 근육은 자잘하게 찢어지게 되며, 이는 결국 단백질에 의해 회복된다. 당신의 근육이 그 양을 늘리기 시작하는 것은 바로 당신이 휴식을 취할 때의 이러한 회복 과정에서이지, 많은 사람들이 생각하는 것과 같이 헬스장에서 웨이트 기구를 들어 올릴 때가 아니다. 당신이 일상적으로 식사를 하면서 섭취하는 단백질이 근육 조직 회복에 충분할지라도 단백질 셰이크 음료가 일상적인 단백질 섭취 식사보다 좋은 데에는 두 가지 이유가 있다. 첫째, 이 보충 음료를 통해 얻게 되는 단백질의 양은 근육 회복 과정을 촉진시키는 경향이 있다. 두 번째 이유는 아마 더욱 중요한 것인데, 단백질 셰이크 음료는 일상적인 식단에 포함되는 다른 영양성분처럼, 신체에 열량을 추가하지는 않는다.

(A) 근력 운동을 통해 어떻게 근육이 형성되는가?
(B) 왜 우리는 건강한 식단을 위해서 단백질을 필요로 하는가?
[오답 피하기] 함정문항이다. 건강을 위해서 단백질이 필요하지만, 식사를 통한 단백질 섭취 보다 단백질 셰이크를 통한 단백질 섭취가 더 좋다는 것이 본문의 주장이다.

(C) 단백질 셰이크의 이점들은 무엇인가?
(D) 단백질 셰이크를 섭취하면 살이 찌는가?

Reducing conflict should never mean compromising your rights or your self- respect. Inevitably, this is hard work and, inevitably it is rewarding. Making the effort can help you personally, both emotionally and spiritually, and will also improve your relationships. Conflict is what happens when two people have different ways of looking at the same facts or have to reconcile different goals and interests. It happens all the time, so what? Unhealthy conflict is when negative emotions pervert or displace an otherwise honest disagreement. Healthy conflict leads to healthy solution. It's not always easy, but you can usually work things through discussion and compromise.

> **voca** compromise v) 손상시키다, 타협하다 rewarding a) 보상을 주는 improve v) 향상시키다 reconcile v) 화해시키다 pervert v) 왜곡하다, 남용하다 displace v) 대체하다 work things v) 해결하다 banish v) 추방하다 resolve v) 해결하다

(A) How to Banish Conflict Forever

(B) The Perversion of Conflict

(C) Make Conflict Work For You

(D) What Makes Conflict Hard to Resolve?

## [30] (C) ★★

Rudy's tip T+D

전반적으로 구체적인 진술들이 없고, 추상적인 진술들만이 나열되어 있기에 다소 주제를 파악하는데 애매할 수 있다. IT에서 갈등을 제시하고 있다. 이어서 등장하는 갈등 해결은 반드시 보상이 따른다는 G진술을 주제문으로 보는 것이 적절하다. 본문은 주제문에 대한 재진술들이고, 후반부에 주제를 반복적으로 강조하는 G진술이 다시 등장하고 있다.

Reducing conflict should never mean compromising your rights or your self- respect. Inevitably, this is hard work and, inevitably it is rewarding. Making the effort can help you personally, both emotionally and spiritually, and will also improve your relationships. Conflict is what happens when two people have different ways of looking at the same facts or have to reconcile different goals and interests. It happens all the time, so what? Unhealthy conflict is when negative emotions pervert or displace an otherwise honest disagreement. Healthy conflict leads to healthy solution. It's not always easy, but you can usually work things through discussion and compromise.

해석 갈등을 줄인다는 게 당신의 권리나 자존심을 손상시키는 건 결코 아니다. 분명 힘든 일이긴 하지만 분명 그만한 보상이 따르는 일이기도 한다. 그러한 노력을 한다는 건 정서적으로나 정신적으로 한 개인의 인격 형성에 도움이 될 뿐 아니라 인간관계에도 보탬이 된다. 갈등이란 두 사람이 한 가지 사실에 대해 다른 견해를 갖고 있거나 서로 다른 목적과 이해관계를 조정해야 할 때 생긴다. 갈등은 늘 있게 마련이다. 그래서 어떻단 말인가? 안 좋은 감정으로 인해 단순한 의견의 불일치일 수도 있는 것이 곡해될 때 불건전한 갈등이 생겨나는 것이다. 건전한 갈등은 바람직한 해결책을 낳는다. 항상 쉬운 것만은 아니지만 보통은 대화와 타협을 통해 원만하게 해결할 수 있다.

(A) 갈등을 영원히 없애는 방법
(B) 갈등의 왜곡(갈등이 올바른 이해를 왜곡)
(C) 갈등이 당신에게 도움이 되도록 만들어라
[오답 피하기] 이 영문의 가장 적절한 주제는 '적절한 갈등해결은 보상이 따른다' 이다. 이 주제문과 가장 근접하게 호응하는 것이 C문항으로, 갈등이 도움이 되게 하라는 의미는 갈등을 당신에게 보상을 주는 긍정적인 방향으로 해결하도록 이끌라는 의미이다. 언제든 직접적인 주제문이 보기문항에 없다면, 근본 의미가 가장 근접한 보기 문항을 정답으로 선택하는 것이 합리적이다.

(D) 무엇이 갈등이 해결되는 것을 어렵게 하는가?

Unit 02. TOPIC SR  **253**

## [31] What is the maid idea of the passage?

If to read a book calls for a very high degree of insight and judgment, we may conclude it is unlikely that we shall be able to make any contribution to its criticism. We shall not put on the glory that belongs to critics. But still we have our importance as readers. The judgments we pass float into the air and become part of the atmosphere writers breathe as they work. An influence is eventually created, which affects them. And the influence might be of great value these days when books pass in review like the procession in a shooting-gallery, and the critic has only one second in which to aim and shoot and may well be pardoned if he mistakes rabbits for tigers. If behind the erratic gunfire of the press the author felt there was another kind of criticism, the opinion of people reading for the love of reading, might this not improve the quality of his work?

**voca** call for v) 요구하다 put on v) 착용하다 float v) 떠다니다 procession n) 행렬 shooting-gallery n) 사격장 pardon v) 용서받다 erratic a) 변덕스런, 이상한 gunfire n) 발포, 공격 hamper v) 방해하다 make a difference v) 중요하다

(A) A writer should not be hampered by literary criticism.

(B) To write a book review needs professional knowledge and skill.

(C) Common readers' opinions can make a difference in the literary works.

(D) It is not easy to find a critic who has a keen insight these days.

## [31] (C) ★★

**Rudy's tip** LC

IT에서 criticism은 일상 독자에게 쉽지 않을 수도 있다고 전제한다. 하지만 바로 LC구조를 통해서 독자로서 일반인들도 중요성을 지니고 있다는 주제를 제시하고 있다. 이후에 주제문을 보충하는 재진술이 본문에 이어지고 있다. 마지막 줄에서 주제를 다시 한 번 강조하는 재진술이 등장하고 있다.

If to read a book calls for a very high degree of insight and judgment, we may conclude it is unlikely that we shall be able to make any contribution to its criticism. We shall not put on the glory that belongs to critics. But still we have our importance as readers. The judgments we pass float into the air and become part of the atmosphere writers breathe as they work. An influence is eventually created, which affects them. And the influence might be of great value these days when books pass in review like the procession in a shooting-gallery, and the critic has only one second in which to aim and shoot and may well be pardoned if he mistakes rabbits for tigers. If behind the erratic gunfire of the press the author felt there was another kind of criticism, the opinion of people reading for the love of reading, might this not improve the quality of his work?

**해석** 만약 어떤 책을 읽는 것이 굉장히 높은 수준의 통찰력과 판단력을 요구한다면, 우리는 그 책의 비평에 어떠한 기여도 할 수 없을 것이리라 결론 내릴 수 있을 것이다. 우리는 비평가들에게 속해있는 영광을 차지할 수는 없을 것이다. 그러나 우리는 여전히 독자로서 중요성을 가지고 있다. 우리가 공기 중으로 내뱉는 판단은 작가들이 작업할 때 호흡하는 공기 속으로 흘러들어가 그 일부가 된다. 어떤 영향력이 결국 형성되고, 이것이 그들에게 영향을 미친다. 그리고 책들이 사격 연습장의 행렬과 같이 평가를 받고, 비평가들은 조준해서 총을 쏠 시간이 1초밖에 없다보니, 설혹 토끼를 호랑이로 착각하였다 할지라도(책에 대한 평가가 잘못된다 할지라도) 당연히 용서받을 수 있는 요즘과 같은 때에는 그 영향력이 아주 중요할지도 모른다. 만약 평론의 불안정한 발포(비평가들의 잘못된 평가) 뒤에 작가가 또 다른 종류의 비평, 즉 책 읽기를 좋아하기 때문에 책을 읽는 독자들의 의견이 있음을 느낀다면, 이것이 그의 작품의 질을 높여주지 않겠는가?

(A) 작가는 문학 비평에 방해 받아서는 안 된다.
(B) 책 비평을 쓴다는 것은 전문적인 지식과 역량을 요구한다.
(C) 일반 독자들의 의견은 문학 작품에서 중요하다.
(D) 요즘에는 날카로운 통찰력을 지닌 비평가를 찾는 것은 쉽지 않다.

## [32] What would be the best title for the passage?

Nelson Mandela was not the first African to move from jail or exile to the corridors of power. Kwame Nkrumah had done so in Ghana, Jomo Kenyatta in Kenya, and Robert Mugabe in Zimbabwe. But South Africa was the most modern, industrialized nation in Africa, and Mandela had little experience in parliamentary government or state administration. Unlike the other three countries, South Africa was also a nation with a minority population of millions of well-educated, highly skilled Whites. Mandela needed their support to govern. He would have to maintain their confidence while responding to the very real needs and high expectations of the Black majority.

**voca** exile n) 망명, 추방 corridor n) 복도 well-educated a) 고등 교육의 maintain v) 유지하다 confidence n) 신뢰 heir n) 후계자 throne n) 왕좌 unparalleled a) 유례가 없는 statesmanship n) 정치가의 능력 come into play v) 작동하다, 효과를 드러내다 winding a) 굽이치는

(A) Born to be the heir to the throne

(B) Nelson Mandela's unparalleled statesmanship

(C) Hidden ambition comes into play

(D) A long, winding road ahead of Nelson Mandela

## [32] (D) ★

Rudy's tip D

IT에서 넬슨 만델라를 제시하고 있다. 이후 본문의 내용들은 넬슨 만델라가 처해 있는 대내외적인 어려움에 대한 내용들이 주를 이룬다. 따라서 주제는 '넬슨 만델라가 당면하고 있는 문제들' 정도가 적절하다.

Nelson Mandela was not the first African to move from jail or exile to the corridors of power. Kwame Nkrumah had done so in Ghana, Jomo Kenyatta in Kenya, and Robert Mugabe in Zimbabwe. But South Africa was the most modern, industrialized nation in Africa, and Mandela had little experience in parliamentary government or state administration. Unlike the other three countries, South Africa was also a nation with a minority population of millions of well-educated, highly skilled Whites. Mandela needed their support to govern. He would have to maintain their confidence while responding to the very real needs and high expectations of the Black majority.

해석 넬슨 만델라가 감옥에 있다가, 혹은 추방 되었다가 권력의 중심으로 이동한 첫 번째 아프리카인은 아니었다. 콰메 은크루마가 가나에서, 조모 케냐타가 케냐에서, 로버트 무가베가 짐바브웨이에서 이런 일을 겪었다. 그러나 남아프리카 공화국은 아프리카에서 가장 현대적이며 산업화된 나라였고 만델라는 의회정부와 국가행정에 대한 경험이 거의 없었다. 앞서 말한 다른 세 국가들과는 달리, 남아공은 고등교육을 받고 고도의 기술을 가진 몇 백만의 소수 백인들도 함께 있는 나라였다. 만델라는 정치를 하기 위해 그들의 지지가 필요했다. 그는 다수 흑인들의 매우 현실적인 요구와 높은 기대에 부응함과 동시에 소수 백인들의 신뢰를 지속시켜야만 했을 것이다.

(A) 왕좌의 후계자로 탄생하다
(B) 넬슨 만델라의 뛰어난 정치적 능력
(C) 숨겨진 야망이 드러나다
(D) 길고 험난한 넬슨 만델라 앞에 놓인 길

[33] What would be the best title for the passage?

Generally speaking, Americans and Spaniards have very different responses to a bullfight. When Americans watch a bullfight, they usually wonder why the matador would want to risk his life. The Spaniards, in contrast, enjoy the excitement of controlling the bull and displaying courage in the face of death. In general, few Americans see beauty in the matador's movements. Spanish spectators, however, are trained to understand and appreciate his every twist and turn. They cheer the matador who executes his movements gracefully and skillfully. Most American spectators are just the opposite. They focus more on the bull than the matador.Outnumbered by the matador and his assistants, the bull is often pitied by American spectators.

voca spaniard n) 스페인 사람 bullfight n) 투우 matador n) 투사 execute v) 발휘하다 unappreciative a) 감상력이 없는 cruelty n) 잔인함

(A) The cruelty of bullfighting

(B) Unappreciative Americans

(C) How to understand bullfighting

(D) Bullfighting as a culture

## [33] (D) ★

**Rudy's tip** LC+D

대조 구조로 투우에 대한 미국인들과 스페인 사람들의 다른 태도를 통해, 문화 상대주의를 추론해야 하는 글이다. 보기에는 문화 상대주의가 없기 때문에, D번 문항이 가장 정답에 가깝다.

Generally speaking, Americans and Spaniards have very different responses to a bullfight. When Americans watch a bullfight, they usually wonder why the matador would want to risk his life. The Spaniards, in contrast, enjoy the excitement of controlling the bull and displaying courage in the face of death. In general, few Americans see beauty in the matador's movements. Spanish spectators, however, are trained to understand and appreciate his every twist and turn. They cheer the matador who executes his movements gracefully and skillfully. Most American spectators are just the opposite. They focus more on the bull than the matador. Outnumbered by the matador and his assistants, the bull is often pitied by American spectators.

**해석** 대체로 미국 사람과 스페인 사람은 투우에 대해 매우 다른 반응을 보인다. 미국인들은 투우를 볼 때 왜 투우사가 생명의 위험을 무릅쓰려 하는지 궁금해 한다. 반대로 스페인 사람들은 소를 통제하고 죽음에 직면한 용기가 보여주는 흥분을 즐긴다. 대체로 투우사의 움직임에서 아름다움을 발견하는 미국인들은 거의 없다. 하지만 스페인 관람객들은 투우사가 보여주는 비트는 동작들과 회전동작 하나하나를 이해하고 감상하도록 훈련을 받았다. 그들은 우아하고 솜씨 있게 동작을 해내는 투우사에 열광한다. 대부분의 미국인들은 이와 반대이다. 그들은 투우사보다 소에 더 집중한다. 투우사와 그들의 조수들에게 수적으로 뒤지는 소는 종종 미국인 관람객들의 동정을 산다.

(A) 투우의 잔인함
(B) 감상력이 없는 미국인들
(C) 투우를 이해하는 방법
(D) (상대적인) 문화로서 투우

[오답 피하기] 문화로서 투우라는 의미는, 개별 국가마다 투우를 대하는 자세가 다르다는 의미로, 기저에 문화 상대주의를 내포하고 있는 문항이다.

## [34] What is the best title of the passage?

For millions of vegetarians, beef is a four-letter word; veal summons visions of infanticide. Many children, raised on hit films like Babe and Chicken Run, recoil from eating their movie heroes and switch to what the meat defeaters like to call a "nonviolent diet." Vegetarianism resolves a conscientious person's inner turf war by providing an edible complex of good-deed-doing: to go veggie is to be more humane. Give up meat, and save lives! There are as many reasons to try vegetarianism as there are soft-eyed cows and soft-hearted kids. To impressionable young minds, vegetarianism can sound sensible, ethical and — as nearly 25% of adolescents polled by Teenage Research Unlimited said — "cool." College students think so too. A study conducted by Arizona State University psychology professors Richard Stein and Carol Nemeroff reported that salad eaters were rated more moral, virtuous and considerate than steak eaters. "A century ago, a high-meat diet was thought to be health-favorable," says Paul Rozin of the University of Pennsylvania. "Kids today are the first generation to live in a culture where vegetarianism is common, where it is publicly promoted on health and ecological grounds."

voca vegetarian n) 채식주의자 four-letter word n) 욕, 저속한 말 veal n) 송아지 고기 summons v) 소환하다 inner turf war n) 내면적 갈등 infanticide n) 유아 살해 recoil v) 주춤하다, 반동하다 switch v) 바꾸다, 교환하다 edible a) 식용의 complex n) 합성물 impressionable a) 감수성이 예민한 sound v)~처럼 들리다 conduct v) 집행하다, 처리하다 virtuous a) 도덕적인 considerate a) 생각이 깊은 veggie n) 채식주의자

(A) Babe and Chicken Run

(B) Infanticide

(C) Going Veggie

(D) Generation Gap

## [34] (C) ★★

**Rudy's tip** T

IT에서 육식에 대한 부정적 인식을 제시하고, 채식주의자가 된다는 것이 인간적이라는 주제를 부각시키고 있다. 이어서 주제문에 대한 재진술이 등장하는 T구조의 영문이다. 이 지문처럼 IT가 상대적으로 긴 경우에는 IT를 제외한 상태에서 T구조로 파악하고 이후에 이어지는 진술들이 재진술 구조를 취하는지를 따져보는 것이 실전적인 방법이다.

For millions of vegetarians, beef is a four-letter word; veal summons visions of infanticide. Many children, raised on hit films like Babe and Chicken Run, recoil from eating their movie heroes and switch to what the meat defeaters like to call a "nonviolent diet." Vegetarianism resolves a conscientious person's inner turf war by providing an edible complex of good-deed-doing: to go veggie is to be more humane. Give up meat, and save lives! There are as many reasons to try vegetarianism as there are soft-eyed cows and soft-hearted kids. To impressionable young minds, vegetarianism can sound sensible, ethical and — as nearly 25% of adolescents polled by Teenage Research Unlimited said — "cool." College students think so too. A study conducted by Arizona State University psychology professors Richard Stein and Carol Nemeroff reported that salad eaters were rated more moral, virtuous and considerate than steak eaters. "A century ago, a high-meat diet was thought to be health-favorable," says Paul Rozin of the University of Pennsylvania. "Kids today are the first generation to live in a culture where vegetarianism is common, where it is publicly promoted on health and ecological grounds."

**해석** 수백만 명의 채식주의자들에게 쇠고기는 꺼려지는 단어이다. 「베이브」나 「치킨 런」 같은 흥행 영화를 보고 자란 많은 아이들은 영화 속 자신의 영웅을 먹는 것에 주춤하고 채식주의자들이 '비폭력적 식습관'이라고 부르는 식습관으로 전환하게 된다. 채식주의는 훌륭한 먹는 방법을 제시함으로써 양심적인 사람의 내면적 갈등을 해결해준다. 채식주의자가 되는 것은 보다 자비로운 것이다. 육류를 버리고 생명을 구하라! 착한 눈을 가진 소와 마음 약한 아이들이 존재하는 만큼이나 채식주의를 해야 하는 이유가 많다. 감수성이 예민한 사람들에게 채식주의는 분별 있고, 윤리적이고—Teenage Research Unlimited에 의해 여론 조사된 청소년들의 거의 25%가 말한 것처럼—'근사하다'라고 느껴질 수 있다. 대학생들도 그렇게 생각한다. 애리조나 주립 대학의 심리학 교수 리차드 스타인과 캐롤 느메로프에 의해 진행된 연구는, 스테이크를 먹는 사람보다 샐러드를 먹는 사람들이 더욱 도덕적이고, 착하며 사려 깊다고 평가되었음을 밝혔다. 펜실베이니아 대학교의 폴 로진은 "100년 전에, 고기를 많이 먹는 식습관이 건강에 바람직하다고 간주되었다. 오늘날 아이들은 건강과 생태학에 근거하여 채식주의가 공공연히 장려되고 있는, 채식주의가 일반적인 문화에서 사는 첫 번째 세대이다"라고 말했다.

(A) 베이브와 치킨 런 (영화 제목들)
(B) 유아살해
(C) 채식주의자가 되자
(D) 세대차이

It's often said that adolescents are fearless and see themselves as invulnerable, that they're irrational in how they reason and process information, that they act with no logical basis for their decisions and don't really understand risk. This is all true, but only to the extent that it's true of everybody. People of all ages are bad at assessing risk and making rational decisions. People of all ages underestimate likely dangers and overestimate unlikely ones. That's why Americans — who insist on their right to drive, use the phone, and eat at the same time — are more afraid of being killed by dastardly foreigners than by their neighbors or themselves. A series of recent studies has demonstrated that the level of irrationality among adolescents and adults is about the same, which means that we can no longer explain the risky behavior of teenagers by telling ourselves that adolescents suffer from some special inability to reason. These studies also encourage us to reconsider the notion that adolescents just make uniquely bad choices, and the assumption that if we just tell them how to make better choices they will do so.

**voca** adolescent n) 청소년 invulnerable a) 무적의 underestimate v) 과소평가하다 overestimate v) 과대평가하다 dastardly ad) 비열한

(A) The characteristics of adolescent behaviors

(B) How to improve decision making process

(C) A human characteristic inherent in all ages

(D) Why do we make irrational decisions?

## [35] (C) ★★

Rudy's tip T+D

IT에서 청소년들의 무모한 특징을 부각시키고 있다. 그러나 이것은 모든 이들에게 해당되는 특징이라는 것이 주제로, 주제문 이후에 재 진술들이 이어지고 있다.

It's often said that adolescents are fearless and see themselves as invulnerable, that they're irrational in how they reason and process information, that they act with no logical basis for their decisions and don't really understand risk. This is all true, but only to the extent that it's true of everybody. People of all ages are bad at assessing risk and making rational decisions. People of all ages underestimate likely dangers and overestimate unlikely ones. That's why Americans — who insist on their right to drive, use the phone, and eat at the same time — are more afraid of being killed by dastardly foreigners than by their neighbors or themselves. A series of recent studies has demonstrated that the level of irrationality among adolescents and adults is about the same, which means that we can no longer explain the risky behavior of teenagers by telling ourselves that adolescents suffer from some special inability to reason. These studies also encourage us to reconsider the notion that adolescents just make uniquely bad choices, and the assumption that if we just tell them how to make better choices they will do so.

**해석** 사람들은 종종 청소년은 겁도 없고 자기 자신을 무적으로 생각하며, 논리적 사고를 하고 정보를 처리하는데 있어서 비이성적인 모습을 보이며, 의사 결정에 있어서 논리적인 근거를 토대로 움직이지 않고, 위험을 제대로 이해하지 못한다고 들 말한다. 이것은 모두 사실이긴 하지만, 모든 사람들에게 적용되는 사실이다. 모든 연령대의 사람들은 위험을 분석하고 이성적인 의사 결정을 하는 데에 있어서 서투르다. 모든 연령대의 사람들이 일어날 가능성이 큰 위험은 과소평가하고, 일어나지 않을 가능성이 큰 것들은 과대평가한다. 이것이 바로 미국인들 – 운전하면서 동시에 휴대폰도 사용하고 음식도 먹길 원하는 – 이 이웃에게 해를 입거나 자살하는 것 보다, 악랄한 외국인들에게 살해당할 것을 더 두려워하는 이유이다. 최근의 일련의 연구들은 청소년들과 성인들 사이의 비이성 정도가 거의 같다는 사실을 보여주었다. 이러한 사실은, 청소년기는 독특하게도 이성적으로 사고할 수 있는 능력이 결여되어 있다는 말로써 청소년들의 위험스런 행동을 설명할 수 없다는 것을 의미한다. 이러한 연구들은 또한 우리로 하여금, 청소년들은 원래 (그들만의) 독특한 나쁜 결정을 내린다는 생각과, 우리가 청소년에게 더 나은 선택을 하는 방법을 알려주면 그들이 그렇게 할 것이라는 가정을 다시 생각해 보도록 한다.

(A) 청소년기 행동들의 특징들
[오답 피하기] 청소년들이 보이는 비이성적 행동들은 모든 사람에게 적용된다는 것이 본문의 주장으로, 청소년으로 한정한 A문항은 적절하지 않다.

(B) 의사결정 과정을 향상시키는 방법
(C) 모든 사람에게 내재되어 있는 인간적 특징
[오답 피하기] 인간적 특징은 너무 광범위한 표현이다. 인간적 특징에서 비이성적 결정을 강조하는 것이 본문의 주장이다.

(D) 왜 우리는 비이성적 결정을 내리는가?
[오답 피하기] 모든 인간들은 비이성적 결정을 내리는 공통점이 있다는 것이 주제로, 비이성적 결정을 내리는 이유를 부각시키는 D문항은 정답으로 적절하지 않다.

In contrast to the well-established indoor practice of museum work, it was a relatively novel idea that savants should also engage in outdoor fieldwork. Leading savants commonly dispatched their students, assistants, or other underlings into the field to collect specimens on their behalf. They themselves rarely did so, once their youthful apprenticeship was past, unless they accompanied some major expedition or voyage of exploration. For example, Carolus Linnaeus had undertaken arduous travels as a young man, but later became famous for sending his students to the ends of the earth to augment his collections in Uppsala. As a young man, the English naturalist Joseph Banks had accompanied James Cook on his famous voyages to the Pacific, but in later life he remained in London, sponsoring expeditions that were undertaken by others, which would enrich the British Museum on their return. The reason for this focus on museum work was simple. It was the assembly of specimens in one central location — indoors, in a museum — that made possible their identification and classification, and that therefore rendered the specimens themselves truly scientific. So museum work had the highest priority and prestige; collecting in the field was treated in effect as a means to an end.

**voca** novel a) 신기한, 새로운  savant n) 학자, 석학  priority n) 우선(권) fieldwork n) 야외탐사, 현장작업 dispatch v) 급파하다 underling n) 아랫사람, 부하  specimen n) 견본, 표본 on a person's behalf ad) ~을 대신하여 apprenticeship n) 수습 기간 arduous a) 힘든, 끈질긴 augment v) 증대시키다  render v) ~로 만들다 classification n) 분류  prestige n) 위신, 명성  in effect ad) 사실상 knock-on effect n) 연쇄반응, 도미노 효과  dismiss v) 무시하다

(A) Savants risked being dismissed as indulging in outdoor fieldwork.

(B) Archeological students contributed to many collections at museums through fieldwork.

(C) Firsthand outdoor fieldwork was not as valued as indoor museum work.

(D) Collecting specimens was of scientific importance and enhanced a museum's prestige.

## [36] (C) ★★

Rudy's tip ㅜ

ㅜ구조의 영문으로 첫 문장을 주제문으로 파악하는 것이 요점이다. 첫 문장에서 실내 작업과 현장 작업을 대조하고 있다. 본문은 과거의 사례를 구체적으로 제시하면서, 첫 문장의 주제문을 부각시키는 역할을 하고 있다.

In contrast to the well-established indoor practice of museum work, it was a relatively novel idea that savants should also engage in outdoor fieldwork. Leading savants commonly dispatched their students, assistants, or other underlings into the field to collect specimens on their behalf. They themselves rarely did so, once their youthful apprenticeship was past, unless they accompanied some major expedition or voyage of exploration. For example, Carolus Linnaeus had undertaken arduous travels as a young man, but later became famous for sending his students to the ends of the earth to augment his collections in Uppsala. As a young man, the English naturalist Joseph Banks had accompanied James Cook on his famous voyages to the Pacific, but in later life he remained in London, sponsoring expeditions that were undertaken by others, which would enrich the British Museum on their return. The reason for this focus on museum work was simple. It was the assembly of specimens in one central location — indoors, in a museum — that made possible their identification and classification, and that therefore rendered the specimens themselves truly scientific. So museum work had the highest priority and prestige; collecting in the field was treated in effect as a means to an end.

**해석** 체계가 확립된 박물관 실내 작업과는 대조적으로 학자들 또한 야외 현장 작업에 종사해야 한다는 생각은 비교적 새로운 발상이었다. 일반적으로 이름 있는 학자들은 그들 대신 표본을 수집하도록 그들의 학생, 조수 또는 그밖에 아랫사람을 현장으로 보냈다. 학자 자신들은 젊은 시절의 수습 기간이 끝나면 주요한 탐험이나 답사 여행에 동반하지 않는 이상 현장에 거의 나가지 않았다. 예를 들어 카를로스 린네는 젊을 때는 힘거운 여행을 떠맡았지만 이후 웁살라에 그의 수집품을 늘리고자 학생들을 지구 끝(오지)으로 보내는 것으로 유명해졌다. 영국 자연과학자 조셉 뱅크스는 젊은 시절에는 잘 알려진 태평양으로의 탐험에서 제임스 쿡을 동반하였지만 그 후 여생은 다른 사람들이 착수한 탐험을 후원하며 런던에 머물렀는데, 그들이 탐험에서 돌아오면 대영 박물관을 풍성하게 만들어 주었다. 이렇게 박물관 작업에 집중한 이유는 간단했다. 표본의 확인과 분류를 가능하게 하고 그것들이 진정으로 과학적 의미를 지니도록 해 주는 것은 하나의 중심 장소, 즉 박물관 실내에 모아놓은 표본들이었다. 그러므로 박물관 작업은 최우선적이고 위신이 서는 일이었으나 현장 표본 수집은 사실상 목적을 위한 수단으로 취급되었다.

(A) 석학들은 현장 작업에 몰두하면서 해고될 위험을 감수했다.
(B) 고고학과 학생들은 현장 작업을 통해 박물관의 많은 유물들에 기여했다.
(C) 직접적인 현장작업은 실내 작업만큼 가치를 인정받지 못했다.
(D) 유물을 수집하는 것은 과학적으로 중요했고, 박물관의 명성을 드높였다.

[37] What is the main idea of the passage?

We all read stories in the newspaper about research breakthroughs in learning or problem solving, but it is not clear how each latest advance is supposed to change what a teacher does on Monday morning. The gap between research and practice is understandable. When cognitive scientists study the mind, they intentionally isolate mental processes (for example, learning or attention) in the laboratory in order to make them easier to study. But mental processes are not isolated in the classroom. They all operate simultaneously, and they often interact in difficult-to-predict ways. To provide an obvious example, laboratory studies show that repetition helps learning, but any teacher knows that you can't take that finding and pop it into a classroom by, for example, having students repeat long-division problems until they've mastered the process. Repetition is good for learning but terrible for motivation. With too much repetition, motivation plummets, students stop trying, and no learning takes place.

**voca** breakthrough n) 획기적인 발전 gap n) 간격 isolate v) 분리시키다 pop into v) 불쑥 등장시키다 terrible a) 끔찍한 motivation n) 동기부여 plummet v) 폭락하다 take place v) 발생하다 duplicate v) 복제하다 yield v) 제공하다 grasp v) 이해하다

(A) The classroom application would not duplicate the laboratory results.

(B) Greater knowledge of the mind yields important benefits to education.

(C) Scientists can never grasp the real mental processes of students.

(D) Too much time is devoted to repetition in class due to the results from cognitive studies.

## [37] (A) ★★

**Rudy's tip** T

IT에서 과학에서의 획기적인 발전과 교실에서의 변화는 명확하지 않다는 내용을 제시하고 있다. 이어서 등장하는 '연구와 적용 사이에는 간격'이 있다는 내용이 주제로, 이후에 왜 이런 일이 발생하는지에 대한 구체적인 재진술들이 등장하고 있다.

We all read stories in the newspaper about research breakthroughs in learning or problem solving, but it is not clear how each latest advance is supposed to change what a teacher does on Monday morning. The gap between research and practice is understandable. When cognitive scientists study the mind, they intentionally isolate mental processes (for example, learning or attention) in the laboratory in order to make them easier to study. But mental processes are not isolated in the classroom. They all operate simultaneously, and they often interact in difficult-to-predict ways. To provide an obvious example, laboratory studies show that repetition helps learning, but any teacher knows that you can't take that finding and pop it into a classroom by, for example, having students repeat long-division problems until they've mastered the process. Repetition is good for learning but terrible for motivation. With too much repetition, motivation plummets, students stop trying, and no learning takes place.

**해석** 우리는 신문에서 학습 또는 문제 해결 관련 연구 성과들에 대한 기사들을 읽지만, 이러한 최신 결과가 월요일 아침 선생님들의 수업에 어떤 변화를 가져올지는 불확실하다. 연구와 실행 간의 차이는 당연한 것이다. 인지과학자들은 실험실에서 정신을 연구할 때 보다 용이하게 하기 위하여 의도적으로 학습이나 주의력과 같은 정신작용들을 분리시킨다. 그러나 정신작용들은 교실에서는 분리되지 않는다. 정신작용들은 동시에 작용하며 종종 예측하기 어려운 방식으로 상호작용을 한다. 분명한 예를 들자면, 실험실 연구에 따르면 반복이 학습에 도움을 준다고는 하지만, 어느 선생님이라도 이러한 결과를 불쑥 수업에 받아들여 학생들이 통달할 때까지 긴 나눗셈 문제를 반복하게 할 수는 없다는 것을 안다. 반복은 학습에 도움이 되지만 동기에 있어서는 형편없다. 너무 지나친 반복으로 동기는 급격히 저하되어 학생들은 시도를 그만두고 학습은 일어나지 않는다.

(A) 교실(현장)에서는 실험실 결과들을 그대로 복제(적용)할 수는 없다.
(B) 의식에 대한 많은 지식은 교육에 중요한 이점을 제공한다.
(C) 과학자들은 절대로 학생들의 실제적인 정신 과정(학습 과정)을 이해할 수 없다.
(D) 인지 연구의 결과 때문에 너무나 많은 시간이 교실에서 반복(반복 학습)에 투입되고 있다.

[38] What would be the best title for the passage?

Virtually all the materials used, and most of the technical developments introduced by architects into the twentieth century, were known and had certainly been tried years before in the previous century while the more conventional techniques and materials, such as timber, stone, brick and concrete, go back to antiquity. The material that the engineers so confidently and prophetically handled was, of course, iron, both cast and wrought. It was not by any means a new material, but through improved methods of manufacture it had taken on the characteristics of a tough, all-purpose substitute for masonry and brick. Without the precedent set by the nineteenth-century engineers, the modern movement in architecture might have been very different.

**voca** virtually ad) 실질적으로 conventional a) 전통적인 timber n) 목재 brick n) 벽돌 go back v) 거슬러 올라가다 iron cast n) 주철(주조를 통해 제조한 철) iron wrought n) 연철(두드려서 제조한 철) by any means ad) 결코 substitute n) 대체물 masonry n) 석공, 돌 공사 precedent n) 선례 breakthrough n) 획기적인 발전 prophecy n) 예언

(A) Architecture - Now and Then

(B) A Breakthrough in Modern Architecture

(C) Iron substituting for other materials

(D) Architectural Development Based on the Past

## [38] (D) ★

**Rudy's tip** T

현재 사용되는 대부분의 건축 자재들은 과거에 이미 등장했던 자재들이라는 것이 주제로, T구조의 영문으로 이후에 재진술이 등장하고 있다. 마지막 문장 또한 주제를 반복적으로 재진술하고 있다.

Virtually all the materials used, and most of the technical developments introduced by architects into the twentieth century, were known and had certainly been tried years before in the previous century while the more conventional techniques and materials, such as timber, stone, brick and concrete, go back to antiquity. The material that the engineers so confidently and prophetically handled was, of course, iron, both cast and wrought. It was not by any means a new material, but through improved methods of manufacture it had taken on the characteristics of a tough, all-purpose substitute for masonry and brick. **Without the precedent set by the nineteenth-century engineers, the modern movement in architecture might have been very different.**

**해석** 사실상 건축의 모든 재료들과 20세기에 소개된 대부분의 기술적 발전들이 이미 알려진 것들이었으며 19세기에 분명히 시도되었던 것들이다. 동시에 목재, 석재, 벽돌, 콘크리트와 같은 종래의 많은 기술과 재료들은 고대로 거슬러 올라간다. 기술자들이 대단히 확신을 갖고 예언적으로(자신 있게) 다루었던 재료는 물론 주철과 연철이었다. 철은 결코 새로운 물질은 아니었지만, 제조 방식의 발전을 거치면서 석조와 벽돌을 대신하여 어디에나 쓰일 수 있는 강력한 대체물이 되었다. 19세기 기술자들이 세운 전례가 없었다면 현대건축의 동향은 매우 달라졌을 것이다.

(A) 건축학 - 현재와 과거
(B) 현대 건축의 획기적인 발전
(C) 다른 재료들을 대체하는 철
[오답 피하기] 현대의 건축 재료들이 과거에 토대를 두고 발전해 왔다는 것이 요점이고, 그것의 대표적인 예가 철이다. 따라서 철은 S진술의 대표성을 갖지만, G진술적 성격이 아니기에 주제로 적절하지 않다.
(D) 과거에 토대를 둔 건축 발달

**Which of the following is the best title for the passage?**

As the South was beginning to find itself after the American Civil War, the North, too, focused its interest on the lands below the Mason-Dixon line. Northerners swarmed over the South: journalists, agents of prospective investors, speculators with plans for railroads, writers anxious to expose themselves to a new environment.

One of these was Constance Fenimore Woolson, a young woman from New Hampshire, a grandniece of James Fenimore Cooper, who, like many Northerners, was drawn to the unhappy South by affection, compassion, or the charm of the life there. With her singular gift of minute observation and a talent for analysis, her imagination lingered over the relics of the ancient South, the quaintly emblazoned tablets and colonial tombs, the wrecked old mansions that stood nearby, perhaps in ruined rice lands, amid desolated fields and broken dikes. Such was the dwelling on the Georgia sea island that sidled and leaned in Jupiter Lights with one of its roofless wings falling into the cellar. After St. Augustine, Charleston attracted Woolson, crumbling but aristocratic still. In a later novel, Horace Chase, one of the best of all her books, she anticipated Thomas Wolfe in describing Asheville, in which the young capitalist from the North who falls in love with the Southern girl sees the "Lone Star" of future mountain resorts. Miss Woolson was a highly conscious writer, careful, skillful, subtle, with a sensitive, clairvoyant feeling for human nature, with the gift of discriminating observation that characterized Howells and Henry James. She was surely best in her stories of the South, fascinated as she was by its splendor and carelessness, its tropical plants, flowers, odors and birds, and the pathos and beauty of the old order as she saw it in decay.

**voca** Mason-Dixon line n) 남부-북부 경계선 swarm v) 몰려들다 grandniece n) 종손녀 linger v) 지속되다 relics n) 유품 quaintly ad) 기묘하게 emblazoned a) 문장이 새겨진 wrecked a) 몰락한 desolated a) 쓸쓸한, 황폐한 dike n) 제방, 둑 dwelling n) 거주지 sidle and lean v) 비스듬히 기울어지다 wing n) (건물의) 곁채 clairvoyant a) 통찰력이 있는 discriminating a) 식별력이 있는 splendor n) 영광 tropical plant n) 열대성 식물 odor n) 냄새 pathos n) 비애감, 애수 in decay ad) 쇠락한

(A) The Republican of the South

(B) Literature After Civil War

(C) Thomas Wolfe's Influence on Woolson

(D) Constance Fenimore Woolson and Her Works

## [39] (D) ★★

**Rudy's tip** D

전형적인 D구조의 영문이다. IT에서 남북전쟁 이후의 미국 상황을 제시하고 있다. 이 배경을 토대로 작가 토마스 울슨에 대한 개인사와 작품의 특징을 전개구조로 열거하고 있다. 이와 같은 장문 독해의 경우에는 특히 각 단락의 첫 문장을 중심으로 파악하는 것이 중요한데, 첫 단락은 쉽게 IT로, 두 번째 단락은 울슨으로 시작하고, 이후에 그녀의 작품에 대한 재진술이 제시되고 있기에, 쉽게 주제를 파악할 수 있다.

As the South was beginning to find itself after the American Civil War, the North, too, focused its interest on the lands below the Mason-Dixon line. Northerners swarmed over the South: journalists, agents of prospective investors, speculators with plans for railroads, writers anxious to expose themselves to a new environment.

One of these was Constance Fenimore Woolson, a young woman from New Hampshire, a grandniece of James Fenimore Cooper, who, like many Northerners, was drawn to the unhappy South by affection, compassion, or the charm of the life there. With her singular gift of minute observation and a talent for analysis, her imagination lingered over the relics of the ancient South, the quaintly emblazoned tablets and colonial tombs, the wrecked old mansions that stood nearby, perhaps in ruined rice lands, amid desolated fields and broken dikes. Such was the dwelling on the Georgia sea island that sidled and leaned in Jupiter Lights with one of its roofless wings falling into the cellar. After St. Augustine, Charleston attracted Woolson, crumbling but aristocratic still. In a later novel, Horace Chase, one of the best of all her books, she anticipated Thomas Wolfe in describing Asheville, in which the young capitalist from the North who falls in love with the Southern girl sees the "Lone Star" of future mountain resorts. Miss Woolson was a highly conscious writer, careful, skillful, subtle, with a sensitive, clairvoyant feeling for human nature, with the gift of discriminating observation that characterized Howells and Henry James. She was surely best in her stories of the South, fascinated as she was by its splendor and carelessness, its tropical plants, flowers, odors and birds, and the pathos and beauty of the old order as she saw it in decay.

**해석** 남북전쟁이 끝난 뒤 남부가 자신을 재발견하기 시작하고 있을 때 북부 역시 메이슨-딕슨 라인 이남의 땅에 관심을 집중하고 있었다. 언론인, 미래 투자가들의 대리인들, 철도부설을 염두에 두고 있던 토지투기꾼들, 그리고 새로운 환경에 자신을 노출시키고자 노심초사하던 작가들을 비롯한 북부인들이 남부 전역에 들끓고 있었다.

이런 작가들 중에 제임스 페니모어 쿠퍼의 종손녀인 콘스탄스 페니모어 울슨이라는 뉴햄셔주 출신의 젊은 여자가 있었는데, 이 여자 역시 많은 북부인들과 마찬가지로 애정과 연민 또는 남부의 삶이 주는 매력으로 인해 불행한 남부에 매혹되어 있었다. 꼼꼼한 관찰력이라는 특출한 재능과 탁월한 분석력을 갖춘 그녀의 상상력은 기묘하게 문장이 아로새겨진 현판과 식민지 시대의 무덤들, 그 근처 아마 쓸쓸한 들판과 무너진 제방 가운데 있는 황폐화된 논에 서있던 쇠락한 유서 깊은 저택들 등 오랜 남부의 유물에 오랫동안 머물고 있었다. 『목성의 빛』에 등장하는 조지아주 해안 섬의 집이 그런 모습이었는데, 이 집은 지붕이 벗겨지고 없는 부분이 지하실로 무너져 내리면서 옆으로 기울어져 있었다. 세인트 어거스틴 다음에는 찰스튼이 울슨을 매료시켰는데, (당시 찰스튼은 무너져가고는 있었지만) 쇠락해가는 과정에서도 여전히 귀족적인 모습을 보여주고 있었다. 이 소설 이후에 출판된 『호레이스 체이스』는 울슨이 발표한 소설 중에서 최고의 작품인데, 이 작품에서 그녀는 애쉬빌이라는 마을을 묘사하면서 토마스 울프의 업적에 버금가는 성취를 보여주었다. 애쉬빌에서 남부의 소녀와 사랑에 빠지게 되는 북부 출신의 젊은 자본가는 미래의 산간 휴양지의 "외로운 별"을 보게 된다. 울슨은 매우 자의식적인 작가로서 주도면밀하고, 능숙하고, 치밀했으며, 인간본성에 대한 예민하고 통찰력 있는 생각과 하우웰스와 헨리 제임스의 특징인 날카로운 관찰력이라는 재능을 갖추고 있었다. 그녀는 남부의 이야기를 할 때 최고의 수준에 이르렀는데, 이 때 그녀 자신은 남부의 광휘와 부주의함, 열대의 식물과 꽃과 냄새와 새들, 그리고 그녀가 목격했던 바와 같은 모습의 유서 깊은 질서에 깃든 아름다움과 애수에 매혹되었다.

(A) 남부의 공화주의자
(B) 남북전쟁 후에 문학
(C) 울슨에 대한 토마스 울프의 영향력
(D) 콘스탄스 울슨과 그녀의 작품들

**[40]** Choose a title that best describes the passage.

For the past few years, it has become fashionable to close down conversations about what we need to do to protect the environment by asking: "What about China?", the implication being that China is causing such vast environmental impact as to render our efforts pointless. There is no doubt that China's footprint, and those of several other fast developing economies, has increased hugely and in a short time. But a lot of the pollution and environmental damage is being done in order to supply us, and other western countries, with consumer goods, chemicals, ships, steel and other modern essentials. The point is underlined by the fact that Denmark, to many eyes a "green" country, comes out in the WWF report as third in a world league table of the highest impact countries. Like us, they look greener because they have exported their environmental problems elsewhere. There is a harsh reality behind all this that people everywhere, and in the west in particular, need to get their collective minds around. It is the fact that the Earth is finite and that our current patterns of consumption and waste generation are overwhelming its ability to cope. We are confronted with a choice: either change how we live or face grave consequences arising from a kind of ecological credit crunch.

**voca** close down v) 마치다 implication n) 함축 footprint n) 발자국, 영향 WWF n) World Wide Fund for Nature 세계자연보호 기금 get around v) 의식을 회복시키다 cope v) 맞서다 crunch n) 위기 dire a) 무서운, 긴박한 render v) ~되게 하다 munificent a) 아낌없이 주는 regenerative a) 재생시키는 debunk v) 폭로하다 self-complacent a) 자아도취의

(A) Developing nations' criminal lack of environmental awareness.

(B) Dire need to improve the technology of waste disposal.

(C) The shocking report the WWF revealed.

(D) West is green at East's cost.

## [40] (D) ★★

**Rudy's tip** LC

IT에서 중국을 대표로 한 후진국들의 환경 오염문제를 지적하고 있다. 하지만 But을 기점으로 선진국들은 이런 후진국들의 희생 때문에 친환경적으로 변할 수 있다는 주장을 부각시키고 있고, 이어서 재진술이 등장하고 있다. 따라서 이 영문은 LC구조로 파악하는 것이 적절하다.

For the past few years, it has become fashionable to close down conversations about what we need to do to protect the environment by asking: **"What about China?"**, the implication being that **China is causing such vast environmental impact** as to render our efforts pointless. There is no doubt that China's footprint, and those of several other fast developing economies, has increased hugely and in a short time. But a lot of the pollution and environmental damage is being done in order to supply us, and other western countries, with consumer goods, chemicals, ships, steel and other modern essentials. The point is underlined by the fact that Denmark, to many eyes a "green" country, comes out in the WWF report as third in a world league table of the highest impact countries. Like us, they look greener because they have exported their environmental problems elsewhere. There is a harsh reality behind all this that people everywhere, and in the west in particular, need to get their collective minds around. It is the fact that the Earth is finite and that our current patterns of consumption and waste generation are overwhelming its ability to cope. We are confronted with a choice: either change how we live or face grave consequences arising from a kind of ecological credit crunch.

**해석** 지난 수년 동안 환경을 보호하기 위해 우리가 무엇을 해야 하는 지에 대한 대화를 마치면서 "중국은요?"라고 묻는 것이 유행이 되었는데, 이는 중국이 우리의 노력을 무의미하게 만들만큼 환경에 막대한 영향을 미친다고 은연중에 보여주는 것이다. 중국과 더불어서, 빠르게 발전중인 다른 몇몇 나라들이 환경에 미치는 영향이 짧은 시간 아주 크게 증가해왔다는 것은 의심의 여지가 없다는 사실이다. 그러나 우리를 포함하여 다른 서양 나라들에게 소비재와 화학 물질, 선박, 철강 및 기타 현대 필수품들을 공급하기 위하여 심한 공해와 환경오염 역시 행해지고 있다. 요점은 다음 사실에서 분명히 드러난다. 많은 이들에게 '친환경' 국가로 비춰지는 덴마크가 WWF 보고서에서 (환경에 미치는) 영향력이 큰 국가 3위를 차지했다는 사실이다. 우리처럼 그들도 '친환경적으로' 보이는데 왜냐하면 그들은 그들의 환경 문제들을 다른 곳에 수출해왔기 때문이다. (자국의 환경오염 물질을 후진국으로 떠 넘겼다는 의미) 이 모든 것의 이면에는 전 세계 모든 사람들, 특히 서구권의 사람들이 자신들의 공동체 의식을 회복시킬 필요가 있다는 냉혹한 현실이 도사리고 있다. 지구가 유한하고 우리의 현 소비 및 쓰레기 발생 패턴이 지구가 감당할 수 있는 역량을 뛰어넘는다는 것은 사실이다. 우리는 선택의 기로에 직면해있다. 우리가 사는 방법을 바꾸거나 일종의 생태학적 신용위기로부터 발생하는 심각한 결과들을 직면하는 것이다.

(A) 개발도상국들의 치명적인 환경의식 결여

[오답 피하기] T구조로 파악한다면 충분히 매력적인 함정문항이 될 수 있다. 하지만 본문은 LC구조의 영문이다.

(B) 쓰레기 처리 기술 향상의 긴박한 필요성

(C) WWF가 폭로한 충격적인 사실

(D) 동양의 희생을 기반으로 한 서양의 친환경

## [41] What is the main idea of the passage?

Femininity encourages the romance of compliance, a willing exchange of motor autonomy and physical balance for the protocols of masculine protection. Steering and leading are prerogative of those in command. Observational studies of who touches whom in a given situation show that superiors feel free to lay an intimate, guiding hand on those with inferior status, but not the reverse. According to Nancy Henry, psychologist and author of Body Politics, the politics of touch operates instructively in masculine-feminine relations. Henry was the first psychologist to connect the masculine custom of shepherding an able-bodied woman through situations that do not require physical guidance with other forms of manhandling along a continuum from petty humiliation (the sly pinch, the playful slap on the fanny) to the assaultive abuses of wife-beating and rape. This is not to say that the husband who steers his wife to a restaurant table with a paternal shove is no different from the rapist, but rather to suggest that women who customarily expect to have their physical movements directed by others are poorly prepared by their feminine training to resist unwanted interference or violent assault. Fear of being judged impolite has more immediate reality for many women than the terror of physical violation. To be helped with one's coat, to let the man do the driving, to sit mute and unmoving while the man does the ordering and picks up the check — such trained behavioral inactivity may be ladylike, gracious, romantic and flirty, and soothing to easily ruffled masculine feathers, but it is ultimately destructive to the sense of the functioning, productive self.

> **voca** femininity n) 여성다움 compliance n) 순종 autonomy n) 자율 protocol n) 의정서 masculine a) 남성의 protection n) 보호 steering n) 조종 prerogative n) 특권 shepherd v) 보살피다 able-bodied a) 강건한 manhandling n) 학대  continuum n) 연속 petty a) 작은, 사소한 sly a) 교활한, 장난기 있는 pinch n) 꼬집기 slap n) 찰싹 치기 fanny n) 엉덩이 assaultive a) 공격적인 rape n) 강간 paternal a) 아버지다운 shove n) 밀기 mute a) 말없는 inactivity n) 소극성  flirty a) 시시덕거리는, 경박한  soothing a) 달래는, 위로하는 ruffle v) 성나게 하다 destructive a) 파괴적인  function v) 작용하다

(A) Husband and wife should cooperate with each other in order to make an ideal family.

(B) We should be conscious of the political meaning hidden in the idea of femininity.

(C) Being physically inferior, women should be protected by men in any circumstances.

(D) Human society should be based on the equal relationship between men and women.

## [41] (B) ★★

**Rudy's tip** T+D

첫 문장이 주제문이지만, 보기문항에는 첫 문장과 동일한 문항이 없기에 첫 문장과 본문의 내용을 토대로 정답을 추론해야 한다. 여성성이 compliance를 강조한다는 의미는, 여성은 언제나 수동적으로 남성들의 요구를 수용해야 한다는 의미라는 것이 본문의 내용이다. 하지만, 이것은 궁극적으로 여성들의 주체성을 파괴한다는 것이 본문의 주장으로 마지막 문장에서 주제를 다시 한 번 강조하고 있다. 첫 문장에서 주제를 제시하고 이후에 이것을 구체적으로 설명하는 재진술들이 열거되어 있다.

Femininity encourages the romance of compliance, a willing exchange of motor autonomy and physical balance for the protocols of masculine protection. Steering and leading are prerogative of those in command. Observational studies of who touches whom in a given situation show that superiors feel free to lay an intimate, guiding hand on those with inferior status, but not the reverse. According to Nancy Henry, psychologist and author of Body Politics, the politics of touch operates instructively in masculine-feminine relations. Henry was the first psychologist to connect the masculine custom of shepherding an able-bodied woman through situations that do not require physical guidance with other forms of manhandling along a continuum from petty humiliation (the sly pinch, the playful slap on the fanny) to the assaultive abuses of wife-beating and rape. This is not to say that the husband who steers his wife to a restaurant table with a paternal shove is no different from the rapist, but rather to suggest that women who customarily expect to have their physical movements directed by others are poorly prepared by their feminine training to resist unwanted interference or violent assault. Fear of being judged impolite has more immediate reality for many women than the terror of physical violation. To be helped with one's coat, to let the man do the driving, to sit mute and unmoving while the man does the ordering and picks up the check — such trained behavioral inactivity may be ladylike, gracious, romantic and flirty, and soothing to easily ruffled masculine feathers, but it is ultimately destructive to the sense of the functioning, productive self.

**해석** 여성다움은 순종의 로맨스, 즉 남성의 보호를 받기 위해 기꺼이 자율성과 자기중심을 내던지는 것이다. 조종하고 이끌어 가는 것은 지휘하는 자의 특권이다. 주어진 상황에서 누가 누구를 만지는가(이끄는가)에 대한 연구관찰에서 우월한 위치의 사람이 거리낌 없이 아랫사람에게 친근하고 리드하는 손길을 갖다 대지만 그 반대의 경우는 없다는 것이 밝혀졌다. 심리학자이자 『신체 역학』의 저자인 낸시 헨리에 따르면, 만지기의 역학은 남성-여성 관계 속에서 가르치는 방식으로 작용한다. 헨리는 신체적 안내를 필요치 않는 상황에서 건강한 여성을 안내하는 남성의 관습과 장난스럽게 꼬집기, 엉덩이를 찰싹치기 같은 사소한 모욕적 행동에서부터 아내를 때리는 것과 강간과 같은 폭행에 이르는 기타 일련의 것들을 연관시킨 최초의 심리학자였다. 이것은 아버지처럼 밀면서 아내를 식당의 테이블로 안내하는 남편이 강간범과 다를 바 없다는 얘기는 아니고, 몸을 움직일 때 습관적으로 다른 사람들에 의해 안내 받기를 기대하는 여성들이 그들의 여성다움을 위한 훈련에 길들여져서 원치 않는 간섭이나 폭행에 저항할 준비가 제대로 되어 있지 않다는 이야기이다. 예절바르지 못한 여자로 생각되지 않을까 하는 두려움이 여자들에게는 신체적 폭행에 대한 두려움보다 더 중요한 것이다. 외투를 벗을 때 도움을 받는 것, 남자가 운전하게 하는 것, 남자가 주문하고 계산도 하는 동안 말없이 가만히 앉아 있는 것—이러한 훈련된 수동적 행동들이 날개를 퍼덕이는 수컷 새같이 쉽게 나서대는 남자들이 볼 때는 숙녀답고, 우아하고, 로맨틱하고, 애교 있고 편안하게 보일는지 모른다. 그러나 그것은 결국 주체적이고 생산적인 자아의식을 파괴하는 것이다.

(A) 이상적인 가정을 꾸리기 위해 남편과 아내는 협력해야만 한다.
(B) 우리는 여성성 뒤에 숨겨진 정치적(사회적) 의미를 알아야만 한다.
(C) 신체적으로 열등하기 때문에, 여성들은 어떠한 경우든 남성들의 보호를 받아야만 한다.
(D) 사회는 남성과 여성의 동등한 관계에 기반 해야만 한다.

To inform a young person, say, a ten-year-old, that we live in an information society would be almost meaningless. To state something like this to him would be akin to saying we live in time and space. At one level this would be a profound observation, but then again we are born into time and space and move through them with hardly a thought, so second nature have they become. 'What's there to know?' might be his incredulous reply. For the typical ten-year-old in a developed country, connectivity and access to networks are simply part of what life is. We live in and live by pervasive and rapid 'flows' of digital information. To be part of the information society and to be affected by its pressure and its imperatives, you don't even need to be connected — you only have to live and work in a modern or modernizing economy. It is important to recognize that so deeply and powerfully has the information society transformed our world that it moves us as workers and as consumers in ways we hardly register, except often as a form of stress. Even if we don't sit at a networked computer screen, or walk around with a mobile phone clamped to one ear, as millions of people do, these others who are ostensibly 'unconnected' are nonetheless linked to vast networked flows of information that create momentum and speed, to produce what Hartmut Rosa has termed a generalized 'social acceleration'. In other words, as the social world gets faster, its centripetal force draws us all in whether we are connected or not.

**voca** akin a) ~유사한 incredulous a) 회의적인 pervasive a) 퍼지는 imperative n) 명령, 의무 transform v) 변형시키다, 바꾸다 clamp v) 고정시키다, 강제하다 ostensibly ad) 표면상으로 momentum n) 운동량, 힘 generalize v) 일반화하다 acceleration n) 가속, 촉진 centripetal a) 구심성의, 중앙집권적인 turbulent a) 사나운, 불안한 compulsion n) 강제 curb v) 억제하다

(A) To analyze the factors constituting a modern society

(B) To show that we cannot resist the flow of digital information

(C) To contradict that the information society is a turbulent environment

(D) To argue that the compulsion to be a part of the information society should be curbed

## [42] (B) ★★

**Rudy's tip** T

S진술이 서론에 등장하면서 IT가 상대적으로 길어졌지만, T구조로 파악하는 것이 적절하다. IT에서 제시한 소년의 예처럼, 우리는 정보화 사회에서 살고 있다는 것이 주제로, 정보화는 우리의 일상에 너무나 깊숙이 침투해 있어서 그것을 벗어날 수 없다는 문항이 주제로 적절하다.

To inform a young person, say, a ten-year-old, that we live in an information society would be almost meaningless. To state something like this to him would be akin to saying we live in time and space. At one level this would be a profound observation, but then again we are born into time and space and move through them with hardly a thought, so second nature have they become. 'What's there to know?' might be his incredulous reply. For the typical ten-year-old in a developed country, connectivity and access to networks are simply part of what life is. We live in and live by pervasive and rapid 'flows' of digital information. **To be part of the information society and to be affected by its pressure and its imperatives,** you don't even need to be connected — you only have to live and work in a modern or modernizing economy. It is important to recognize that **so deeply and powerfully has the information society transformed our world that it moves us as workers and as consumers in ways we hardly register,** except often as a form of stress. Even if we don't sit at a networked computer screen, or walk around with a mobile phone clamped to one ear, as millions of people do, these others who are ostensibly 'unconnected' are nonetheless linked to vast networked flows of information that create momentum and speed, to produce what Hartmut Rosa has termed a generalized 'social acceleration'. In other words, as the social world gets faster, its centripetal force draws us all in whether we are connected or not.

**해석** 젊은 사람, 말하자면 10세 어린이에게 우리가 정보사회에서 살고 있다고 알려주는 것은 거의 무의미할 것이다. 이와 같은 것을 언급하는 일은 우리가 시간과 공간 속에 살고 있다고 말하는 것과 비슷하다. 어떤 면에서 이는 심오한 관찰이겠지만 다른 한편으로 우리는 시공간 속으로 태어나며 거의 의식하지 못하며 시공간을 통해 움직이기에 시간과 공간은 제 2의 본능이 된다. 그 10세 어린이는 의아해하며 '그래서요?' 라고 답할 것이다. 선진국에 사는 평범한 10세 어린이에게 네트워크로의 연결성 및 접근은 그저 삶의 한 부분이다. 우리는 디지털 정보의 빠르고도 만연한 흐름 속에서, 또한 그 흐름에 의해 살아간다. 정보 사회의 부분이 되고 이 사회의 압력과 규칙에 영향을 받기 위해서 우리는 접속되어야 할 필요조차 없이 그저 현대 또는 현대화 되고 있는 경제에서 살고 일하기만 해도 된다. 정보 사회가 우리 세계를 매우 철저하고 강력하게 변형시켜 종종 스트레스를 느끼는 것 말고는 우리가 거의 알아채지 못하도록 우리를 노동자로서 또한 소비자로서 움직이게 한다. 우리가 접속된 컴퓨터 화면 앞에 앉아있거나 수많은 사람들처럼 한 쪽 귀에 고정된 휴대폰을 가지고 걸어 다니지 않을지라도, 겉으로는 접속되지 않은 이러한 다른 사람들은 그럼에도 불구하고 탄력과 속력을 높여, 하르트무트 로사가 칭한 일반화된 '사회적 가속도(social acceleration)'를 일으키는 정보의 거대한 접속된 흐름에 연결되어 있다. 다시 말해 사회적 세계가 보다 더 급속화 될 수록 그 구심점은 우리가 접속되어있던 아니던, 우리 모두를 끌어 모은다.

(A) 현대사회를 구성하는 요소들을 분석하는 것
(B) 정보화의 흐름을 거부할 수 없다는 것을 보여주는 것
(C) 정보화 사회는 불안하다는 것을 반박하는 것
(D) 정보화 사회의 일원이 되어야만 한다는 강요는 억제되어야만 한다는 것을 주장하는 것

[43] Which of the following would be the best title of the passage?

So here we are pouring shiploads of cash into yet another war, this time in Libya, while simultaneously demolishing school budgets, closing libraries, laying off teachers and police officers, and generally letting the bottom fall out of the quality of life here at home. Optimism is in short supply. The few jobs now being created too often pay a pittance. Limitless greed, unrestrained corporate power and a ferocious addiction to foreign oil have led us to an era of perpetual war and economic decline.

The U.S. has not just misplaced its priorities. When the most powerful country ever to inhabit the earth finds it so easy to plunge into the horror of warfare but almost impossible to find adequate work for its people or to properly educate its young, it has lost its way entirely. Nearly 14 million Americans are jobless and the outlook for many of them is grim. Since there is just one job available for every five individuals looking for work, four of the five are out of luck.

There is plenty of economic activity in the U.S., and plenty of wealth. But like greedy children, the folks at the top are seizing virtually all the marbles. Income and wealth inequality in the U.S. have reached stages that would make the third world blush. As the Economic Policy Institute has reported, the richest 10 percent of Americans received an unconscionable 100 percent of the average income growth in the years 2000 to 2007. Americans behave as if this is somehow normal or acceptable. It shouldn't be, and didn't used to be. Through much of the post-World War II era, income distribution was far more equitable, with the top 10 percent of families accounting for just a third of average income growth, and the bottom 90 percent receiving two-thirds. That seems like ancient history now.

voca shipload n) 적하량 lay off v) 해고하다 at home ad) 국내에서 pittance n) 소량  pry v) 들춰내다 standard of living n) 생활수준 unrestrained a) 통제 불가능의  ferocious a) 사나운 era n) 시대  perpetual a) 영속적인 plunge into v) 뛰어들다, 급락하다 grim a) 암담한 out of luck ad) 운이 없는 blush v) 부끄러워하다  unconscionable a) 불합리한, 터무니없는 acceptable a) 받아들일 수 있는 far more ad) 훨씬 더 account for v) 설명하다, 차지하다

(A) America: Are We on the Right Track?

(B) Millions of People Going Unemployed

(C) Effects of the Current Economic Crisis

(D) Income Inequality Getting Out of Control

## [43] (A) ★★★

**Rudy's tip** D

전형적인 D구조의 영문이다. IT에서 리비아 전쟁을 예로 들면서 미국은 계속해서 잘못된 길로 가고 있다는 S진술 제시한 후에, 낙관론이 줄어들고 있다는 것, 잘못된 우선순위를 정했다는 것, 소수만이 모든 기득권을 가지고 있다는 주장을 통해 주제를 추론할 수 있다.

So here we are pouring shiploads of cash into yet another war, this time in Libya, while simultaneously demolishing school budgets, closing libraries, laying off teachers and police officers, and generally letting the bottom fall out of the quality of life here at home. Optimism is in short supply. The few jobs now being created too often pay a pittance. Limitless greed, unrestrained corporate power and a ferocious addiction to foreign oil have led us to an era of perpetual war and economic decline.

The U.S. has not just misplaced its priorities. When the most powerful country ever to inhabit the earth finds it so easy to plunge into the horror of warfare but almost impossible to find adequate work for its people or to properly educate its young, it has lost its way entirely. Nearly 14 million Americans are jobless and the outlook for many of them is grim. Since there is just one job available for every five individuals looking for work, four of the five are out of luck.

There is plenty of economic activity in the U.S., and plenty of wealth. But like greedy children, the folks at the top are seizing virtually all the marbles. Income and wealth inequality in the U.S. have reached stages that would make the third world blush. As the Economic Policy Institute has reported, the richest 10 percent of Americans received an unconscionable 100 percent of the average income growth in the years 2000 to 2007. Americans behave as if this is somehow normal or acceptable. It shouldn't be, and didn't used to be. Through much of the post—World War II era, income distribution was far more equitable, with the top 10 percent of families accounting for just a third of average income growth, and the bottom 90 percent receiving two-thirds. That seems like ancient history now.

**해석** 여기서 다시 우리는 또 다른 전쟁에 엄청난 돈다발을 쏟아 붓고 있는데, 이번에는 바로 리비아다. 그러는 반면 동시에 학교 예산안은 삭감하고, 도서관은 문을 닫고, 학교 선생과 경찰관은 해고하고 있으며, 여기 국내의 삶의 질은 송두리째 날아갔다. 낙관주의를 바랄 수 없는 상태. 그나마 창출되는 일은 쥐꼬리만큼의 돈을 지불하는 경우가 많다. 끝없는 욕심, 고삐 풀린 기업의 힘과 해외 석유에 지독하게도 중독된 현상으로 인해 우리는 끊임없는 전쟁과 경제적 쇠퇴의 시대로 돌입했다. 미국은 단지 자국의 우선순위를 잘못 설정한 것만이 아니다. 지금껏 이 지구상에 거주한 가장 강력한 나라로서 전쟁의 공포에는 그렇게 쉽게 빠져들면서 자국민을 위한 적절한 일과 어린 아이를 위한 교육을 찾는 것이 거의 불가능하다면, 이 나라는 완전히 길을 잃은 셈이다. 거의 천 사백만 미국인은 현재 직업이 없으며, 이들 대부분의 앞날은 암담하다. 일을 찾는 5명 당 일이 하나 밖에 없기 때문에, 5명 중 4명은 운이 없다(직업을 못 구한다).

미국에는 많은 경제활동과 풍부한 부가 존재한다. 그러나 욕심 많은 어린 아이와 같이, 높은 계층의 양반들이 실질적으로 모든 부(all the marbles)를 쥐고 있다. 미국의 수입과 부의 불균형은 제 3 세계도 부끄럽게 할 정도의 단계에 이르렀다. 경제정책기관의 보도와 같이, 미국의 상위 10%에 해당하는 부자는 2000년에서 2007년에 터무니없는 수치인 평균 100%의 수입 증가를 얻었다. 미국인들은 마치 이것이 일반적 또는 받아들일 수 있는 것인 마냥 행동한다. 그래선 안 되며, (과거에는) 그렇지 않았다. 2차 세계대전 이후 대부분 수입의 분배는 훨씬 공평했는데, 상위 10%의 가구가 일반적인 수입 성장의 3부의 1을 차지하고, 나머지 90%가 3분의 2의 성장을 얻었다. 이제 이것은 고대 역사이야기로 보일 뿐이다.

(A) 미국 : 우리는 바른 길로 가고 있는가?
(B) 실업 상태인 수백만의 사람들
(C) 현재 경제 위기의 여파들
(D) 통제를 벗어나고 있는 소득 불평등
[오답 피하기] 소득 불평등이 심화된다는 것은 맞는 내용이지만, 미국이 잘못된 길로 가고 있다는 중심 예시로 주제로는 적절하지 않다.

## [44] Which of the following would be the best title of the passage?

After their two-day meeting ended on Tuesday, leaders of the Group of 20 top economies managed to say some of the right things. Focusing on the euro-zone debt crisis they pledged to do more to spur growth, ensure financial stability and support a stronger European fiscal union. The question now is whether these words will ever translate into effective action. If the past two years of the euro crisis is any guide, the likely answer is no. As recession and banking crises have enveloped Greece, Ireland, Portugal, Spain and Italy, the crisis response, led by Germany, has been dominated by a relentless insistence on self-defeating austerity and piecemeal rescue plans. The result has been deeper recession, social unrest and political upheaval in Europe's weaker economies and increasing mistrust between the strong and weak nations of Europe.

There are mounting reasons for Germany to alter its stance. For one, the stakes are higher. No sooner did the elections in Greece ease fears of a disorderly Greek exit from the euro than borrowing costs spiked in Spain and Italy. Both countries must sell government bonds to refinance heavy debt loads, but investors, spooked by recession and financial instability, are instead pulling money out of the countries. That presages far bigger challenges than Europe has faced thus far and underscores the failure of policies to stem the crisis. Against that backdrop, the world leaders had a chance to press Angela Merkel, Germany's chancellor, to provide stronger and more flexible bailout support.

voca pledge v) 맹세하다 spur n) 원동력 fiscal a) 재정의 relentless a) 잔인한 self-defeating a) 자멸적인 austerity n) 긴축 bailout n) 구제금융 piecemeal a) 단편적인  disorderly a) 무질서한, 어수선한 bond n) 채권 refinance v) 자금을 재조달하다 presage v) 전조가 되다 underscore n) 강조 stem v) 저지하다 chauvinism n) 광신적 애국주의 reckless a) 무모한 escalating a) 증가하는 deep-pocketed a) 부유한

(A) The euro-zone debt crisis

(B) Reckless Management of European Banks

(C) Escalating Pressure on Deep-pocketed Germany

(D) Austerity: The Only Way to Fix Europe in Trouble

## [44] (C) ★★★

**Rudy's tip** D

IT에서 최근 유럽의 위기와 독일의 대응방안을 제시하고 있다. 두 번째 단락의 첫 줄에서 위와 같은 상황 때문에 독일에 대한 다른 유럽 국가들의 압력이 증가하고 있다는 내용을 부각시키고 있다. 전형적인 D구조의 영문으로, 유럽의 경제 위기와 그에 대한 독일의 미흡한 대처, 주변 국가들의 독일에 대한 압력 증가가 전개의 구조로 제시되어 있다. 이처럼 서론에 S진술이 등장하는 구조는, 대부분의 경우에 글의 중반부, 후반부에 중요 내용이 등장하는 경우가 빈번하다.

After their two-day meeting ended on Tuesday, leaders of the Group of 20 top economies managed to say some of the right things. Focusing on the euro-zone debt crisis they pledged to do more to spur growth, ensure financial stability and support a stronger European fiscal union. The question now is whether these words will ever translate into effective action. If the past two years of the euro crisis is any guide, the likely answer is no. As recession and banking crises have enveloped Greece, Ireland, Portugal, Spain and Italy, **the crisis response, led by Germany, has been dominated by a relentless insistence on self-defeating austerity and piecemeal rescue plans.** The result has been deeper recession, social unrest and political upheaval in Europe's weaker economies and increasing mistrust between the strong and weak nations of Europe.

There are mounting reasons for Germany to alter its stance. For one, the stakes are higher. No sooner did the elections in Greece ease fears of a disorderly Greek exit from the euro than borrowing costs spiked in Spain and Italy. Both countries must sell government bonds to refinance heavy debt loads, but investors, spooked by recession and financial instability, are instead pulling money out of the countries. That presages far bigger challenges than Europe has faced thus far and underscores the failure of policies to stem the crisis. Against that backdrop, the world leaders had a chance to press Angela Merkel, Germany's chancellor, to provide stronger and more flexible bailout support.

**해석** 화요일, 이틀간에 걸친 회의 이후, G20회의에 참석한 각국의 정상들은 올바른 소리 몇 가지를 할 수 있었다. 유로존의 부채 위기에 초점을 맞추며, 그들은 성장을 촉진시키고, 재정을 안정시키며, 유럽 재무 연대를 더 강화하겠다고 다짐한 것이다. 이제 문제는 이러한 약속이 효과적인 행동으로 연결될 것인가이다. 지난 2년간에 걸친 유로존의 위기에 비춰본다면, 아마도 대답은 '아니오'일 것이다. 경기침체와 은행권의 위기가 그리스와 아일랜드, 포르투갈, 스페인, 그리고 이탈리아를 뒤덮으면서, 독일이 위기에 대응하는 방식은 자멸적인 내핍과 찔끔찔끔 제공하는 구제안을 끈질기게 고수하는 것이었다. 이에 따른 결과는 유럽의 약화된 경제와 점점 증가하는 불신 속에서 더욱 심한 경기침체와 사회적 불안정, 그리고 유럽의 강대국과 약소국들 사이의 커져가는 불신 속에서 정치적 대변동으로 나타나고 있다.

독일이 그 입장을 바꿔야 하는 이유는 점점 많아지고 있다. 우선, 위험부담이 더 높아졌다는 것이다. 그리스 총선으로 그리스의 무질서한 유로탈퇴에 대한 두려움이 완화되자마자 스페인과 이탈리아의 차입관련 비용이 치솟았다. 이 두 나라는 막대한 부채를 차환(借換)하기 위해 정부 국채를 팔아야 하지만 투자자들은 경기침체와 금융 불안정에 겁을 먹어 이 나라들에서 돈을 빼내고 있다. 이는 지금껏 유럽이 직면했던 것보다 훨씬 더 큰 문제들을 예고하고, 결과적으로 금융 위기를 막기 위한 정책들이 실패하는데 한 몫 할 것이다. 이러한 상황 속에서, 세계 정상들은 더 강력하고 유연한 구제금융 정책을 내놓으라고 독일의 총리인 앙겔라 메르켈을 압박할 수 있는 기회를 가졌던 것이다.

(A) 유로존의 부채 위기
[오답 피하기] 유로존의 부채 위기는 글의 중심 소재로, 글의 주제는 부채 위기에 대한 독일 정부의 잘못된 대처 방안을 비판하는 글이다.

(B) 유럽 은행들의 방만한 경영
(C) 부유한 독일에 대한 증가하는 압력
(D) 긴축 정책 : 어려움에 처한 유럽을 구제할 수 있는 유일한 해결책

**[45]** Which of the following is the best title for the passage?

Strictly speaking, a crime is an act forbidden by the law of the land, and one which is considered sufficiently serious to warrant providing penalties for its commission. It does not necessarily follow that this act is either good or bad; the punishment follows for the violation of the law and not necessarily for any moral transgression. No doubt most of the things forbidden by the penal code are injurious to the organized society of the time and place, and, for a long period of time, and in most countries, have been classed as criminal.

But it is apparent that a thing is not necessarily bad because it is forbidden by the law. Legislators are forever repealing and abolishing criminal statutes, and organized society is constantly ignoring laws, until they fall into disuse and die. The laws against witchcraft, the long line of "blue laws," the laws affecting religious beliefs and many social customs, are well-known examples of legal and innocent acts which legislatures and courts have once made criminal. Not only are criminal statutes always dying by repeal or repeated violation, but every time a legislature meets, it changes penalties for existing crimes.

> **voca** commission n) 범죄를 저지름 abolish v) 폐지하다 moral transgression n) 도덕적 위반 be classed as v) ~로 구분되다 statute n) 법령, 성문법 repeal n) 철폐  legislature n) 입법부, 입법기관 witchcraft n) 마법, 마술 blue law n) 엄격한 법률, 청교도적 법률 penal code n) 형법 injurious a) 해로운

(A) Religious Interpretations on Crime

(B) Who Defines an Act as Crime

(C) Nature of Crime

(D) Definition of Blue Laws

## [45] (C) ★★

Rudy's tip D

전반적으로 범죄에 대한 정의와 사회와 시대에 따른 변화를 서술하고 있다. 즉, 범죄는 시대에 따라서 규정이 달라지기 때문에 절대적인 악이나 선이 존재하는 것은 아니라는 것이 본문의 내용으로, 범죄의 본질을 의미하는 C문항이 정답으로 적절하다. 범죄의 본질이란 절대적으로 규정되어 있는 것이 아니라, 시대적 산물이라는 것이 본문의 핵심 주장이기 때문이다.

Strictly speaking, a crime is an act forbidden by the law of the land, and one which is considered sufficiently serious to warrant providing penalties for its commission. It does not necessarily follow that this act is either good or bad; the punishment follows for the violation of the law and not necessarily for any moral transgression. No doubt most of the things forbidden by the penal code are injurious to the organized society of the time and place, and, for a long period of time, and in most countries, have been classed as criminal.

But it is apparent that a thing is not necessarily bad because it is forbidden by the law. Legislators are forever repealing and abolishing criminal statutes, and organized society is constantly ignoring laws, until they fall into disuse and die. The laws against witchcraft, the long line of "blue laws," the laws affecting religious beliefs and many social customs, are well-known examples of legal and innocent acts which legislatures and courts have once made criminal. Not only are criminal statutes always dying by repeal or repeated violation, but every time a legislature meets, it changes penalties for existing crimes.

해석 엄격하게 말해서 범죄란 그 나라의 법에 의해서 금지되는 행동이며, 그것을 범한 대가로 벌을 내리기에 충분한 근거가 될 만큼 심각한 것으로 간주되는 행위를 말한다. 그렇다고 반드시 이 행위가 선하거나 악하다는 것은 아니다. 처벌이란 법을 어기면 받게 되는 것이지 반드시 어떤 도덕적 위반에 따르는 것은 아니라는 것이다. 형법에 의해서 금지되는 대부분의 행위는 그 시대와 장소의 조직 사회에 해를 끼치는 것들이고, 일반적으로 오래 동안 대부분의 나라에서 범죄라고 구분된 그러한 성격의 것임은 확실하다.

그러나 어떤 것을 법이 금한다고 해서 반드시 악한 것이 아님은 분명하다. 입법자들은 범죄에 관한 법령을 지속적으로 철폐하고 있으며, 조직화된 사회는 (특정)법들을 지속적으로 무시함으로써 그것이 무용지물이 되어 폐지되기도 한다. 마법 금지 관련법이나 청교도적 법률(blue law)에 해당하는 많은 금지사항들, 종교적 신념에 영향을 미치는 법들과 다양한 사회적 관습들은 과거 한 때 입법기관과 법원에서 범죄행위로 규정했으나 이제는 합법적이고 무고한 행위의 좋은 예들이다. 철폐 또는 반복적인 위반으로 인해 법규들이 없어질 뿐 아니라 입법부가 회의를 할 때마다 기존 범죄에 대한 형벌을 바꾼다.

(A) 범죄에 대한 종교적 해석들
(B) 누가 범죄를 규정하는가?
[오답 피하기] 함정문항이 될 수 있다. 본문은 범죄를 정의하는 주체에 대한 내용이 아니라, 시대에 따라서 범죄에 대한 규정과 정의가 달라진다는 것이기 때문에 정답으로 적절하지 않다.

(C) 범죄의 본질
(D) 청교도 법의 정의

In many species, bigger is better. Birds puff their plumage to inflate their perceived size, humans talk about the "big man" on campus, and are even more likely to vote for the tallest candidate in an election. Now, it seems that children as young as 10 months use size as a cue to interpret social hierarchies. Lotte Thomsen at Harvard University and colleagues showed children between 11 and 16 months a series of videos in which cartoon blocks with an eye and a mouth duel for dominance. The blocks are deliberately abstract so the infants focus only on information that relates to size and conflict. In the movies, a large and small block repeatedly bump into one another as they try to cross the same path. Sometimes, the smaller block bows before its larger rival and scoots out of the way; other times, the bigger block concedes to its little challenger. Thomsen measured how long the infants stared at the screens after the battles were resolved. The infants watched the screen for an average of 20 seconds when a large block submitted to a small block, but only looked for an average of 12 seconds when the big block won the challenge. Psychologists agree that the longer an infant gazes at a scene, the more surprising the infant finds it. Thomsen thinks therefore that even prelingual children understand how social dominance works enough to know that battles in which "David" beats "Goliath" violate expectations.

**voca** species n) 종(種) puff v) 내뿜다, 부풀게 하다 plumage n) 깃털 inflate v) 부풀리다, 팽창시키다 cue n) 신호, 역할 yield v) 굴복하다 bump into v) 우연히 만나다, ~와 부딪치다 bow v) 굴복하다 scoot v) 달아나다 concede v) 인정하다, 양보하다 out of the way ad) 방해가 안 되는 곳에, 길에서 벗어나 submit v) 복종하다, 제출하다 dominance n) 우세, 지배 violate v) 어기다, 침해하다 resolve v) 용해하다, 해결하다 cognition n) 인지 relate v) 관련되다 prelingual a) 언어 사용 이전의

(A) How babies know who is boss

(B) The importance of the size in the social hierarchies

(C) The metaphor of the cartoon blocks

(D) Misconception about the role of size in social structure

## [46] (A) ★★★

**Rudy's tip** D+B

G진술로 첫 문장이 시작하고 있고, 이것에 대한 구체적인 S진술들이 이어지고 있다. 하지만 크기가 중요하다는 것에 머물지 않고 어린 아이들의 인식으로 내용이 전개되는데 유의해야만 한다. 즉, 크기가 중요하다는 사실을 아이들은 선천적으로 인식하고 있다는 것이 본 문의 내용으로 구체적인 예시들을 통해 아이들의 인식 과정을 보여주고, 마지막 G진술에서 주제를 제시하고 있다.

In many species, **bigger is better.** Birds puff their plumage to inflate their perceived size, humans talk about the "big man" on campus, and are even more likely to vote for the tallest candidate in an election. Now, it seems that children as young as 10 months use size as a cue to interpret social hierarchies. Lotte Thomsen at Harvard University and colleagues showed children between 11 and 16 months a series of videos in which cartoon blocks with an eye and a mouth duel for dominance. The blocks are deliberately abstract so the infants focus only on information that relates to size and conflict. In the movies, a large and small block repeatedly bump into one another as they try to cross the same path. Sometimes, the smaller block bows before its larger rival and scoots out of the way; other times, the bigger block concedes to its little challenger. Thomsen measured how long the infants stared at the screens after the battles were resolved. The infants watched the screen for an average of 20 seconds when a large block submitted to a small block, but only looked for an average of 12 seconds when the big block won the challenge. Psychologists agree that **the longer an infant gazes at a scene, the more surprising the infant finds it.** Thomsen thinks therefore that even prelingual children understand how social dominance works enough to know that battles in which "David" beats "Goliath" violate expectations.

**해석** 많은 동식물들에게 있어 몸집이 큰 것이 더 좋다. 새들은 보이는 몸집을 크게 하려고 깃털을 부풀리며, 사람들은 학교 내 '큰 놈'에 대해 이야기 하며 선거에서 키가 가장 큰 후보자에게 투표할 가능성이 더 높기도 하다. 이제 10개월 밖에 안 된 어린 유아들도 사회적 지위를 해석하는 단서로서 크기를 이용하는 듯하다. 하버드 대학의 로테 톰슨 교수와 동료들은 11개월과 16개월 사이의 아기들에게 입과 눈이 달린 만화 블록들이 우세를 차지하기 위해 맞붙는 일련의 비디오를 보여주었다. 블록들은 의도적으로 추상적인 형태로 그려졌는데 이는 아이들이 크기나 대립과 관련된 정보에만 집중할 수 있도록 한다. 비디오에서 크고 작은 블록이 같은 길을 건너기를 시도하면서 서로 반복적으로 부딪힌다. 때로는 작은 블록이 더 큰 상대의 블록 앞에 굴복하며 길에서 비켜 빠져나오며 어떤 때는 큰 블록이 작은 도전자에게 양보를 한다. 톰슨은 결투가 해결된 후 아기들이 화면을 얼마나 응시하는지를 측정하였다. 아기들은 큰 블록이 작은 블록에게 굴복했을 때 평균 20초 동안 화면을 지켜보았지만, 큰 블록이 도전에서 이기면 평균 12초만을 바라보았다. 심리학자들은 아기들이 장면을 더 오래 응시할수록 그 장면을 더욱 놀랍게 생각한다는 점에 동의한다. 그러므로 톰슨은 말을 하지 못하는 아기들조차 '(작은) 다윗'이 '(거인) 골리앗'을 물리치는 싸움이 예상에 어긋난다는 것을 알만큼 사회적 우위가 어떻게 작용하는지에 대해 충분히 이해한다고 생각한다.

(A) 유아들이 누가 승자인지를 아는 방법(과정)
(B) 사회 계급에서 크기의 중요성
[오답 피하기] 함정 문항이 될 수 있다. 크기가 중요한 것은 맞지만, 사회 계급에서 크기의 중요성이 아니라, 이런 중요성을 아이들이 인식하는 과정이 주제이다.

(C) 만화 블록들의 은유(의미)
(D) 사회 구조에서 크기에 대한 그릇된 이해

## [47] What is the main topic of the passage?

About fifty years ago, plant physiologists set out to grow roots by themselves in solutions in laboratory flasks. The scientists found that the nutrition of isolated roots was quite simple. They required sugar and the usual minerals and vitamins. However, they did not require organic nitrogen compounds. These roots got along fine on mineral inorganic nitrogen. Roots are capable of making their own proteins and other organic compounds. These activities by roots require energy, of course. The process of respiration uses sugar to make the high energy compound ATP, which drives the biochemical reactions. Respiration also requires oxygen. Highly active roots require a good deal of oxygen.

The study of isolated roots has provided an understanding of the relationship between shoots and roots in intact Plants. The leaves of the shoots provide the roots with sugar and vitamins, and the roots provide the shoots with water and minerals. In addition, roots can provide the shoots with organic nitrogen compounds. This comes in handy for the growth of buds in the early spring when leaves are not yet functioning. Once leaves begin photosynthesizing, they produce protein, but only mature leaves can "export" protein to the rest of the plant in the form of amino acids.

**voca** set out v) ~을 시작하다. solution n) 용액 laboratory flask n) 실험용 병 mineral n) 광물질 organic nitrogen compound n) 유기 질소 화합물 get along fine on v) ~ 섭취하며 잘 자라다 inorganic a) 무기질의 respiration n) 호흡작용 ATP n) 아데노신 삼인산염 (adenosine triphosphate) biochemical reaction n) 생화학적 반응 shoot n) (식물의) 새순 intact a) 완전한 come in handy v) 여러모로 편리하다 bud n) 싹, 꽃봉오리 photosynthesize v) 광합성 작용을 하다 mature a) 다 자란, 성숙한 export v) 밖으로 전달하다 amino acid n) 아미노산.

(A) The relationship between a plant's roots and its shoots

(B) What can be learned by growing roots in isolation

(C) How plants can be grown without roots

(D) What elements are necessary for the growth of plants

## [47] (B) ★★

**Rudy's tip** D

복수의 단락으로 구성된 영문들은 언제나 각 단락의 서론을 유심히 볼 필요가 있다. 이 영문 또한 각 단락의 서론부에 G진술이 등장하고. 이후에 이것에 대한 S진술들이 등장하는 전형적인 G-S구조를 지니고 있다. 두 G진술의 내용을 종합해서 정답을 선별할 수 있다.

About fifty years ago, plant physiologists set out to grow roots by themselves in solutions in laboratory flasks. The scientists found that the nutrition of isolated roots was quite simple. They required sugar and the usual minerals and vitamins. However, they did not require organic nitrogen compounds. These roots got along fine on mineral inorganic nitrogen. Roots are capable of making their own proteins and other organic compounds. These activities by roots require energy, of course. The process of respiration uses sugar to make the high energy compound ATP, which drives the biochemical reactions. Respiration also requires oxygen. Highly active roots require a good deal of oxygen.

The study of isolated roots has provided an understanding of the relationship between shoots and roots in intact Plants. The leaves of the shoots provide the roots with sugar and vitamins, and the roots provide the shoots with water and minerals. In addition, roots can provide the shoots with organic nitrogen compounds. This comes in handy for the growth of buds in the early spring when leaves are not yet functioning. Once leaves begin photosynthesizing, they produce protein, but only mature leaves can "export" protein to the rest of the plant in the form of amino acids.

**해석** 약 50년 전에 식물 생리학자들이 실험실의 플라스크에 뿌리들만 따로 분리해서 생장시키는 실험을 실시했다. 이 과학자들은 따로 분리된 뿌리들의 영양섭취가 아주 간단하다는 사실을 발견했다. 그 뿌리들은 당(糖)과 일반적인 광물질과 비타민을 필요로 했다. 하지만 뿌리들은 유기 질소 화합물은 필요로 하지 않았다. 이 뿌리들은 광물질 무기 질소로도 잘 자랐다. 뿌리는 단백질과 그 밖의 유기 화합물을 스스로 만들어내는 능력을 갖고 있다. 물론, 이들을 만들어내는 활동을 할 때 뿌리는 에너지를 필요로 한다. 호흡과정은 당을 이용하여 고단위 에너지 화합물인 ATP를 만들어내는데, 이 ATP 그런 생화학적 반응을 추진시킨다. 호흡작용은 또한 산소를 필요로 한다. 매우 활발한 뿌리는 많은 양의 산소를 필요로 한다.
분리된 뿌리에 대한 연구로 (뿌리와 줄기) 온전한 식물의 새순과 뿌리의 관계에 대한 이해가 이루어졌다. 새순의 잎사귀는 뿌리에 당과 비타민을 제공하며 뿌리는 새순에 물과 광물질을 제공해준다. 게다가, 뿌리는 새순에 유기 질소 화합물도 제공할 수 있다. 이것은 이른 봄 잎이 아직 제 기능을 수행하기 이전에 새싹이 쉽게 성장하는데 도움을 준다. 일단 광합성 작용을 시작하게 되면 잎은 단백질을 생산할 수 있다. 하지만 성숙한 잎만이 아미노산의 형태로 단백질을 식물의 다른 부분으로 전달할 수 있다.

(A) 식물의 뿌리와 새순의 관계
(B) 분리된 뿌리들로부터 알 수 있는 것
[오답 피하기] 각 단락의 서론 부분들을 종합해 보면 B문항을 유추할 수 있다.

(C) 식물이 뿌리 없이 성장하는 방법
(D) 식물의 성장에 필요한 요소들

[48] Which one of the following statements best points out the main idea of the passage?

It is important to sort out the levels of the problems. The confusion can be staggering. For example, looking at the social structure of China, we see the strongly emphasized patrilineal descent principle, the importance of sons, and the absolute authority of the father in the family. Thus we might conclude that China is the archetypal patriarchal society. Next, looking at the actual roles played, power and influence wielded, and material contributions made by women in Chinese society — all of which are quite substantial — we would have to say that women are allotted a great deal of unspoken status in the system. In short, we must be absolutely clear about what we are trying to explain before explaining it.

**voca** sort out v) 가려내다 staggering a) 비틀거리는, 압도적인 patrilineal a) 부계의 descent n) 혈통, 출신 archetypal a) 원형적인 patriarchal a) 가부장의 wield v) 권력 등을 행사하다 allot v) 배분하다 paternal a) 아버지의 postnatal a) 출산 후의 patent a) 특허의 presumptuous a) 건방진, 주제넘은 multifaceted a) 많은 측면을 가진 merit v) 가치가 있다 prerequisite n) 필요조건

(A) The social structure of China appears too multifaceted to merit scholarly investigation.

(B) The tradition of patriarchy in China outweighs all other aspects of consideration in examining its culture.

(C) The research topic should be made specific in advance.

(D) The symbolic understanding of social structure is a prerequisite for accurate analysis.

## [48] (C) ★★

Rudy's tip B
첫 문장에서 문제를 분류하는 것이 중요하다는 G진술이 등장하는데 IT로 파악하는 것이 적절하다. 왜냐하면 본문의 S진술들에 이어서 결론부에서 G진술이 등장하며 주제를 제시하기 때문이다. 즉, 문제를 체계적으로 분류해서, 설명의 대상을 명확하게 제시해야 한다는 것이 본문의 주장이다.

**It is important to sort out the levels of the problems.** The confusion can be staggering. **For example,** looking at the social structure of China, we see the strongly emphasized patrilineal descent principle, the importance of sons, and the absolute authority of the father in the family. Thus we might conclude that China is the archetypal patriarchal society. Next, looking at the actual roles played, power and influence wielded, and material contributions made by women in Chinese society — all of which are quite substantial — we would have to say that women are allotted a great deal of unspoken status in the system. In short, we must be absolutely clear about what we are trying to explain before explaining it.

해석 문제를 수준별로 분류하는 것이 중요하다. 혼란이 엄청날 수 있기 때문이다. 예를 들어, 중국의 사회구조를 보면 우리는 중국 사회가 부계 상속의 원칙, 아들의 중요성, 그리고 가정 내에서 아버지가 지니는 절대적인 권리 등을 굉장히 강조하고 있다는 것을 알게 된다. 따라서 우리는 중국이 전형적인 가부장 사회라고 결론을 내릴 수도 있다. 다음으로, 중국 사회에서 실제 여성들에 의해 수행되고 있는 역할과 행해지는 힘과 영향력, 그리고 물질적 기여도를 보게 되면 — 이러한 것들은 모두 상당량에 이른다 — 우리는 여성들이 중국 시스템 안에서 무언의 지위를 상당히 많이 지니고 있다고 말할 수밖에 없을 것이다. 요컨대 우리는 무엇인가를 설명하기 전에 우리가 설명하려고 하는 것이 무엇인지에 대해 전적으로 명확히 해야만 한다.

(A) 중국의 사회 구조는 너무나 다양한 측면이 존재하기에 학술적인 연구를 수행하기가 어렵다.
(B) 중국의 가부장적 전통은 중국 문화를 연구하는데 있어 어떤 측면들 보다 중요하다.
(C) 연구 주제는 미리 구체적으로 정해져야만 한다.
(D) 사회 구조에 대한 상징적 이해는 정확한 분석을 위한 필수조건이다.

## [49] Which of the following would be the best title for the passage?

It was thanks to Paul Crutzen that we skirted a previous global atmospheric threat: the destruction of the stratospheric ozone layer. If the warnings from him and his fellow winners of the 1995 Nobel Prize in chemistry hadn't come, the Antarctic ozone hole might have proved disastrous. We would be wise to heed Crutzen on global warming, too, because he can fairly be described as the chief scientific caretaker of life on the planet. He suggested the potential climatic danger of nuclear war, a threat later popularized as "nuclear winter" by Carl Sagan. He has not flinched from speaking out even when it annoys industry or governments, and he does not hide his concern for the lack of U.S. leadership in addressing global warming. In contrast to the prompt attention paid to the ozone threat, foot-dragging on climate change has convinced Crutzen that major geo-engineering may be needed to cool the planet. He suggests a massive injection of sulfur into the stratosphere to form particles that reflect sunlight away. It's a radical proposal that might jolt some politicians into realizing what researchers learned long ago: that this scientists' scientist always seems to be one step ahead of everybody else.

**voca** skirt v) 돌려서 표현하다 stratospheric a) 성층권의  heed v) 주의를 기울이다  caretaker n) 관리인  flinch v) 주춤하다  foot-dragging n) 지체, 망설임  jolt v) 정신이 번쩍 들게 하다 geo-engineering n) 지구공학  injection n) 투입, 주입  sulfur n) 황  radical a) 급진적인  far-fetched a) 믿기지 않는, 설득력 없는  rosy a) 장밋빛의, 희망적인 eschew v) 피하다, 삼가다  alacrity n) 민첩함  galvanize v) 충격 요법을 쓰다

(A) Far-fetched Proposal from Science

(B) Urgent Need of Geo-engineering

(C) Rosy Future for Climate change

(D) A Hero of the Environment

## [49] (D) ★

Rudy's tip T+B

첫 문장에서 폴 크루첸을 부각시키고 있다. 이후에 등장하는 모든 재진술은 오존층을 막은 데 대한 그의 업적과 활약에 대한 것으로 첫 문장을 주제로 쉽게 파악할 수 있다. 마지막 문장 또한 주제문으로 볼 수 있는데, 이 또한 폴 크루첸을 부각시키는 내용으로 첫 문장과 동일하다. 이처럼 서론과 결론의 내용이 동일한 구조는 T구조의 영문에서 다시 한 번 주제를 강조하는 B구조가 혼합된 구조로 파악하는 것이 적절하다.

It was thanks to Paul Crutzen that we skirted a previous global atmospheric threat: the destruction of the stratospheric ozone layer. If the warnings from him and his fellow winners of the 1995 Nobel Prize in chemistry hadn't come, the Antarctic ozone hole might have proved disastrous. We would be wise to heed Crutzen on global warming, too, because he can fairly be described as the chief scientific caretaker of life on the planet. He suggested the potential climatic danger of nuclear war, a threat later popularized as "nuclear winter" by Carl Sagan. He has not flinched from speaking out even when it annoys industry or governments, and he does not hide his concern for the lack of U.S. leadership in addressing global warming. In contrast to the prompt attention paid to the ozone threat, foot-dragging on climate change has convinced Crutzen that major geo-engineering may be needed to cool the planet. He suggests a massive injection of sulfur into the stratosphere to form particles that reflect sunlight away. It's a radical proposal that might jolt some politicians into realizing what researchers learned long ago: that this scientists' scientist always seems to be one step ahead of everybody else.

해석 우리가 예전에 성층권의 오존층 파괴라는 세계적 기후 위협을 피해갈 수 있었던 것은 폴 크루첸 덕택이었다. 만약 1995년 노벨 화학상을 수상한 그와 그의 동료들의 경고가 없었다면, 남극의 오존 구멍은 끔찍한 상태가 되었을 지도 모른다. 우리는 또한 지구온난화 문제에 대해서도 크루첸의 입장에 주의를 기울이는 것이 현명할 것이다. 왜냐하면 그는 지구상의 생명체를 돌보는 주요 과학 인사라고 말할 수 있기 때문이다. 그는 핵전쟁으로 인해 발생할 수 있는 잠재적 기후 위험을 시사했으며, 이는 후에 칼 세이건에 의해 "핵 겨울"이라 알려지게 된 것이다. 그는 자신의 발언이 기업과 정부를 성가시게 한다 해도 발언하는 것을 주저하지 않았으며, 지구 온난화를 해결하는데 있어 미국의 리더십 부족에 대한 염려를 숨기지 않는다. 세계가 오존의 위협에는 신속히 주목하였으나 기후 변화 문제에서는 느릿느릿 움직이는 대조적인 모습은 크루첸으로 하여금 지구를 식히기 위해 대규모 지구공학이 필요할 수 있다는 확신을 갖게 하였다. 그는 햇빛이 반사되어 다시 돌아가게 하는 입자를 형성하도록 막대한 양의 황을 성층권에 투입해야 한다고 제안한다. 이는 몇몇 정치인들로 하여금 정신이 번쩍 들게 해 연구자들이 오래 전부터 알고 있는 사실을 깨닫게 해주는 급진적인 생각이다. 그것은 바로, 이 과학자 중의 과학자(폴 크루첸)는 언제나 다른 사람들보다 한 발 앞서는 것 같다는 사실이다.

(A) 현실성 없는 과학계의 제안
(B) 지구 공학의 급박한 필요성 (지구 공학이 급박하게 필요하다)
(C) 기후 변화에 대한 낙관적인 전망
(D) 환경 문제에 대한 영웅

The Mideast lives amid vanished glories, present prejudices and future fears. Scrabble in its soil with a hoe and you will find relics of empires long, long gone-birthplaces of civilization that have waxed and waned-and monuments to religions almost as old as recorded history. From the Nile to the Euphrates, where trans-world air routes now cover much the same trails as the plodding camel caravans of the past, Man - persistent, passionate, prejudiced - carries on the age-old plot of the human drama. All has altered, yet nothing has changed in the Middle East since centuries before Christ.

Palmyra, the caravan city of Queen Zenobia, is now a magnificent but melancholy reminder of the dreams of men long dead. Baalbek, where even the gods of yesterday have died, is but a tourist attraction, though today no tourists come. The Pyramids themselves, grandiose monuments to man's eternal hope of immortality, are scuffed and wrinkled now - cosmetically patched against the inexorability of the centuries. Yet, essentially nothing has changed. Man and his emotions, Man and his ignorance and knowledge, Man in his pride, Man at war with other men, sets the scene and dominates the stage of the turbulent Middle East.

**voca** scrabble v) 긁어모으다, 휘갈겨 쓰다 hoe n) 괭이 relies n) 역사적 유물 wax v) (달 등이) 커지다, 증대하다 wane v) (달 등이) 작아지다 trail n) 길, 자국 plod v) 터벅터벅 걷다 persistent a) 영속하는 carry on v) 지속되다 alter v) 변경하다 magnificent a) 장엄한, 훌륭한 melancholy a) 우울한 grandiose monument n) 장엄한 기념물 immortality n) 불멸성 scuffed a) 문질러서 닳은 wrinkled a) 주름진 cosmetically patched a) 겉 표면만 덧댄 inexorability n) 냉혹함 set the scene v) 장면을 채우다 turbulent a) 격동의

(A) The Old vs. the New

(B) Vanished glories of the Mideast

(C) The Unchanging Mideast

(D) The Birthplace of Empires

## [50] (C) ★★

**Rudy's tip** B+D

두 단락은 동일한 구조를 취하고 있다. 각 단락의 서론은 S진술이, 마지막에는 G진술로 정리하는 B구조를 취하고 있기 때문이다. 또한 각 단락의 G진술은 동일한 내용을 서술하는데, 가시적인 모든 것들이 변했지만, 그 안에 내재되어 있는 인간의 본질은 여전히 변한 것이 없다는 것이다. 두 단락의 G진술들을 종합해서 본다면 D구조의 영문이지만, 개별 단락의 구조만을 본다면 B구조이기 때문에 D구조를 토대로 B구조의 두 단락들로 구성된 영문이다.

The Mideast lives amid vanished glories, present prejudices and future fears. Scrabble in its soil with a hoe and you will find relics of empires long, long gone-birthplaces of civilization that have waxed and waned-and monuments to religions almost as old as recorded history. From the Nile to the Euphrates, where trans-world air routes now cover much the same trails as the plodding camel caravans of the past, Man – persistent, passionate, prejudiced – carries on the age-old plot of the human drama. All has altered, yet nothing has changed in the Middle East since centuries before Christ.

Palmyra, the caravan city of Queen Zenobia, is now a magnificent but melancholy reminder of the dreams of men long dead. Baalbek, where even the gods of yesterday have died, is but a tourist attraction, though today no tourists come. The Pyramids themselves, grandiose monuments to man's eternal hope of immortality, are scuffed and wrinkled now – cosmetically patched against the inexorability of the centuries. Yet, essentially nothing has changed. Man and his emotions, Man and his ignorance and knowledge, Man in his pride, Man at war with other men, sets the scene and dominates the stage of the turbulent Middle East.

**해석** 중동지방은 사라져버린 영광과 현재의 편견과 미래의 두려움 속에서 살아가고 있다. 괭이로 중동의 땅을 긁어보라. 그러면 흥망성쇠를 거듭해온 문명의 발상지들의 유물, 즉 오래 전에 사라져간 제국들의 유물과 역사만큼이나 오래된 종교들의 기념물들을 발견하게 될 것이다. 나일 강에서 유프라테스 강에 이르기까지, 과거 낙타대상들이 터벅터벅 걷던 길과 거의 비슷한 길을 오늘날 세계를 연결하는 항공망이 운항하고 있는 지역에서, 완강하고 열정적이며 편견에 사로잡힌 인간은 인간 드라마의 해묵은 줄거리를 여전히 계속하고 있다. 모든 것이 변했다. 그렇지만 중동에서는 기원전부터 아무 것도 변한 것이 없다.

대상들이 모여들던 도시인 퀸 제노비아의 팔미라는 이제 오래 전에 죽은 사람들의 꿈을 상기시켜주는 장엄하기는 하지만 우울한 유물이다. 이제는 지난날의 신들마저도 죽어버린 바알벡은 관광지에 불과하며, 그나마 요즈음에는 관광객들도 찾지 않는다. 불멸성에 대한 인간의 영원한 희망을 보여주는 장엄한 기념물인 피라미드들마저 이제는 세월의 냉혹함을 감추고자 하는 표면적인 땜질로 닳고 주름져 있다. 하지만, 근본적으로 변한 것이라곤 아무 것도 없다. 인간과 인간의 감정, 인간과 인간의 무지와 지식, 오만한 인간, 다른 인간과 투쟁하고 있는 인간 등이 등장인물로서 격동의 중동지역이라는 무대를 지배하고 있다.

(A) 오래된 것과 새로운 것

(B) 중동의 사라진 영광들

[오답 피하기] 함정 문항이 될 수 있다. 본문은 중동의 예전 영광들이 모두 사라졌지만, 그 안에 내재되어 있는 인간의 본질은 변한 것이 없다는 것이다.

(C) 불변의 중동

[오답 피하기] 중동 자체는 가시적인 면에서 변했지만, 그 안에서 내재되어 있는 인간의 본질은 변한게 없다는 의미로 정답으로 적절하다.

(D) 제국들의 탄생지

# EPILOGUE

# EPILOGUE

Whenever I start something, I always see it to the end.
Although, at times I fall into the spell of laziness, thinking that life doesn't always go the way you want it to, I understand and forgive myself.
However, I will see things to the end, telling myself never to give up.

I strongly want to keep the conviction in my heart that it is never ever too late for realizing my dream, when I am an old man looking back at the past smilingly.

On snowy days, I want to climb the mountain that has wonderful night scenery and atop I could oversee the lights of city below.
On hot summer days, I want to take a plane with a thin shirt and take off to a place where I could put on a heavy coat.
While flying the small plane to the North Pole, I want to stay up all night long with crazy anticipation of the aurora.

Although I surely can put the blame to others, I strongly hope to possess the wisdom to distinguish between the person and the blame. So I want to be the kind of person who has nobody to hate.

I believe that human beings could not be perfect, so I want to be who I am rather than who I am expected to be.
I want to be a narrow-minded person, while having generosity.

When I see the weak and the unfortunate, tears falling from my heart, I sincerely want to help the person in need in practical ways.
I really want to enjoy the solitude of loneliness while sincerely always longing for someone.
Although it could be good to meet someone through a blind date, I really want to find someone whom I fell in love with at first sight by blind fate.
I wish she would be a kind of person who is humorous, warm hearted and able to drink together.

Finally, I want to be a kind of person who always thinks broadly and is never in a rush, bearing in mind the fact that the end of my days will come.
While loving myself who faithfully believe that there would be another day, I want to be a kind of person who realizes deeply that today will never come again.

나는 무엇인가를 시작했을 때 포기하지 않고, 끝까지 가보고 싶다. 잠깐의 나태함에 파묻혀도 좋으며, 인생이란 원래 다 생각처럼 되는 건 아니야 라는 스스로의 합리성에 몸을 담그는 나 자신을 이해해 주고 도 싶다. 하지만 그런 자신과 끊임없이 대화하고 타협하며 끝까지는 가보고 싶다.

60이 되어도 열아홉에 꾸었던 꿈을 되돌아보고, 추억에 잠겨도 좋지만, 언제나 늦은 건 없어 라는 신념 또한 간직하고 싶다.

눈 오는 날에는 야경이 아름다운 산 정상에 올라 도시를 내려다보고 싶다.
뜨거운 여름날에는 얇은 옷차림으로 비행기에 올라, 두툼한 털 코트를 입을 수 있는 곳에 가보고도 싶다.
경비행기를 몰고 극지방을 횡단하고, 설레는 눈망울로 밤을 새워 오로라에 미쳐 보고도 싶다.

누군가의 잘못을 탓할 수도 있지만, 잘못과 사람은 구분할 수 있는 지혜로움을 가지고 싶으며, 그래서 누군가를 미워하지 않는 사람이 되고 싶다.

사람은 완전치 못한 존재라는 것을 알기에, 완전한 사람이 되기보단, 나다운 사람이 되고 싶다.
다소 편협한 생각을 갖고 싶기도 하고, 한 편으론 끝없이 자애로운 사람이 되고 싶다.

약하고 힘없는 사람들을 대할 때, 진심 어린 눈물을 흘려도 좋지만, 현실적으로 도움이 되는 일을 해 주고 싶다.
언제나 사람을 그리워하는 사람이 되고 싶지만, 혼자 있음의 외로움도 즐길 수 있는 사람이 되고 싶다.
누군가의 소개로 만나도 좋지만, 운명적으로 첫 눈에 반하는 그런 사람을 만나고 싶다.
많이 쾌활하고, 술 한 잔쯤은 할 수 있어야 하며, 정이 많은 착한 사람이었으면 싶다.

무엇보다 나에게도, 이 세상의 삶이 끝나는 날이 있다는 것을 기억하며, 삶을 더 큰 견지에서 바라다보고, 조급해 하지 않는 사람이 되고 싶다.
또 다른 내일이 있다는 믿음을 갖는 나 자신도 사랑하지만, 오늘이란 시간은 영원히 다시 오지 않는다는 절실함 또한 느끼는 사람이 되고 싶다.

MEMO

MEMO

MEMO

MEMO

MEMO

MEMO

MEMO